Brigitte Roth

Jeder kriegt die Kurve anders

Lebenswege von Süchtigen mit Happy End

UEBERREUTER

ISBN 978-3-8000-7227-9

Covergestaltung: Martin Gubo

Druck: Druckerei Theiss GmbH, A-9431 St. Stefan i. L.
7 6 5 4 3 2 1

Ueberreuter im Internet: www.ueberreuter.at

Inhalt

»Es ist schöner, einen Menschen zu verstehen,
als über ihn zu richten.«

Stefan Zweig

Vorwort

Sucht setzt sich in der Tiefe der Seele fest. Deshalb ist es auch so enorm schwer, sich aus einer Abhängigkeit zu befreien. Aber es geht!

Das zeigen authentische Geschichten von Menschen, die es geschafft haben und die in diesem Buch vorgestellt werden: zum Beispiel der Frauenarzt, dem die Patientinnen schon weggelaufen waren, weil er ständig eine »Fahne« hatte, und der inzwischen keinen Tropfen Alkohol mehr anrührt; oder die ehemalige Fixerin, die nachts als Krankenschwester arbeitete und am Tag anschaffen ging: alles, um die eigene und die Heroinsucht ihres Mannes zu stillen. Dieses ganze Elend ist längst sehr weit weg für die Siebenundvierzigjährige. Sie führt heute ein, wie sie sagt, erfülltes Leben – mit guten Freunden, Sport und einer Arbeit, die ihr Freude macht. Auch Roland R., der 21 Jahre lang getrieben war von seiner Sucht – er nahm alles, was der illegale Drogenmarkt zu bieten hat –, der mehrere Jahre im Gefängnis saß und 35 erfolglose Entgiftungsversuche hinter sich hat, ist aus diesem Sumpf am Ende doch wieder herausgekommen. Es ist also nie zu spät!

Sucht hat viele Gesichter. Die Gründe, warum jemand abhängig wird, sind so verschieden wie die Wege aus der Sucht. Die Interviews, aus denen das vorliegende Buch entstanden ist, habe ich zwischen Februar und Juli 2006 geführt. Mit Menschen, die von den unterschiedlichsten Substanzen abhängig waren – sei es von Alkohol, Haschisch, Ecstasy oder Nikotin. Als Redakteurin mit den Spezialgebieten Medizin, Gesundheits- und Drogenpolitik habe ich in den Anfangsjahren meiner journalistischen Tätigkeit viele Reportagen über die offene Drogenszene in Frankfurt, über Elend, Krankheit und Tod geschrieben. Aber das ist nur die eine Seite der Wahrheit über die Sucht. Jene, die im Interesse der Öffentlichkeit und der üblichen Wahrnehmung steht. Im Laufe der Jahre konnte ich jedoch in Suchtkliniken, ambulanten und stationären Hilfseinrichtungen oder betreuten Wohngemeinschaften auch viele Abhängige kennenlernen, die mich mit ihrer Zuversicht und ihrem enormen Willen tief beeindruckt haben: Menschen, die einen scharfen Schnitt in ihrem Leben gemacht und sich aus den Fängen der Sucht gelöst haben. Über sie wird meiner Meinung nach viel zu wenig gesprochen. Dabei sind sie es, die mit ihrem ganz persönlichen Schicksal andere Betroffene besonders gut motivieren können, es ihnen gleichzutun.

Die bewegenden Erfolgsgeschichten auf den folgenden Seiten sind Beweis genug, dass es möglich ist, den Kreislauf der Sucht zu durchbrechen. Das soll Betroffenen, Angehörigen und Eltern, die vielleicht schon fast aufgegeben haben, wieder Mut machen. Die ungeschminkten Schilderungen in diesem Buch mögen ihnen allen helfen, endlich wieder Hoffnung zu schöpfen.

Vom »Heroin-Marathon« zu einem richtigen 42-Kilometer-Lauf

Wenn sie an früher denkt und längst verdrängte Bilder aus der Vergangenheit auftauchen, dann ist das, als würde sie sich »einen dramatischen Film ansehen« – vertraut und doch fremd.

Dieser Film handelt von einer jungen Frau, die sich mit achtzehn in den falschen, nämlich einen drogensüchtigen Mann verliebt, ihn entgegen aller Vernunft heiratet und sich aus lauter Verzweiflung bald selbst Heroin spritzt. Trotzdem bekommt sie ein Kind mit diesem Mann. Weil das Geld, das sie als Krankenschwester verdient, für die Befriedigung der Sucht von zwei Leuten draufgeht, bleiben Rechnungen unbezahlt liegen, Strom und Heizung werden abgestellt. Nicht einmal mehr Lebensmittel für die kleine Tochter kann die Mutter kaufen. Und sieht nur noch einen Ausweg: Sie muss anschaffen gehen. Das ist der Anfang eines zermürbenden Doppellebens einer bei Patienten und Kollegen beliebten Krankenschwester und Mutter, die zugleich drogensüchtig ist und Freier bedient.

Dieses ganze Elend ist heute sehr weit weg für die Siebenundvierzigjährige. Nur die engsten Familienangehörigen und die besten Freunde wissen davon, weshalb hier der Name Bea frei erfunden ist. Heute führt sie ein, wie sie sagt, erfülltes Leben – mit guten Freunden, Sport und einer Arbeit, die ihr Freude macht. Zu ihrer Tochter hat sie ein freundschaftliches Verhältnis. So will Bea auch alt werden.

Das Unheil begann 1977 auf der Infektionsabteilung eines Krankenhauses, wo ihr späterer Ehemann mit einer Hepatitis C lag und Bea als Krankenpflegeschülerin arbeitete. Eine Kollegin, die bemerkte, dass Bea sich in den Patienten verliebt hatte, warnte sie noch: »Lass die Finger von dem, der taugt nichts, der nimmt Drogen.« Aber er selbst stritt das ab, gab vor, er habe sich die Hepatitis bei einer Freundin geholt. Bea glaubte ihm, sie wollte ihm glauben, die beiden wurden ein Liebespaar. Als sie später mit ihren eigenen Augen sah, wie er sich Kokain und Heroin in die Nase zog, gab es für sie emotional kein Zurück mehr. Sie redete sich ein: »Der schafft das schon. Mit meiner Hilfe und durch unsere Liebe wird er aufhören.« Aber er schaffte es nicht, bis heute nicht.

Zwei katastrophale Jahre lang hielt Bea durch, arbeitete im Krankenhaus, während ihr Mann nur in der Wohnung herumhing und Drogen nahm (inzwischen auch spritzte), sich um nichts kümmerte, nicht einkaufte, nicht putzte. Sie motivierte ihn zu Entgiftungsversuchen, stand ihm zur Seite, gab nicht auf, aber sie wurde immer wieder enttäuscht. Wenn sie auf der Station stark gefordert war, rückte ihr eigenes Unglück etwas in den Hintergrund. Ihr unterlief auch nie ein Fehler. Aber im Unterbewusstsein belastete sie ihr Schicksal bei jedem Handgriff, jedem Wadenwickel und jedem Gespräch mit Patienten. Besonders entsetzlich fühlte sie sich, wenn sie von der Arbeit nach Hause fuhr. Ihr Herz schlug bis zum Hals. Die Angst fuhr Achterbahn: »Was erwartet mich zu Hause? Was macht er gerade? Ist die Kamera noch da? Hat er das Geld entdeckt, das ich hinter den Bildern eines Fotoalbums versteckt habe, ist es schon wieder geklaut? Kann ich morgen noch Lebensmittel kaufen gehen?«

Normalität war: Wenn Bea die Wohnung aufschloss, türmten sich Berge von dreckigem Geschirr in der Spüle. Sie wurde belogen und bestohlen. Egal wo sie das Geld versteckte, er fand es, nahm es – und kaufte Drogen davon. Bea war wütend, dann traurig, verzweifelt, hilflos und immer den quälenden Ängsten ausgesetzt: Er könnte an einer Überdosis gestorben sein oder morgen verhaftet werden. Sie hielt das nicht mehr aus, wagte aber nicht, mit jemandem über ihre Probleme zu reden. Weil man ihr dann raten würde, sich von ihm zu trennen. Ihre Vernunft sagte zwar: »Geh endlich. Warum tust du dir das an?« Aber sie war zu weich und zu naiv.

Dann kam der Tag, an dem das Schicksal zuschlug. Er wollte sich gerade eine Spritze setzen. Drogen und Spritzbesteck lagen auf dem Tisch, als sie aus lauter Hilflosigkeit sagte: »Entweder du hörst jetzt auf oder ich fange an.«

Sie hoffte, durch diese Drohung würde er endlich ihre Verzweiflung erkennen. Und sie glaubte, er würde nie zulassen, dass auch sie Drogen nahm. Zugleich war sie überzeugt, ihn endgültig zum Aufhören zu bewegen. Sie nahm die bereits mit Stoff gefüllte Spritze, er versuchte halbherzig, sie ihr aus der Hand zu schlagen. Aber er hatte Muskelschmerzen, Durchfall, schwitzte und fror gleichzeitig, war unruhig und hatte ein unbezwingbares Verlangen nach der Erlösung durch Heroin. Aus Angst, auch seine Ration ginge dabei verloren, hinderte er sie nicht wirklich zu tun, was sie jetzt tat. Und sie jagte sich mit 21 Jahren zum ersten Mal Heroin in die Venen. Sie erinnert sich genau: »Auf einmal war ich ruhiger, alles erschien mir nicht mehr so schlimm. Es ging mir besser, ich hatte das Gefühl, jetzt meine Situation leichter auszuhalten. Du bist dann wie in Watte gepackt und nichts ist mehr so problematisch.«

Bea spritzte sich zunächst nur gelegentlich Heroin, dann einmal in der Woche, dann immer öfter. Sie geriet tiefer und tiefer in die Fänge der Sucht. Zuletzt war sie morgens überhaupt nicht mehr in der Lage, ohne die erste Dosis aufzustehen. Sie setzte sich, kaum hatte sie die Augen aufgeschlagen, noch im Schlafanzug im Bett die erste Spritze. Die lag seit dem Vorabend bereit. Ohne die Gewissheit, dass sie genug Dope für den nächsten Morgen hatte, konnte sich Bea nicht mehr schlafen legen.

Im Krankenhaus merkte niemand etwas – so sehr riss Bea sich zusammen. Was sie zusätzlich mitnahm und ihr unendlich viel Kraft raubte. Da ihr Mann nur selten arbeitete und ihr kleines Gehalt nicht ausreichte, um den Drogenbedarf von zwei Menschen zu finanzieren, verdienten sie sich Geld für den Stoff durch Kleindealerei, kauften fünf Gramm, zwackten ab, was sie für sich selbst brauchten, streckten den Rest mit Milchpulver oder Zitronentee, teilten alles in kleine Portionen und verkauften diese an Bekannte oder in der Szene. Das war Stress pur und eine ewige Raserei auf der Suche nach Käufern. Sie fuhr in die Stadt, rannte hierhin, rannte dorthin, bot ihren Stoff an. Sie hatte Angst, dass sie das Dope nicht gleich am selben Tag wieder loswürde. Wenn sie das nämlich nicht schaffte, dann müsste sie die Drogen selbst nehmen. Und es würde kein Geld übrig bleiben, um neu einkaufen zu können. Weil viele Anbieter auf dem illegalen Drogenmarkt um Kundschaft buhlten, bekam Bea den Stoff oft nicht los und dröhnte sich selbst damit zu – Süchtige können sich nicht beherrschen.

»Nach außen aber habe ich ganz normal gelebt.« Bea wollte auch ganz normal leben – ohne Drogen. Doch sie war süchtig und brauchte Heroin, um normal zu funktionieren. Immer wieder machte sie zu Hause Entgiftungsversuche, hielt auch einige Tage ohne Rauschgift durch. Doch die körperlichen Strapazen des Entzugs und die Anforderungen des Alltags ließen sie schnell wieder rückfällig werden. Schließlich gelang es ihr tatsächlich, eine Selbstentgiftung durchzuziehen und eine Zeit lang clean zu bleiben. In dieser Phase wurde sie auch schwanger. Nach Monaten der Abstinenz brachte sie im Alter von 24 Jahren eine Tochter zur Welt. Und hielt das Desaster mit dem drogensüchtigen Kerl an ihrer Seite wieder nicht mehr aus. Geldsorgen drückten sie, und sie erinnerte sich daran, wie es ihr schnell wieder besser gehen würde. Obwohl sie wusste, dass sie sich von dem Mann trennen müsste, blieb sie. Sie sah sich in einer ausweglosen Situation. Wusste nicht wohin und wie sie da rauskommen sollte. Also setzte sie fort, was sie kannte. Monat um Monat, Jahr für Jahr. »Vielleicht war mein Glück, dass ich immer die Nachtwache im Krankenhaus übernommen habe. Da gibt es keinen Publikumsverkehr und wenig Kontakt zu Kollegen.« Sonst hätte vielleicht doch jemand ihren Heroinkonsum bemerkt. Sie war erschöpft und müde. Heroin wirkt bei jedem etwas anders, aber immer sedierend. Beim ersten Mal verspüren die Konsumenten nach der Injektion einen Kick, dann durchströmt sie ein ruhiges, friedliches Gefühl. Bei gutem Stoff hält dieses Wonnegefühl vier bis fünf Stunden an.

Ihr Verdienst als Pflegekraft reichte hinten und vorne nicht. Die Zweizimmerwohnung war mit den nötigsten, ausschließlich gebrauchten Möbeln – »lauter alter Kram« – eingerichtet. Die Tochter schlief bei Bea im Bett. Wenn sich nicht gerade Besuch angekündigt hatte, sah es chaotisch aus. Wer unangemeldet kam, musste deshalb draußen bleiben: »Aufmachen war nicht drin. Wir hingen herum, es sah schrecklich aus.« Oft war der Strom abgestellt, weil die Rechnungen nicht bezahlt wurden. Es gab kein Licht, nur Kerzen, keine Heizung, nur den Backofen als Wärmequelle. Als die Waschmaschine kaputtging, fehlte das Geld für die Reparatur. Bea wusch in der Badewanne das Nötigste. In einem Korb im Wohnzimmer stapelte sich die Bügelwäsche. Als Bea sich endlich aufraffte, ein Lieblingsblüschen für die kleine Tochter bügelte und es ihr anziehen wollte, passte es inzwischen nicht mehr. Aber auch im Kindergarten merkte niemand etwas.

Bea versuchte ihren beruflichen und ihren Mutterpflichten gerecht zu werden. Die Doppel- und Dreifachbelastung brachten sie an den Rand ihrer seelischen und körperlichen Kräfte. Zu Hause gab es ständig Streit, die gegenseitigen Vorwürfe waren zermürbend. Aber Bea ließ sich nichts anmerken, auch nicht, wenn sie ihre Eltern besuchte. Auf dem Heimweg im Auto heulte sie meistens, dachte: »Wenn ihr nur wüsstet, was mit mir los ist.« Aber sie schwieg. Sonst hätte sie handeln müssen, ausziehen und mit den Drogen Schluss machen. Aber sie machte sich vor, sie kriege die Situation auch so noch in den Griff.

Jeden Tag fuhren Bea und ihr Mann mit einem alten Auto in die Stadt, um Drogen zu besorgen. Mit der kleinen Tochter auf dem Rücksitz. Während einer in die Szene eintauchte, passte der andere auf sie auf. Aber sie muss etwas geahnt haben. Schon im Auto Richtung Innenstadt maulte sie: »Ich will nicht schon wieder auf den Spielplatz.« Andere Kinder sind gern auf dem Spielplatz.

Zu Hause sollte die Kleine nicht sehen, wie sich ihre Eltern die Spritze setzten. Sie verschwanden im Badezimmer und schlossen die Tür hinter sich ab. »Da habe ich mich mies gefühlt. Die Kleine wusste natürlich, dass da etwas nicht stimmt. Die Eltern gehen ins Bad, sind schlecht gelaunt und kaum ansprechbar. Wenn sie wieder rauskommen, sind sie nett und lesen Geschichten vor. Die Kleine hat immer an die Tür gepoltert und gerufen: ›Lasst mich rein, lasst mich rein‹.« Bea plagten oft Schuldgefühle und ein schlechtes Gewissen. Doch sie konnte nichts dagegen tun. Sie versuchte zwar eine gute Mutter zu sein und ihre mittlerweile fünfjährige Tochter gut zu versorgen, doch was das Kind brauchte – Ruhe, Zuverlässigkeit, ein geordnetes Leben –, kann eine süchtige Mutter nicht bieten.

Bea wusste nicht mehr, wie sie an Geld kommen sollte. Es fehlte für das Nötigste, für Drogen erst recht. Sie konnte keine Lebensmittel mehr kaufen, keine Kleidung für die Tochter. An diesem Tiefpunkt nahm das Ehepaar in der winzigen Wohnung ein Pärchen auf, dem die Polizei auf den Fersen war. Die Frau erzählte vom Straßenstrich und Bea dachte: »Das ist der einzige Ausweg.« Aber sie hatte Skrupel und fragte ihren Mann: »Was meinst du? Soll ich das machen?« Anders als erhofft, antwortete der fast unbeteiligt: »Wenn du meinst. Das musst du selber wissen.«

Am nächsten Tag begleitete Bea die Frau zum ersten Mal auf den Straßenstrich, in einem weißen, duftigen Sommerkleid, knielang, mit einem kleinen runden Ausschnitt. »Gerade Autofreier wollen was Normales, eine gesunde, junge Frau eben und keine Nutte.« Bea hatte fürchterliche Angst, aber sie war auf Entzug, zitterte und war zappelig, hatte Schmerzen in den Beinen. Ein großes Auto hielt, die Frau, die den Fahrer kannte, ermunterte Bea: »Bei dem kannst du einsteigen. Der ist okay.«

Der Freier wollte orale Befriedigung. Aber er wollte sich auch mit Bea unterhalten und Händchen halten. »Ich wollte nur alles schnell hinter mich bringen, mein Geld kassieren und weg. Aber ich saß mit einem wildfremden Kerl im Auto irgendwo auf einem Acker und konnte nicht fort. Das war furchtbar.« Als es endlich vorbei war, dachte Bea: »Das war so eklig. Ich gehe nie wieder anschaffen.« Sie kaufte sich nicht mal Drogen von den 80 Mark, die sie verdient hatte, wollte nur noch heim. Da gab es richtig Zoff. Weil ihr Partner natürlich dachte, sie käme mit Dope zurück. Er brüllte sie an: »Du hast heimlich was genommen!« Die Nacht wurde schrecklich. Beide lagen im Bett, konnten nicht schlafen, zitterten und froren, bekamen Schweißausbrüche und Durchfall. Bea meint: »Das durchzustehen war für mich eine Kopfsache. Du kannst das alles ausblenden. Und ich wollte in dieser Nacht einfach nicht mehr. Wenn du krank bist, geht es dir ja auch nicht gut.«

Am nächsten Tag ging Bea Lebensmittel kaufen. Und wieder war das Geld weg. Sie fuhr dann doch ins Bahnhofsviertel: »Ich war Frischfleisch auf dem Autostrich und hatte schnell ein paar Stammfreier.« Die meisten waren Familienväter zwischen 45 und 65 Jahren. »Ich habe mich weiter ganz normal angezogen, überhaupt nicht nuttig. Ich sah aus wie die nette junge Frau von nebenan, die man aber gegen Geld ganz einfach kriegen kann.« Weil Bea ihre Stammkundschaft hatte, musste sie nicht mehr im Bahnhofsviertel stehen, sondern verabredete sich an anderen Orten mit ihren Freiern. »Die waren ganz okay.« Zum Beispiel der selbständige Schreiner mit Frau und Kind, der sich einredete, Bea sei seine Freundin. Er drückte ihr oft Geld in die Hand, auch ohne dass sie ihm Liebesdienste erwies, kaufte ihr Lebensmittel oder ließ ihr Auto reparieren. Zu ihrem Verdienst als Krankenschwester kamen so täglich 300 bis 400 Mark für den Drogenkonsum hinzu.

Bea kam kaum noch zum Schlafen. Nachts arbeitete sie in der Klinik, tagsüber ging sie anschaffen, kümmerte sich um Kind und Haushalt – so gut es ging. Mehr als mal zwei bis drei Stunden Schlaf am Stück waren nicht drin. »Ich habe an nichts mehr gedacht, nur noch funktioniert.« Einen Freier fand sie so abstoßend, dass sie sich vorher immer betrank. Aber er war wohlhabend und Bea inzwischen so süchtig, dass sie sechsmal am Tag Heroin spritzte. »Wenn man schwer süchtig ist, bleibt der ersehnte Kick weg. Du fixt nur noch, um zu funktionieren, dich einigermaßen normal zu fühlen. Nur wenn du dann mehr spritzt, fühlst du dich ein bisschen besser.« Wie sie das durchgehalten hat? »Das zu erleben, war schlimmer als Krieg. Aber man holt sich wieder etwas Kraft aus dem Stoff.«

Je länger jemand süchtig ist, umso kürzer hält die Wirkung an, dieses Gefühl von Ruhe und Sorglosigkeit, von körperlicher und seelischer Wärme: »Man wird dann gar nicht mehr richtig satt und ist mit der Ruhe auch nicht mehr zufrieden.« In dieser Zeit brauchte Bea für sich und ihren Mann zusammen 800 bis 1000 Mark am Tag. Sie musste das Geld allein beschaffen. Ihr Mann tat so gut wie nichts. Einmal, als er kurzfristig einen Job als Packer hatte, erfuhr er von einem Transport mit Pelzmänteln und spionierte die Route aus. Die beiden beschlossen, den Lkw zu überfallen, stellten sich am Tag X an die Stelle, an der die Ware ausgeladen werden sollte. Doch plötzlich verließ sie der Mut.

Bea ging es dreckig wie noch nie. Aber sie wusste keinen Ausweg und machte weiter, fixte, bediente Freier, fixte, bediente Freier, fixte, bediente Freier, und nachts zog sie den Schwesternkittel an. Eines Morgens stand die Polizei vor der Tür. Das Paar wurde festgenommen, ihre Telefonnummer war im Zuge der Observation eines Dealerrings aufgetaucht. Bea und ihr Mann mussten auf die Polizeiwache. Bea wollte sich nicht von ihrer weinenden Tochter trennen und nahm sie mit auf die Polizeiwache. Dort überzeugte man sie, die Telefonnummer ihrer Eltern bekanntzugeben, und das Kind wurde zu seinen Großeltern gebracht. Bea und ihr Mann durften am nächsten Tag wieder gehen. (Sie wurden später zu einer Bewährungsstrafe verurteilt.) Bea fuhr direkt zu ihrer Tochter. Unter Tränen gestand sie Eltern und Geschwistern ihre Abhängigkeit und ihre traurige Lebenssituation. Es fiel ihr schwer, über ihr Elend zu sprechen. Sie traute sich auch nicht, alles bis ins Detail zu erzählen, zum Beispiel dass sie anschaffen ging. Sie glaubte, die ganze Wahrheit würde die Familie nicht verkraften, also verharmloste sie ihre Situation. Aber die Familie war auch so erschüttert und versuchte zu helfen.

Bea versprach ihren Eltern, mit den Drogen aufzuhören. Eine

ambulante Therapie wurde vereinbart. In den kommenden Monaten machte sie ihren Eltern vor, sie sei clean und führe ein normales Leben mit Kind und Mann. Doch in Wahrheit bestimmte die Droge weiter ihr Leben.

Bea lernte einen Koch kennen, der mit Drogen handelte, aber selbst keine nahm. Sie glaubte, in ihm den Mann mit den starken Schultern gefunden zu haben, an die sie sich anlehnen konnte. Der Mann verliebte sich in sie und drängte sie, mit ihm zusammenzuziehen und den Ehemann endlich zu verlassen. Dramen spielten sich zu Hause ab. Ihr Mann flehte sie weinend an: »Du kannst uns doch nicht alleinlassen.« Die inzwischen sieben Jahre alte Tochter stopfte wütend in die Tasche, was sie in die Finger kriegte: »Dann geh doch. Du lässt uns alle im Stich.« Aber Bea wollte nur noch weg, glaubte, dass dies die einzige Möglichkeit sei, aus dem Teufelskreis der Sucht zu entkommen. Am Tag des Mauerfalls zog sie die Tür tatsächlich für immer hinter sich zu. Ihre Tochter blieb zunächst beim Vater, weil die Schule direkt gegenüber lag. Aber Bea besuchte die Kleine täglich, sie wollte sich davon überzeugen, dass es ihr gut ging. »Der Abschied war jedesmal schrecklich.« Und weil sie ihre Tochter so sehr vermisste, holte sie sie nach wenigen Wochen in die neue Wohnung nach.

Bea wollte loskommen von den Drogen. Endgültig. Einen Kick hatte sie schon lange nicht mehr nach dem Fixen. »Ich habe mich danach nur noch wie ein normaler Mensch gefühlt.« Um diesen Zustand zu erreichen, musste sie Unmengen von Geld und viel Zeit für die Beschaffung der Drogen aufbringen. Denn ohne ging nichts. Verzweifelt suchte sie nach einem Ausweg. Ein stationärer Entzug kam nicht infrage, weil sie befürchtete, dann ihren Arbeitsplatz zu verlieren. Für einen Selbstentzug hatte sie keine Kraft. Von anderen Drogenabhängigen hörte sie vom Substitutionsmittel Methadon. Das erschien ihr die beste Lösung. Methadon erzeugt zwar kein Hochgefühl, aber es dämmt die Entzugserscheinungen und lässt ein normales Leben zu. Das war Bea wichtig, sie suchte einen Arzt auf, der ihr die Ersatzdroge auf Privatrezept verschrieb.

Das Methadon erfüllte seinen Zweck, Bea kam gut damit zurecht. Sie brauchte tatsächlich kein Heroin mehr und auch keine anderen Drogen. Doch wieder wurde ihr die Liebe zum Verhängnis. Der Mann, mit dem sie jetzt zusammenlebte, war nicht so, wie sie sich ihn erhofft hatte. Er war alles andere als nett und auch keiner, der ihrer zerbrechlichen Seele Schutz bot. Das kleinste falsche Wort – und er schlug sie. Auch die Tochter mochte Beas neuen Partner nicht.

Diesmal half ihr der Whisky. Immer häufiger griff sie zur Flasche – und manchmal auch wieder zur Spritze. Trotzdem schleppte sie sich zur Arbeit: »Die Arbeit war mir immer hoch und heilig. Denn ohne Arbeit keine Wohnung.« Eines Morgens bei der Dienstübergabe fiel der Blick einer Kollegin auf ihre zerstochenen Arme und sie bemerkte: »Also wenn ich dich nicht so gut kennen würde, würde ich denken, du wärst ein Junkie.« Bea sagte nichts, lachte nur, als hätte sie eben den besten Witz seit langem gehört. Aber diese Anspielung wurde ihr zum Schlüsselerlebnis. Dieser kleine Satz, dieser Anflug von Misstrauen bei einer Person, der im Traum nicht einfallen würde, wie schrecklich, wie trist ihr wahres Leben verlief, wie elend sie sich fühlte, wie rasend verzweifelt, wie zutiefst verstört – dieser kleine Satz brachte etwas in ihr in Bewegung: Ihr Leben musste sich grundlegend ändern. Sie musste die Sucht loswerden. Und diesen Mann.

Beas Eltern bemerkten, wie das Leben ihrer Tochter zunehmend entgleiste. Sie wollten helfen, konnten aber nichts ändern. Hilflos mussten sie die Katastrophe mit ansehen. Und auch sie hatten Angst vor Beas Partner. Er muss sie wohl erpresst und unter Druck gesetzt haben. Doch Genaues wollen ihr die Eltern bis heute nicht verraten. Eines Tages drohte ihre jüngere Schwester: »Wenn sich bei dir nicht bald was ändert, nehme ich das Kind.« Bea war geschockt. Allein der Gedanke, man könnte ihr ihre Tochter wegnehmen, das Beste in ihrem Leben, war ihr unerträglich. Ihr Freund wurde ihr zuwider, aber sie kam nicht von ihm los. Besonders brutal wurde er, wenn er – was inzwischen öfter vorkam – Kokain geschnupft hatte. Bea dachte manchmal: »Wenn er doch nur sterben würde.« Sie wusste inzwischen, dass er eine kriminelle Vergangenheit hatte und dass er wegen zahlreicher Eigentumsdelikte im Knast gewesen war.

Dann kam dieser Tag Anfang der Neunzigerjahre. Bea saß mit ihrer Tochter mittags nach der Schule zusammen. Das Kind deutete plötzlich auf den Mann auf dem Sofa und sagte: »Guck mal, der schnarcht ja mit offenen Augen.« Als Krankenschwester erkannte Bea sofort den Ernst der Lage und rief die Rettung. Aber die Ärzte konnten nichts mehr für ihn tun. Im Alter von 42 Jahren starb Beas Partner an Herzstillstand.

Obwohl Bea ihn immer loswerden wollte, rutschte sie durch seinen Tod wieder in ein tiefes Loch, wusste wieder keinen anderen Ausweg als die Betäubung der unerträglichen Gefühle. Diesmal griff sie aber nicht zu Heroin. Zusätzlich zu ihrer täglichen Methadon-Ration kippte sie Unmengen Alkohol in sich hinein. Aber dann zog Bea mit ihrer Tochter zu ihren Eltern. Von da an ging es aufwärts, sie konnte sich endlich um sich selbst kümmern. Heute weiß sie: »Du musst grundsätzlich in deinem Leben etwas verändern, dann brauchst du den Stoff nicht mehr. Aber das ist entscheidend, sonst wirst du deine Sucht nicht los. Und du musst neue Ziele haben.«

Das vermittelt sie auch den Drogenabhängigen in der Therapieeinrichtung, in der sie seit elf Jahren arbeitet. Selten redet sie dort über ihre eigene Vergangenheit, nur wenn sie das Gefühl hat, dass einem Patienten die Schilderung ihrer eigenen Erfahrungen weiterhilft. So wie kürzlich, als Bea Nachtdienst auf der Entzugsstation hatte und ein junger Russe stark unter dem Heroinentzug litt – einem Ziehen und Zucken in den Beinen. Der ganze Körper tat ihm weh, er konnte nicht schlafen. Da setzte Bea sich zu ihm ans Bett und eröffnete ihm: »Ich weiß, was du durchmachst. Ich war auch mal drauf. Ein bis zwei Nächte noch, dann hast du es geschafft.«

Sie hat es längst geschafft und ist seit zwölf Jahren clean. Durch den zweiten Kerl ist sie vom ersten losgekommen. Das war ihr großes Glück. Auch gesundheitlich ist sie noch einmal glimpflich davongekommen. Ihre Hepatitis C, die sie sich durch verunreinigtes Spritzbesteck zugezogen hatte, ist ausgeheilt – was selten vorkommt. In ihre Zähne musste sie nachträglich viel investieren. Denn in den zehn Jahren der Sucht hatte sie sich schlecht ernährt, ihrem Körper eine ausreichende Zufuhr lebensnotwendiger Stoffe wie Vitamine und Spurenelemente vorenthalten. Und einige Abszessnarben erinnern noch an ihre Zeit als Fixerin.

Heroin hat sie nie wieder angerührt. Sie erinnert sich auch nicht mehr an ihre letzte Spritze. Drogen und Alkohol spielen in ihrem Leben keine Rolle mehr. Bea gelang der körperliche Ausstieg über Methadon. Drei Jahre lang trank sie ihre tägliche Ration. Am Anfang war die Dosis mit zehn Millilitern sehr hoch. Schritt für Schritt verringerte der Arzt die Dosis und langsam stabilisierte sie sich. Abgesehen von den Alkohol-Ausrutschern. Einmal kam sie so betrunken zur Arbeit, dass die Pflegedienstleitung ein ernstes Wort mit ihr redete. Ihr wurde klar, dass sie eine stationäre Therapie brauchte. Sie wählte eine Einrichtung nur für Frauen: »Lass 100 Männer in einem Raum sein, und ich fische mir den einen raus, der mir nicht guttut.« Bea blieb sechs Monate.

Bea ist felsenfest davon überzeugt, dass sie sich nie wieder die Nadel setzen wird. Ihre Vergangenheit bereut sie nicht: »Auch diese Jahre gehören zu meinem Leben, sie sind nicht zu löschen und haben aus mir gemacht, was ich heute bin.« Manchmal hat sie das Gefühl, etwas verpasst zu haben und etwas nachholen zu müssen, doch sie hat neue Ziele, zum Beispiel sportliche. Sie geht regelmäßig in ein Fitnessstudio und joggt – mindestens dreimal die Woche. »Man muss sich Dinge suchen, die einen ausfüllen, nur dann bleibt man clean.« Bea ist zu einer begeisterten Läuferin geworden. Schon dreimal hat sie erfolgreich einen Marathon absolviert, ihre Bestzeit liegt bei 3 Stunden 58 Minuten für die 42,195 Kilometer. Das ist eine sehr gute Leistung für eine Hobbysportlerin, viele passieren die Ziellinie erst nach 5 Stunden oder mehr. Ihr ist bewusst, dass Laufen auch süchtig machen kann, aber »da habe ich keine Angst. Ich achte auf meinen Körper und schone mich, wenn es nötig ist. Ich könnte auch einfach nur zum Spaß laufen, aber diese Wettkämpfe sind eine Möglichkeit, sich an anderen zu messen und Grenzen auszutesten.«

Das Wichtigste für sie als ehemals Abhängige mit inzwischen elfjähriger Erfahrung in der Suchthilfe ist, Menschen auf dem Weg aus der Sucht zu begleiten. Wenn Bea in der Therapieeinrichtung Eltern und Angehörigen von Drogensüchtigen einen Rat gibt, dann den, genau hinzuschauen, den Kontakt zu suchen und aufrechtzuerhalten. Und hellhörig zu werden, wenn der Betreffende unzuverlässig wird, Verabredungen unter Vorgabe der abstrusesten Geschichten nicht einhält oder sich Wesensveränderungen bemerkbar machen, wenn er oft müde ist und abmagert oder wenn sich Einstichstellen an den Armen zeigen. Dann sollte man sich Rat und Hilfe bei einer Drogenberatungsstelle holen.

Bea genießt nun schon seit Jahren ihr »ganz normales Leben«. Ihre Tochter ist gesund und zeigt keine Abhängigkeitsmuster. Ein freundschaftliches, vertrauensvolles Verhältnis verbindet die beiden. Hin und wieder sprechen sie auch noch über die Zeit, als Bea süchtig war. Sie muss sich dann manchmal Einiges anhören, was sie lange verdrängt hat, der Tochter aber noch sehr deutlich in Erinnerung ist und sie seelisch belastet. Zum Beispiel hatte sie immer Angst, wenn ihre

Eltern sich im Bad einschlossen. Da spürte sie, dass etwas Verbotenes geschah. Sie kannte auch die Drogenverstecke der Eltern. Wenn Bea daran denkt, bekommt sie regelmäßig Schuldgefühle. Doch sie sagt sich: »Ich kann das alles nicht mehr rückgängig machen. Ich konnte und kann nur dafür sorgen, dass so etwas nie wieder vorkommt.« Sie und ihre mittlerweile 23 Jahre alte Tochter sind froh, dass dies jetzt schon seit zwölf Jahren gelingt. Zwar musste das Mädchen in früher Kindheit Einiges erleiden. Doch dank Beas Therapie und ihrer positiven Entwicklung hatte die Tochter während der Pubertät, in der Schulzeit, bei der Berufsfindung und Ausbildung längst eine »wirkliche Mutter« an ihrer Seite.

Das Feuerwerk im Kopf – endlich vorbei

Diese Geschichte klingt wie ein Märchen, weil selbst Optimisten ein gutes Ende für unmöglich hielten. Aber jedes Wort ist wahr. Die »bösen Mächte« in Gestalt einer schier unstillbaren Gier nach Drogen haben einen jungen Mann fast umgebracht. 21 Jahre lang war er getrieben von seiner Sucht, hat zuerst ab und zu Haschisch geraucht, später täglich Heroin und Kokain gespritzt, Schlaf- und Beruhigungsmittel geschluckt, codeinhaltige Hustenmittel zur Sedierung und Amphetamine zum Aufputschen genommen.

Um das Geld dafür zusammenzubringen, hat er Autos und Wohnungen aufgebrochen, Diebstähle in Elektrofachgeschäften, Kaufhäusern und Parfümerien begangen. Mit Unterbrechungen hat ihm das Gefängnisstrafen von mehreren Jahren eingebracht. Saß er gerade nicht in Haft oder unternahm er gerade nicht einen seiner 35 Entgiftungsversuche, war die offene Drogenszene – in seiner schlimmsten Phase – sein einziges Zuhause. Er hatte keine Arbeit, keine Freunde, kein Geld. Meistens mehr oder weniger zugedröhnt, war ihm außer Drogen, deren Beschaffung und Konsum nichts mehr wichtig.

Das ist jetzt elf Jahre her. Seitdem ist Roland R. clean und darüber heilfroh.

Er arbeitet als Fachkrankenpfleger für Psychiatrie auf der Entgiftungsstation im Zentrum für Soziale Psychiatrie in Gießen, wo er einst selbst Patient war. Heute bringt er dort seine persönlichen Erfahrungen ein, hilft anderen Süchtigen, dem Teufelskreis der Abhängigkeit zu entrinnen. »Ich habe Negatives in etwas Positives verwandelt. Und ich übe inzwischen einen Beruf aus, der mir Spaß macht«, sagt der Sechsundvierzigjährige, der auch privat sein Glück gefunden hat. Er ist verheiratet und hat eine acht Jahre alte Tochter. »Als ich mit 35 Jahren wieder eine Entgiftung durchmachte, hätte ich nie für möglich gehalten, dass es die letzte sein würde. Ich hatte keine Hoffung mehr, je clean zu werden, und dachte, was soll nur aus mir werden.« Als er fortfährt, lächelt Roland R. zufrieden: »Aber wie man sieht, es geht doch! Es ist nie zu spät, mit den Drogen aufzuhören und mit dem Leben noch etwas anzufangen.«

Roland R. war 13 Jahre alt, als sein bis dahin unbeschwertes Schülerdasein eine dramatische Wendung nahm. Als er mit den Eltern von einer fränkischen Großstadt in ein Dorf im Hessischen umziehen musste, empfand er sich in der neuen Umgebung als Außenseiter, der sich mit seinem Dialekt und seinem Äußeren von den Klassenkameraden unterschied. »Ich trug damals Lederhose und ein Army-Hemd, die anderen saßen im Jogginganzug im Unterricht.«

Auf Anhieb akzeptiert fühlte er sich nur von einer Gruppe Jugendlicher, die er in einer Kneipe in Limburg kennenlernte. Dass er in dieser Clique bald seine Freizeit verbrachte, sich gut aufgehoben fühlte und zu den jungen Leuten Vertrauen fand, wurde ihm zum Verhängnis. Denn er war in eine Runde von Kiffern geraten, was er allerdings am Anfang nicht bemerkte. Dann kam der Moment, da war er mittendrin. Und weil er fürchtete, wieder ausgestoßen zu werden, rauchte er mit dreizehn seinen ersten Joint, trank Hasch-Tee und aß mit Haschisch angereicherten Kuchen. »Das war nicht meine Sache, aber ich machte mit.« Aber es blieb nicht bei Haschisch. Heroin und Kokain kursierten. Zuerst schnupfte Roland R. das Heroin, weil er Angst vor der Spritze hatte. »Das Gefühl, das sich nach dem Sniefen einstellte, war interessant. Aber es war nicht die Wirkung, die ich erwartet hatte.« Also bat er einen Kumpel, ihm das Heroin zu injizieren – in der Hoffnung, das würde mehr bringen. Zuerst habe der sich geweigert, denn es war verpönt, einen Freund »anzufixen«. Doch schließlich ließ er sich breitschlagen, band Roland R. den Arm ab und setzte ihm den ersten Schuss. »Ich hatte eine Riesenangst, was jetzt passiert. Aber dann genoss ich nur noch den Kick. Es war wie ein Knall, ein Loslassen von allem. Das hat mich tief beeindruckt. Und ich wusste: Das will ich auf jeden Fall noch mal.«

Der Schüler Roland R. begann jetzt sein Taschengeld für Heroin auszugeben und spritzte ein- bis zweimal in der Woche. Manchmal ließ er im Supermarkt Wodka mitgehen und verkaufte ihn an Obdachlose. Oder er brachte Stoff vom Dealer zu einem Abnehmer. »Das war eine wahnsinnig faszinierende Welt, in die ich da eingetaucht bin.« Mit sechzehn wagte er sich an die nächste Drogenerfahrung, jagte sich einen Cocktail aus Heroin und Kokain in die Blutbahn. »Diese Wechselwirkung fand ich irre.«

Heroin dämpft, die Konsumenten werden ruhiger, gelassener; Kokain bewirkt das Gegenteil, es putscht auf, die Sinne werden geschärft. Roland R. beschreibt den Rausch nach einem Cocktail so: »Erst wirkt das Koka, die Ohren klingeln und singen, man ist euphorisch, nach ein paar Minuten gewinnt das Heroin die Übermacht, du lehnst dich an einen Baum, genießt diese andere Welt und lässt den Rausch langsam ausklingen.«

Damit war die Hemmschwelle vor der Nadel endgültig überschritten. Manchmal spritzte er sich fortan Cocktails, dann wieder nur Kokain: »Das gibt ein Feuerwerk im Kopf.« Trotzdem schaffte er den Schulabschluss und brachte seine Ausbildung zum Restaurantfachmann mit achtzehn erfolgreich zu Ende. Beides hatte er sich fest vorgenommen. Sogar bei der Bundeswehr, wo er als Zeitsoldat diente, gelang es ihm mit viel Geschick, seine Sucht zu vertuschen. Mal stach er sich die Nadel in die Leiste, weil die kurzärmelige Uniform im Sommer verräterische Narben zum Vorschein gebracht hätte, mal nahm er eine Nase Kokain oder Heroin. Wenn sein Körper nachts nach Drogen schrie, schnupfte er Heroin oder warf sich Codein-Tabletten ein: »Sucht kennt keinen Anfang und kein Ende.«

Er machte beim Bund eine Ausbildung zum Krankenpfleger, war im Sanitätsbereich tätig und dort ausgerechnet für den Medikamentenkeller verantwortlich. Ein Paradies tat sich für den Süchtigen auf: Das Lager war voll mit codeinhaltigen Medikamenten. Codein wird in der Leber zu Morphin umgewandelt und hat einen ähnlichen Effekt wie Heroin: »Die Wirkung steigt langsam an, dann wird einem warm und wohlig.« Weil Roland R. berechtigt war, Arzneimittel jederzeit anzufordern, bediente er sich täglich bei allem, was sein Junkieherz begehrte. Wenn ein Manöver bevorstand, deckte er sich mit codeinhaltigen Hustenmitteln ein. »Damit ich nicht mitten im Wald einen Turkey bekam. Wenn man affig ist, kann man nicht mehr normal sein, weder schreiben noch lesen noch Auto fahren. Dann denkt man nur ans Material, also daran, wie man am schnellsten und billigsten an Stoff kommt.« Weil Roland R. als Sanitäter ein eigenes Fahrzeug fuhr, war es für ihn auch leicht, sich ab und zu draußen bei einem Dealer Heroin zu besorgen. Aber »ich habe es nie übertrieben. Ich habe nie so viel eingefahren, dass es zum totalen Kontrollverlust gekommen wäre. Deshalb hat auch keiner was gemerkt.« Rückwirkend betrachtet eigentlich kaum fassbar.

Erst nach der Bundeswehr brachen alle Dämme. Jetzt konnte er sich gehen lassen, Drogen bis zum Umfallen nehmen. Musste sich nicht mehr zurückhalten, den Schein als Krankenpfleger beim Bund wahren. Der damals Fünfundzwanzigjährige stürzte sich in die Frankfurter Drogenszene, zu der er seit einiger Zeit Kontakte unterhielt, nahm alles, was auf dem illegalen Rauschgiftmarkt zu haben war, quasi ein besonders buntes Potpourri: Heroin und Kokain, Speed (Amphetamin, das ähnlich aufputschend wirkt wie das körpereigene Adrenalin) und Benzodiazepine (Beruhigungsmittel), um von der Aufgedrehtheit des Kokainrauschs herunterzukommen oder um die sedierende Wirkung des Heroins noch zu verstärken. Dann legte er sich beispielsweise Rohypnol – ein lang wirksames Benzodiazepin, das bei schweren Schlafstörungen eingesetzt wird – unter die Zunge, spritzte sich gleichzeitig Heroin und versank in einen betäubungsähnlichen Zustand. Sobald er wieder zu sich kam, gab er sich meistens »einen Koka-Knaller. Damit ich wieder auf die Beine kam.« Seine Abfindung als Zeitsoldat von mehreren Tausend Mark hatte er bald »verballert«, dazu die monatlichen Bezüge (ein prozentual verringerter Bruttolohn), die er noch ein Jahr lang erhielt.

Inzwischen war er Tag und Nacht in der Szene. »Das Leben auf der Frankfurter Taunusanlage mit Hunderten anderen Junkies um mich herum hat mir damals gefallen. Wir haben uns gegenseitig mit Stoff versorgt.« Roland R. schlief kaum mehr, er duschte nicht, aß kaum, verwahrloste.

Rund um die Uhr war er im Stress, um Drogen zu kaufen oder zu verkaufen, Drogen zu nehmen oder sich das Geld dafür durch Diebstähle zu beschaffen. Unter den Süchtigen ging es allerdings nicht so kameradschaftlich zu, wie Roland R. in seiner anfänglichen Begeisterung geglaubt hatte. Ein buchstäblich einschneidendes Erlebnis hatte er, als ein Dealer ihm um fünf Uhr morgens im Bahnhofsviertel schlechtes Material andrehen wollte. Roland R. schleckte etwas Pulver mit der Zunge und merkte sofort, dass es sich um nichts als gestampften Zitronentee handelte. Außer sich vor Wut wollte er den Dealer mit vorgehaltenem Messer zwingen, ihm ordentlichen Stoff zu geben, oder er wollte sein Geld zurück. Aber der war schneller und rammte Roland R. dessen eigenes Messer in den Bauch. Als Krankenpfleger wusste er, dass er das Messer stecken lassen musste, sonst wäre er verblutet. Er schleppte sich in das nächstgelegene Krankenhaus, wo seine Wunde fachgerecht versorgt wurde. Bevor er die Klinik verließ, brach er noch einen Medikamentenschrank auf. Er brauchte dringend Stoff.

»Kurz nach diesem Vorfall habe ich mir eine Pistole beschafft«, bemerkt er. Die Waffe sollte bald eine dramatische Rolle in seinem Leben spielen.

Weil er inzwischen so heruntergekommen aussah, dass er in Geschäften auffiel, dort also nicht mehr so leicht etwas stehlen konnte, brach er Autos auf oder stieg in Wohnungen ein. »Wenn ich unter Benzos stand, merkte ich eh nichts mehr um mich herum. An irgendwelche Konsequenzen denkt man dann nicht«, sagt er und schildert, wie er in seiner schlimmsten Zeit mit seiner ebenfalls süchtigen Freundin um vier Uhr morgens und »voll auf Pille« noch zu Geld kommen wollte und mehrmals versuchte, mit einem Kanaldeckel die Schaufensterscheibe eines Juweliers einzuschlagen. Vergeblich. In Panik bedrohte er einen Mann, der ihn beobachtet hatte, mit der Pistole und versuchte ihn einzuschüchtern: »Jetzt geh heim und halt die Klappe.« Aber der Zeuge alarmierte stattdessen umgehend die Polizei. Roland R. erinnert sich dann nur noch daran, seine Pistole in einem Kanalgitter versteckt und ein paar Hundert Meter zum Auto gelaufen zu sein. Als er und seine Freundin losfahren wollten, habe er plötzlich um sich herum nur noch Lichter und Polizeibeamte gesehen. Und als er ins Handschuhfach greifen wollte, im Glauben, dort sei seine Pistole versteckt, die er schnell wegwerfen müsse, traf ihn eine von der Polizei aus vermeintlicher Notwehr abgefeuerte Kugel in die Schulter. Eine Narbe wird ihn lebenslang an diese Episode erinnern, das Delikt wurde später zusammen mit anderen Vergehen vor Gericht geahndet.

Liefen seine illegalen Geschäfte gut, leistete er sich tagelang nur Kokain. Das war seine Lieblingsdroge und »besser als jeder Orgasmus«. Nicht selten war er dermaßen randvoll mit Kokain, dass er unter Verfolgungswahn litt, so wie einmal auf dem Zürcher Platzspitz, wo sich die offene Drogenszene der Stadt etabliert hatte. Auch hier hatte er einen kleinen »Auftritt«. Ohne Grund warf Roland R. plötzlich alle gestohlenen Kreditkarten auf die Straße, weil er sich von Polizisten umzingelt glaubte. An die Nebenwirkungen von Drogen denkt kein Süchtiger. »Man hat nur den Kick im Sinn, alles andere blendet man aus.« Um diese Paranoia wieder loszuwerden und sich wieder runterzubringen, spritzte er sich nun Heroin.

Lange konnte das Leben in der Illegalität nicht gut gehen. Just an seinem dreißigsten Geburtstag schlug die Justiz zu. Zusammen mit seiner Freundin hatte er 35 Fahrzeuge aufgebrochen – darunter auch zwei Privatwagen von Polizeibeamten – und alles geklaut, »was nicht niet- und nagelfest war«. Als die Polizei plötzlich klingelte, pumpten sich Roland R. und seine Freundin noch schnell alle Drogenreste in die Venen, dann öffneten sie die Tür. Pech: Das gestohlene Radio aus dem Auto eines Beamten lag zufällig noch offen herum. Wegen schweren Diebstahls wurde Roland R. zu zwei Jahren Haft verurteilt.

Jetzt konnte der Vater, der die Rauschgiftsucht seines Sohnes nie wahrhaben wollte, nicht mehr darüber hinwegsehen. Doch sein einziger Kommentar sei lapidar gewesen: »Das hab ich mir eh gedacht.« Über seine Eltern redet der sonst eher offene Roland R. ungern, sagt nur, die Mutter sei gestorben, zu seinem Vater habe er schon lange keinen Kontakt mehr. Auch zu seinen beiden Stiefbrüdern nicht.

Im Gefängnis lockte wieder das süße Gift. »Im Knast an Stoff zu kommen, ist das geringste Problem. Auch da macht man seine Geschäfte«, meint er. Man müsse nur die richtigen Kontakte knüpfen, Süchtige fänden immer zusammen. Meistens gelangten Drogen durch Besucher in den Knast, zum Beispiel als kleine Plomben mit Heroin oder Kokain, die in langen Haaren, Körperöffnungen oder unter engen Strickbündchen versteckt würden. Die Art der Übergabe werde bei einem Besuch zuvor abgesprochen. Üblich sei etwa der Austausch bei einem Zungenkuss oder bei einer Umarmung, indem der Besucher das winzige Drogenpäckchen vom Ärmelbund in die Hand bugsiere und in die Hosentasche des Häftlings gleiten lasse. Zu Geld komme man, indem man die Mutter oder die Freundin beispielsweise bitte, ein paar Scheine mitzubringen oder etwas aufs »Knastkonto« zu überweisen. In der Logik des Süchtigen sind Roland R. seine Jahre im Gefängnis nicht in schlimmer Erinnerung: »Es ist natürlich nicht schön dort, aber ich hatte es auch nicht schlecht. Ich hatte doch alles, was ich brauchte.«

Am Anfang hatte Roland R. Angst vor dem, was auf ihn zukam dort hinter Gitter. Ähnlich wie damals vor seiner ersten Spritze. Aber im Lauf der Zeit gewöhnte er sich an die Abläufe, kannte die Regeln, die unter Gefangenen galten. Eines der obersten Gebote ist, sich untereinander nicht zu verraten. »Da hat man absolute Schweigepflicht.«

Ein ungeschriebenes Gesetz in Haft ist auch, dass Gefangene gegenseitig ihr Eigentum respektieren.

Nach zwölf Monaten wurde Roland R. vorzeitig entlassen, nicht wegen besonders guter Führung, sondern weil er von dem Angebot »Therapie statt Strafe« Gebrauch machte. In der Drogenhilfeeinrichtung hielt er es gerade mal drei Monate aus, dann war der Suchtdruck wieder so groß, dass er die Therapie abbrach und auf direktem Weg – wie ferngesteuert – in die Drogenszene fuhr. Er machte sofort dort weiter, wo er vor der Verhaftung aufgehört hatte. Und wurde irgendwann natürlich wieder auf frischer Tat ertappt. Das Drama nahm seinen Lauf. Wieder Gefängnis. Wieder Drogenszene. Und immer wieder dasselbe. Zu einem seiner zahlreichen Therapie- oder Entgiftungsversuche entschloss er sich immer dann, wenn er den Eindruck hatte, die Polizei sei ihm auf den Fersen und es sei besser, eine Zeit lang abzutauchen. »Eigentlich wollte ich ja gar nicht in Therapie.«

Es grenzt an ein Wunder, dass Roland R. sich eines Besseren besann. Nicht ein besonders grässliches Erlebnis löste die Umkehr aus, sondern die Summe aus vielen kleinen Ereignissen, die ihm während einer Entwöhnung bewusst wurden, führten schließlich zum Entschluss, nicht mehr so weiterzumachen.

Das Rauschgift hatte über die Jahre an seinen Kräften gezehrt. Er fühlte sich schwach, kam keine Treppe in den zweiten Stock hoch, ohne zwischendurch immer wieder stehenzubleiben oder sich auf eine Stufe zu setzen und auszuruhen. Roland R. ist ein Zweimetermann, der heute 120 Kilo auf die Waage bringt. Als Junkie war er auf 73 Kilogramm abgemagert. Und dann diese schrecklichen Bilder von verstorbenen Freunden, die sich immer wieder aufdrängten. Angst um das eigene Leben kam dazu. Wie oft war er selbst um Haaresbreite dem Tod entgangen, einmal zum Beispiel, weil er eines Nachts auf die Schnelle bei sich keine Vene fand und sich stattdessen der Freund zuerst einen Schuss mit dem gemeinsam besorgten Heroin setzte. »Er bekam Schaum vor dem Mund und war sofort tot. Wahrscheinlich Gift pur«, vermutet Roland R. heute. So wollte er nicht enden. So skrupellos, wie er geworden war, wollte er nicht bleiben. Als dieser Freund tot zusammengesackt war, klaute er ihm, was er bei sich hatte, zog ihn bis auf die Haut aus, raffte Hose, Jacke und T-Shirt zusammen. Erst dann rief er die Polizei an. Solche und ähnliche Grausamkeiten häuften sich über die Jahre und lasteten schwer auf seiner Seele. Denn wie alle Rauschgiftabhängigen fand Roland R. in nüchternen Phasen zu seinem eigentlichen Ich zurück, das sich dann für das süchtige Ich schämte. Aber dieses süchtige Ich blieb immer wieder Sieger. Es weiß kaum, was es tut, und kennt nur einen Gedanken: »Wie komme ich schnell an neues Material und wie komme ich an Geld?« Egal wie. Jedes Mittel ist dann recht.

Drogen vernebeln den Verstand, schütten Empfindungen wie Scham, Reue und Gewissensbisse oder auch Erinnerungen an unangenehme Kindheitserlebnisse zu. Je mehr davon in nüchternem Zustand an die Oberfläche gelangte, je öfter er mit klarem Kopf sein rücksichtloses Verhalten wahrnahm, umso empfänglicher wurde er für das Zureden eines Mitarbeiters der Drogenhilfeeinrichtung, eine Langzeittherapie in der psychiatrischen Fachklinik Melchiorsgrund zu beginnen – eine moderne Dorfsiedlung für Suchtkranke am nördlichen Rand des Vogelsbergs. Der Klinik ist eine biologisch betriebene Landwirtschaft mit zirka 150 Hektar Wiesen und Ackerland angegliedert. Das Leben auf dem Bauernhof mit Landwirtschaft, Käserei, Backstube, Garten und Werkstatt gefiel Roland R. auf Anhieb. Dort hatte er vom ersten Tag an eine Aufgabe, konnte sein handwerkliches Geschick einbringen und nahm gemeinsam mit anderen kleinere Reparaturen vor. Im Team renovierte er Fachwerkhäuser, wechselte Fenster aus oder hobelte Türen ab. Das war etwas völlig anderes als die üblichen Therapieeinrichtungen: »Dieses geschützte Käseglocken-Prinzip war nichts für mich.« Auf Melchiorsgrund hatte er zwar Pflichten, doch es stand kein Therapeut neben ihm, der ihm dauernd etwas vorschrieb. Roland R. war überzeugt vom Sinn seiner Tätigkeit und er war Teil einer Wohngemeinschaft: »Wir haben uns untereinander diszipliniert.«

Die dörfliche Idylle stellte das absolute Kontrastprogramm zur Drogenszene dar, zu ihrer Kriminalität und Brutalität. Fernab vom täglichen Überlebenskampf in der Szene spürte Roland R. in der neuen Umgebung ein ungeheures Freiheitsgefühl. Dass er nicht – wie unzählige Male zuvor – wieder flüchtete, hing vor allem damit zusammen, dass er dieser Gemeinschaft das Vertrauen zurückgab, das sie ihm entgegenbrachte.

Vertrauen – dieses Wort benutzt er oft, es klingt wie ein Zauberwort aus seinem Munde, denn es spielt eine herausragende Rolle in seiner Biografie. Fehlendes Vertrauen zur Dorfjugend und umgekehrt hatte ihn in den Drogensumpf abgleiten lassen. Dass er auf Melchiorsgrund nach einigen Wochen trotzdem rückfällig wurde und sich noch einmal Heroin und Kokain spritzte, war eine Mischung aus Zufall, Übermut und Lust auf den Kick. Er hatte zwei Frauen getroffen, die nach Frankfurt fuhren, und »wir haben uns über Drogen heißgeredet, bis ich mir was mitbringen ließ«. Gottlob blieb es bei einem flüchtigen Zwischenspiel.

Insgesamt knapp sechs Jahre war Melchiorsgrund sein Anker. Ein Jahr lebte und arbeitete er auf dem Hof in Deutschland, die übrigen Jahre übernahm er Aufträge im Ausland, in Georgien, Ungarn und in Estland, das fünf Jahre zu seiner Wahlheimat wurde. Der Trägerverein der Einrichtung, die Freie Lebensstudien-Gemeinschaft für Soziale Hygiene, engagiert sich auch in der Entwicklungshilfe. Als besonders beeindruckend hat Roland R. in Erinnerung, dass man ihm nach gar nicht langer Zeit unter anderem das sogenannte Ressort Kleiderspenden anvertraute. Er sollte gesammelte Altkleidung nach Georgien transportieren. Auch größere Geldsummen gab man ihm als Starthilfe für ein kleines Dorf mit auf die Reise. Und da war es wieder, dieses Zauberwort. Man vertraute ihm!

Gefallen am bürgerlichen Leben fand Roland R. endgültig auf einem Bauernhof in Estland, den er mit einigen Süchtigen hüten und instand halten sollte, weil der Besitzer vorübergehend auf Melchiorsgrund eine Aufgabe übernommen hatte. Nach etwa einem Jahr fuhren die anderen zurück nach Deutschland. Roland R. blieb allein mit einem Hund auf dem Hof zurück. Das einfache Leben, die Nähe zur Natur und zu den eigenen Wurzeln gaben ihm Kraft und eine neue Perspektive. Er blieb clean. Inzwischen schon anderthalb Jahre lang. Auf eine harte Bewährungsprobe wurde seine Abstinenz gestellt, als er in Deutschland über das Projekt und den Stand der Dinge berichten sollte. »Schon etwa eine halbe Stunde vor dem Halt in Berlin begann ich zu schwitzen, verspürte eine unerklärliche innere Unruhe.« Als der Bus hielt, wusste er plötzlich, warum. Roland R. hatte 800 Mark in der Tasche, und nur wenige Meter trennten ihn davon, das Geld in Drogen umzusetzen. In diesem Moment habe er die Entscheidung seines Lebens getroffen: »Schluss, aus, vorbei. Jetzt nicht mehr. Missbrauche jetzt nicht das in dich gesetzte Vertrauen.«

Warum er diesmal so standhaft blieb, erklärt er damit, dass es ihm endlich körperlich wieder sehr gut ging und er wusste, dass die schlimmste Zeit hinter ihm lag. Den körperlichen Entzug durchzustehen, sei gar nicht so schwierig. »Das ist nach drei Tagen mehr oder weniger vorbei. Doch der Kopf und die Psyche geben keine Ruhe, es sind die Gedanken an die Drogen, die dich beschäftigen.«

Roland R. aber dachte jetzt an etwas anderes, an die Liebe. Er hatte in Estland eine Frau kennengelernt, mit der er eine Partnerschaft eingehen und sich ein neues Leben aufbauen wollte. Und er wollte unter allen Umständen vermeiden, dass der »ganze Mist« wieder von vorne begann. Diese neue Perspektive wollte er für einen kurzen Flash nicht aufs Spiel setzen.

Wieder zurück in Estland, wurden seine heutige Frau und er ein Paar. Die beiden heirateten bald, bekamen eine Tochter und sind jetzt seit zehn Jahren miteinander glücklich. Davor hatte er nur Freundinnen, die ebenfalls süchtig waren, weil er glaubte, nur die könnten ihn verstehen. Doch diese Beziehungen sind immer gescheitert, vor allem auch, weil Süchtige egoistisch sind.

Zum ersten Mal war Roland R. in Estland mit einer Frau zusammen, die selbst nie Drogen genommen hatte, die ihm andere Werte und Inhalte vermittelte – Ehrlichkeit, Treue, Verbindlichkeit. Und die ihm deutlich zu verstehen gab: »Wenn du rückfällig wirst, verlasse ich dich.« Dazu ist es nie gekommen. Dazu wird es auch nicht mehr kommen.

Daran hat Roland R. keinerlei Zweifel. Zu lange weiß er inzwischen sein anderes, sein neues Leben zu schätzen: »Es gibt immer ein Licht am Ende des Tunnels.« Das möchte er den Patienten im Zentrum für Soziale Psychiatrie in Gießen vermitteln. Einmal, als er dort selbst noch Patient war und unter Entzugserscheinungen litt, als er zitterte und ihm alles wehtat, hatte ihn der Stationsleiter ermutigt: »Wenn du drei Jahre clean bist, kommst du hierher als Ex-User.«

Heute profitieren seine Patienten von den leidvollen Erfahrungen ihres Pflegers: »Ich versuche den Patienten die Angst vor der Zukunft zu nehmen und Schritt für Schritt vorwärts zu gehen. Ich dränge mich nicht auf, aber ich erzähle meine Geschichte.« Vor allem aber konfrontiert Roland R. seine Klienten mit der unangenehmen Frage: »Warum willst du draufbleiben?« Denn er ist sicher, dass jeder Rauschgiftsüchtige immer nur dem »ersten Druck« hinterherläuft, der unbeschreiblichen Euphorie, diesem »Hit«. Doch der stelle sich nie wieder ein. Das müsse einem unbedingt klar werden.

Einmal im Jahr investiert Roland R. aus Idealismus drei Wochen seines Urlaubs, um mit süchtigen Jugendlichen der Drogenhilfeeinrichtung »Haus Wildgänse« auf seinen Bauernhof nach Estland zu fahren. Das sei für die jungen Leute eine einprägsame Erfahrung. Sie erleben dort, dass man erst einmal ein Feuer entfachen muss, wenn man friert, dass nichts funktioniert, wenn sie nicht selbst funktionieren. Das Verlangen nach Drogen tritt in den Hintergrund, weil die Jugendlichen zwischen 17 und 19 Jahren auf dem Bauernhof mitten auf dem platten Land täglich Herausforderungen bestehen müssen. Wer in die 25 Kilometer entfernt gelegene Stadt will, muss das Rad nehmen. Nach drei Wochen wollen die jungen Leute meist überhaupt nicht wieder heim. Sie sind stolz auf das, was sie auf dem Bauernhof geleistet haben, und »sitzen zum Beispiel begeistert vor einer Holztreppe, die sie selbst gebaut haben«. Es sei ein befriedigendes, ein schönes Gefühl zu sehen, wie die Jugendlichen sich entwickeln, sagt Roland R.

Macht er sich Sorgen, dass seine eigene Tochter auch an Drogen geraten könnte? »Natürlich denke ich daran. Aber ich versuche meiner Tochter das zu geben, was ich als Kind zu Hause nicht hatte. Und ich gebe ihr das weiter, was mir gutgetan hat und heute noch guttut.«

Das ist für Roland R. vor allem ein vertrauensvolles Klima in der Familie. Er legt großen Wert darauf, dass seine Tochter – egal was sie getan hat oder ob sie eine schlechte Note nach Hause bringt – keine Angst haben muss, darüber offen mit den Eltern zu sprechen. Bei ihm gebe es weder Liebesentzug noch Schläge. Von seiner Mutter dagegen wurde Roland R. verprügelt, wenn er ihr gestand, was er ausgefressen hatte. Dabei hatte sie ihn zuvor gebeten, sich vertrauensvoll an sie zu wenden, wenn er wieder etwas angestellt habe.

Seiner bewegten Vergangenheit kann Roland R. heute durchaus Positives abgewinnen: »Ich habe gelernt, wie ich überleben kann – in jeder Lebenssituation.« Nur sein Körper hat ihm noch nicht ganz verziehen. Eine Hepatitis C, mit der sich 80 Prozent der intravenös Rauschgiftsüchtigen durch das gemeinsame Benutzen von Nadeln infizieren, hat bei Roland R. einen chronischen Verlauf genommen, was im schlimmsten Fall zu Leberversagen oder Leberkrebs führen kann. Doch er möchte zu den 50 bis 80 Prozent gehören, die durch eine Interferon-Therapie über mehrere Monate geheilt werden.

Drogen braucht er nicht mehr, selbst wenn er einmal in eine Krise geraten sollte: »Auf Heroin und Co. werde ich nie wieder zurückgreifen.« Seinen Kick holt sich der leidenschaftliche Motorradfahrer heute im Geschwindigkeitsrausch oder indem er sich in die Kurven legt.

Jeder neue Tag gibt ihm Auftrieb und die Gewissheit, dass er es richtig gemacht hat. Dass er sich inzwischen das Vertrauen aller Mitarbeiter erarbeitet hat, ist sein besonderer Stolz. So lassen seine Kollegen vor seinen Augen ihr Portemonnaie liegen, in der Gewissheit, dass auch nicht ein Cent fehlt, wenn sie den Raum verlassen.

Roland R. ist nicht von heute auf morgen ein anderer Mensch geworden, er hat sich sein heutiges Ansehen und seinen Lebensstandard ehrlich und mühsam verdient. Den Junkie Roland R. gibt es jetzt nur noch in der Erinnerung. Manchmal werden eben auch Märchen wahr.

Wenn Hilfe wie eine Droge konsumiert wird

Was sie erlebt hat, ist für jede Mutter ein Albtraum. Zunächst war da nur die böse Ahnung, der Sohn könnte Drogen nehmen. »Nein, mein Kind tut so etwas nicht«, tröstete sie sich dann schnell. Denn sie wollte nicht wahrhaben, dass der eigene Sohn an Rauschgift geraten war. Doch dann häuften sich die Anzeichen. Der Sohn kam nachts spät nach Hause und morgens nicht aus dem Bett. Die schulischen Leistungen des zuvor brillanten Schülers verschlechterten sich rapide, der früher so offene Blick wurde unstet und fahrig. Dann fehlte Brigitta Reitz zum ersten Mal Geld im Portemonnaie. Sie hoffte sich zu irren, einfach nur einen Einkauf vergessen zu haben. Doch schon am nächsten Abend bewahrheiteten sich ihre schlimmsten Befürchtungen. Die Geldscheine, die sie absichtlich in die abgeschlossene Schreibtischschublade gelegt hatte, um den Sohn auf die Probe zu stellen, waren weg. Einfach weg.

Immer öfter wurde sie fortan bestohlen, und bald blieb es auch nicht mehr beim Geld. Schmuck, Silber, eine Kamera, ein Fernglas, selbst die Skistiefel und die Blockflöte des vier Jahre jüngeren Bruders verschwanden. Ihr Sohn war zum Fixer geworden. Er versetzte, was er im Haus finden konnte, und kaufte von dem Geld Heroin. Monat um Monat verging zwischen Hoffen und Bangen, zwischen Strenge und Nachgiebigkeit – zwölf schreckliche Jahre lang. Brigitta Reitz geriet in völlige Abhängigkeit von dem jeweiligen Befinden ihres Sohnes, wurde zum Spielball seiner erpresserischen Wünsche. »Er konsumierte meine Hilfe wie seine Drogen«, sagt die heute Sechsundsiebzigjährige. Aber sie hat nie aufgegeben und immer daran geglaubt, dass er eines Tages von dem Rauschgift loskommen wird. »Es ist nie zu spät. Hoffnung gibt es immer.« Das war und ist ihre Lebensdevise, und sie wurde mit einem Happy End belohnt. Seit 17 Jahren ist ihr Sohn clean, er ist glücklich verheiratet und beruflich erfolgreich.

Die Totalumkehr in seinem Leben vollzog Max (Name geändert), als die Mutter die Konsequenzen seiner Abhängigkeit nicht mehr vertuschte, ihn nicht mehr bei Arbeitgebern entschuldigte, ihm nicht mehr die gebügelte Wäsche in den Schrank legte, aufhörte, ihn zu bekochen und zu umsorgen, ihn schließlich sogar vor die Tür setzte. »Das bricht einer Mutter fast das Herz«, sagt sie. Doch dieser Schritt war entscheidend. Ohne den »Elternkreis drogengefährdeter und drogenabhängiger Jugendlicher«, da ist sie ganz sicher, hätte sie die erforderliche Kraft und den Mut dazu nie aufgebracht. Ihre Lektion konnte sie nur mithilfe anderer betroffener Eltern lernen, die sie nicht verurteilten, aber ihr Verhalten spiegelten, die sie annahmen und doch unmerklich veränderten. Heute hilft sie verzweifelten Müttern und Vätern mit ihren Erfahrungen weiter, leitet regionale Elternkreise, besucht Kongresse und Fortbildungsveranstaltungen. Bis 2003 war sie zwölf Jahre lang Vorsitzende des Bundesverbandes der Elternkreise e.V. (BVEK), in dem zirka 120 Elternkreise in Deutschland zusammengeschlossen sind.

Brigitta Reitz sagt heute: »Wie es ist, einen Süchtigen in der Familie zu haben, weiß nur jemand, der es selbst erlebt hat. Ist dieser Süchtige aber eine Tochter oder ein Sohn, also ein Kind, mit dem wir verbunden sind, das wir zu kennen glauben, weil wir es vom ersten Lebenstag an begleitet haben, so trifft uns die Veränderung dieses Kindes ganz besonders schmerzvoll. Ich habe das durchlitten.« Dabei hätte sie nie geglaubt, dass ausgerechnet ihr das passieren würde, hatte sie doch immer ein ausgezeichnetes Verhältnis zu ihrem Sohn, der offen mit ihr über alles sprach, was ihn bewegte. Für Brigitta Reitz war damit eine der wichtigsten Voraussetzungen gegeben, um ein gesundes Erwachsenwerden zu gewährleisten und ein Abgleiten in Drogenkonsum zu verhindern.

Als Max ihr im Alter von achtzehn eröffnete, dass er Haschisch probiert habe, versuchte sie ihr Entsetzen zu verbergen und reagierte mit Verständnis. Er durfte auf keinen Fall abgeschreckt werden, ihr weiterhin seine Sorgen und Erlebnisse mitzuteilen. Das war 1975. Noch ahnte sie nicht, dass es beim Probieren nicht bleiben würde. Eines Abends sagte er zu ihr, dass er LSD nach einem Horrortrip nie mehr nehmen, Haschisch aber ab und zu weiterhin rauchen wolle. Brigitta Reitz versuchte die in ihr aufsteigende Angst zu verdrängen, blieb nach außen hin ruhig und redete sich selbst gut zu: Schließlich war Max intelligent, wollte studieren – am liebsten Theaterwissenschaften oder Journalistik. Er würde sich doch nicht seine ganze Zukunft kaputt machen. Doch der Haschischkonsum stieg an. »Der

Freundeskreis, den ich aus der frühen Schulzeit kannte, versammelte sich zu diesem Konsum in unserem Haus.« Sie versuchte diese Sitzungen zu verhindern und andere Eltern auf ihre Seite zu bringen. Doch die meisten wollten überhaupt nichts oder wenig von den Drogenerfahrungen ihrer Kinder wissen.

Von dieser Seite konnte sie also nichts erwarten. Alles Zuhören und Diskutieren half aber auch nichts. Max begann ihr zu entgleiten und sich unter dem zunehmenden Haschischkonsum komplett zu verändern. Der einst wiss- und lernbegierige junge Mann wurde lethargisch und hatte zu nichts mehr Lust. »Er war nachts unterwegs, lag tagsüber im Bett.« Nur aufgrund seiner Intelligenz und weil er eine gute Grundlage hatte, schaffte er das Abitur, auch ohne im letzten Schuljahr viel zu lernen. Doch sein Notendurchschnitt sackte von 1,5 auf 3,6 ab. Der Ziel- und Perspektivlosigkeit ihres Sohnes gegenüber fühlte sie sich machtlos. Brigitta Reitz ergriff die Angst, der jüngere Sohn könnte auch süchtig werden – was zum Glück nie passierte. Er verliebte sich früh in ein junges Mädchen, geriet durch diese junge Frau in einen völlig anderen Freundeskreis und hatte kein Interesse an den Kumpels seines älteren Bruders.

Wie sehr hätte sie gerade jetzt ihren Ehemann gebraucht, der starb, als Max vierzehn war. Aber sie war allein verantwortlich für die Erziehung der beiden Söhne und versuchte sich immer wieder selbst Mut zu machen, redete sich ein, der Drogenkonsum werde sich bestimmt bald legen. »Mein Sohn wird nicht süchtig. Bestimmt nicht.« Wie willkommen waren ihr seine Beteuerungen in den nächtlichen Endlosgesprächen: »Ich hab das alles völlig im Griff.« Die Wirklichkeit aber sah anders aus. Plötzlich interessierte ihn das Studium nicht mehr. Nachdem er ein oder zwei Vorlesungen besucht hatte, befand Max: »Was der Prof da erzählt, passt mir nicht. Es lohnt sich überhaupt nicht, da hinzugehen.« Einwände seiner Mutter, irgendetwas müsse er doch tun, ignorierte der inzwischen Neunzehnjährige. Er kiffte jetzt täglich. An die Stelle des Studiums waren Nichtstun, Drogenbeschaffung und Drogenkonsum getreten. Lustbefriedigung im Hier und Jetzt war das einzige Ziel. Der Druck der Gruppe, die auf einen kleinen Teil der früheren Freunde geschrumpft war, verhinderte die früher so offene Aussprache zu Hause. Der Mutter entzog er sich zunehmend mit aggressivem Verhalten. Meistens ließ er sich überhaupt nicht mehr blicken.

Als ihr dann immer öfter Geld im Portemonnaie fehlte, zunächst waren es kleinere, bald größere Beträge, spürte sie das nächste Fiasko kommen. Sie wollte wissen, ob sie Recht hatte, und sagte ihm auf den Kopf zu: »Du bist auf Heroin umgestiegen, wenn du so viel Geld brauchst.« Ohne zu zögern, gab er das zu, spielte den Geknickten und fragte, was er denn tun solle. Den Vorschlag, eine Drogenberatungsstelle aufzusuchen, lehnte er als völlig unzumutbar ab. Nur sie könne ihm helfen. Das schmeichelte seiner Mutter natürlich. Und da sie offensichtlich die einzige Person war, die ihn retten konnte, wollte sie sich doppelt anstrengen.

In dieser Phase suchte Brigitta Reitz eine Drogenberatungsstelle auf. Doch statt sie zu unterstützen, habe der junge Mann dort sie ermahnt, sie müsse etwas für sich selbst tun, ins Theater gehen oder verreisen. Noch heute wird sie wütend, wenn sie daran denkt. Wie sollte sie sich als alleinerziehende Witwe, die noch einen vier Jahre jüngeren Sohn hatte, um sich selbst kümmern. Der Sozialarbeiter, kaum älter als der Haschisch rauchende Sohn, fegte ihre Sorgen hinweg und stellte sie als bedrohliche Mutter hin. »Das hat mich zutiefst verunsichert. Mein Bedarf an professioneller Hilfe war gedeckt. Da bin ich nie wieder hin.«

Heute appelliert Brigitta Reitz an Drogenberater, die Sorgen der Eltern ernst zu nehmen, ihnen zuzuhören und mit ihnen gemeinsam zu überlegen, was sie ändern könnten. Denn in ihrer Unerfahrenheit flehten sie ihre Kinder nur stets aufs Neue an, doch bitte mit den Drogen aufzuhören. »Das können sie aber nicht. Sucht ist eine Krankheit und ein gnadenloser Gegner.« Das weiß Brigitta Reitz heute. Aber damals quälten sie Selbstvorwürfe, dass sie versagt habe in ihrer Erziehung, dass sie sich zu wenig oder zu viel gekümmert habe. Vor allem suchte sie immer wieder eine Antwort auf die Frage: »Warum muss er sich betäuben, vor was läuft er davon?« Dafür gibt es für sie noch heute keine eindeutige Erklärung. Ihm habe der Vater gefehlt. Das könnte ein Grund gewesen sein, warum er an einen Freund geriet, der kiffte und den er sehr bewunderte. So cool wollte er auch sein. Neugier und jugendliche Abenteuerlust kamen hinzu. Das Haschischrauchen senkte dann seine Hemmschwelle für andere Drogen, er bewegte sich unaufhaltsam wie auf einer schiefen Ebene in die Heroinsucht. Suchtverhalten entwickle sich niemals von heute auf morgen, sondern immer schleichend. Dabei spiele das Suchtmittel selbst – ob Haschisch, Amphetamine, Ecstasy,

LSD, Heroin oder Crack – eine untergeordnete Rolle, wichtiger seien das Einstiegsalter und die Häufigkeit des Konsums, meint sie.

Damals bearbeitete sie Max in nächtelangen Diskussionen, um ihn von den Drogen abzubringen. Aber vergeblich. Er genoss es, im Mittelpunkt der Familie zu stehen, änderte aber nichts. Nach etwa fünf Monaten war er so abhängig vom Heroin geworden, dass er im Pfandhaus versetzte, was ihm im Haus in die Finger geriet. Seine Mutter, die die Pfandscheine fand, wollte wenigstens den Schmuck zurückkaufen, doch Max überredete sie, ihn das erledigen zu lassen. Gutgläubig und froh über die offensichtliche Reue willigte die Mutter ein und drückte ihm eine größere Summe in die Hand. Das Geld verschwand in der Drogenszene. »Es war entsetzlich. Als ich die Sachen von meinem kleinen Gehalt als medizinisch-technische Assistentin nach und nach wieder im Pfandhaus zurückkaufte, war mir das fürchterlich peinlich. Die Enttäuschung, dass der eigene Sohn einen bestiehlt, ist unbeschreiblich.« Doch noch schlimmer sei die Angst um sein Leben gewesen. »Ich lebte in ständiger Furcht vor einem Anruf mit der Todesnachricht und machte nachts kaum mehr ein Auge zu, horchte, ob und in welchem Zustand Max nach Hause kommt. – Und wenn er nicht kommt?«

Sie war hin- und hergerissen zwischen dem Gefühl der Verantwortung, Schuldgefühlen und totaler Hilflosigkeit. Das war kaum auszuhalten. Aber sie schwieg, denn das damals noch weitverbreitete Vorurteil lautete: »Drogensüchtige gibt es nur bei Asozialen oder in gestörten Elternhäusern.« Zu Letzteren zählte sie auch ihre unvollständige Familie. Sie gehörte einer Randgruppe an, meinte sie, und wollte unter allen Umständen verhindern, dass andere etwas von ihren Problemen mitbekamen. Von ihren Freunden zog sie sich zurück. Sie fürchtete, ihr Kummer könnte aus ihr herausbrechen und anderen Einblick in ihr Innerstes gewähren. Ohnehin hätten die anderen nicht verstanden, was sie durchmachte, warum sie fix und fertig war. Die permanenten seelischen Qualen hatten auch schon körperliche Spuren hinterlassen, ihr Herz pochte oft, als würde es gleich zerspringen.

Sie musste ihre Schwierigkeiten alleine meistern. Doch die einst harmonischen Gespräche mit Max eskalierten inzwischen regelmäßig, oft beschimpfte er sie: »Wenn man hier leben muss, muss man ja Drogen nehmen.« Oder: »Wenn ich so blöd wär wie du, hätte ich mich längst aufgehängt.« Einmal, als er sie wieder heruntergeputzt hatte – »Ich will nicht so ein leistungsbezogenes Leben führen wie du, mich ausbeuten lassen und abends so fertig sein, dass ich nur noch heule.« –, stand er mitten in der Unterhaltung auf, knallte die Tür hinter sich zu und ging. Brigitta Reitz fühlte sich elend und alleingelassen. Aber gegen einen Süchtigen kommt man nie an. Das begriff sie erst viel später.

Nach zwei Jahren Drogenabhängigkeit des Sohnes war sie am Ende ihrer Kräfte. Die Bedürfnisse des jüngeren Sohnes vernachlässigte sie sträflich, bis dieser sie einmal verzweifelt anschrie: »Muss ich auch Drogen nehmen, damit du dich endlich mehr für mich interessierst?« An diesem Tiefpunkt war sie bereit, mit anderen über ihre Sorgen zu sprechen. Sie wollte Rat und sehnte sich danach zu erfahren, wie andere Betroffene mit diesem Problem umgingen.

Sie hörte vom »Elternkreis drogengefährdeter und drogenabhängiger Jugendlicher« und ging zu einem Treffen dieser Selbsthilfegruppe. Dort, wo sich Gleichgesinnte gegenseitig ihr Leid klagten, aber es dabei nicht beließen, sondern sich mit Ratschlägen tatkräftig unterstützten, begann für sie ein langer und oft schmerzlicher Lernprozess. Heute sagt sie: »War ich bis dahin in dem Glauben gewesen, dass nur ich so schlimme Dinge erleben musste, erkannte ich in diesem Kreis, dass andere ähnliche Probleme hatten. Ich lernte intakte Familien kennen, die auch gegen die Drogensucht ihrer Kinder kämpften. Es waren Menschen, die gerade nicht aus asozialen Verhältnissen stammten.« Gleichzeitig begegnete sie Eltern, deren Kinder gesund geworden waren. Das waren zwei Aha-Erlebnisse, die sie ermutigten. Fortan besuchte sie im wöchentlichen Wechsel entweder die therapeutisch geleitete Gruppe für betroffene Eltern, zu der sie im Elternkreis motiviert wurde, oder den Elternkreis selbst.

Die Therapiesitzungen waren sehr hart und sie vergoss viele Tränen, die sie zu lange zurückgehalten hatte. Woche für Woche verlor sie etwas mehr von der lähmenden Angst, die sie in völlige Abhängigkeit von Max hatte geraten lassen, von seinem Verhalten und Befinden. Ging es ihm gut, fühlte auch sie sich besser, ging es ihm schlecht, litt sie mit. Die Suchtfalle hatte gleich doppelt zugeschlagen. Nicht nur Max war abhängig geworden, sondern auch sie war – auf eine andere Art – sehr krank geworden. Koabhängigkeit nennt man das. Den Begriff hörte Brigitta Reitz erstmals im Elternkreis. Mit Inhalt füllte er sich für sie durch ihr eigenes Verhalten. Und sie begann mühsam zu lernen, sich abzugrenzen gegenüber seiner Sucht, sagte Nein, wenn er wieder Geld verlangte, und war nicht mehr bereit, sich nächtelang anzuhören, was er wieder alles angerichtet hatte, was an angeblich Bösem ihm widerfahren war. Statt sich weiter von seiner negativen Weltsicht mit in den Abgrund ziehen zu lassen, wandte sie sich wieder mehr dem jüngeren Sohn zu. Der Ältere empfand das als Gleichgültigkeit.

Mit den verschiedensten Erpressungen versuchte er immer wieder, seine Mutter gefügig zu machen. Er hatte ihr strikt verboten, ihn zu verraten. Als Bekannte, die seine Intelligenz schätzten, aber von seiner Sucht nichts wussten, ihm eine Lehrstelle anboten, schwieg sie. Sie sah darin auch eine Chance, dass das Heroin durch die neue Herausforderung überflüssig werden könnte. Sie äußerte sich aber auch nicht, als sein Chef sie auf das schlechte Aussehen ihres Sohnes ansprach und fragte, ob er wohl nicht genügend zu essen bekäme. Max hatte gedroht: »Sonst bist du schuld, wenn ich meine Lehrstelle verliere.« Er verlor die Lehrstelle bald tatsächlich, weil er in die Firmenkasse gegriffen hatte. Und wieder fing sie ihn auf. Der Rückfall in ihre Koabhängigkeit war vorprogrammiert: Sie paukte ihn aus scheinbar ausweglosen Situationen, um dann erneut zu erkennen, »dass ich wieder nur seine Sucht unterstützt hatte«.

In solchen immer wiederkehrenden Tiefs bot ihr der Elternkreis seelischen Halt. Aber die anderen Mütter und Väter machten ihr auch unmissverständlich klar, dass sie ihren drogensüchtigen Sohn nicht bekehren, wohl aber ihr eigenes Verhalten ändern könne. Sie lernte, dass *er* es schaffen müsse, nicht dass »*wir* das schaffen« – wie sie immer geglaubt hatte. Jetzt erkannte sie allmählich, dass sie tun konnte, was sie wollte, es änderte nichts. *Er* musste den Neuanfang wollen. Heute vergleicht sie das gerne mit folgender Geschichte: Ein Kind hat sich im Wald verirrt. Die Eltern können ihm den Weg weisen, wieder herauszufinden. Aber wenn es sich noch wohlfühlt im Wald, kann man es nicht gewaltsam zurückholen.

Aber zu dieser Einsicht zu gelangen, ist für Mütter und Väter fast unmöglich. Sie lieben ihr Kind ja. Es ist abhängig von ihrer Zuneigung, ihrer verständnisvollen Wärme. Elternsein lässt sich auch nicht delegieren. Es ist kein »Beruf«, den man für eine bestimmte Zeit ausübt. Eltern sind und bleiben Eltern, lebenslang. Die starken Gefühle und die enge Bindung lassen sich nicht ablegen wie ein Mantel. Dazu steht in krassem Widerspruch, wie Eltern mit süchtigen Kindern umgehen sollen. Ein betroffener Vater sagte einmal zu Brigitta Reitz: »Sie dürfen nicht immer für ihn da sein.« Nur dann könne er sich selbst gegen die Droge entscheiden. Die Sucht müsse unbequem werden für Max. Er müsse die Konsequenzen tragen. So einfach diese Erkenntnis klang, so schwer war es für ein liebendes Mutterherz, sich daran zu halten. Hatte sie doch immer dafür gesorgt, dass der Junge frische Wäsche und ein bezogenes Bett hatte, dass der Kühlschrank gefüllt und der Lebensunterhalt gesichert war. Sie hatte alles für ihn getan. Als Lohn wurde sie betrogen, bestohlen und belogen.

Ihre Handtasche mit der Geldbörse und den Papieren ließ sie nicht mehr aus den Augen, egal wo sie hinging im eigenen Haus – ob in die Küche oder auf die Toilette –, ihre Tasche hatte sie immer dabei. Beim Fernsehen drückte sie sie fest an die Brust. Einmal, als sie kurz in die Waschküche lief und die Tasche ausnahmsweise unbeobachtet zurückließ, weil Max ohnehin nicht zu Hause war, passierte das Ungeheuerliche. Just in diesem Augenblick musste er ins Haus gekommen sein. Er schnappte sich die Tasche und verschwand. Sie sah ihn noch davonlaufen.

Gebeutelt von Schmerz, Wut und Niedergeschlagenheit befahl sie sich selbst: Ich will aufhören zu weinen und anfangen zu leben. Ganz allmählich fruchtete, was sie theoretisch schon begriffen hatte. Nach mindestens einem Jahr im Elternkreis hatte sie einiges über Abhängigkeit und Koabhängigkeit gelernt und fuhr – endlich – mit dem Kleineren zwei Wochen in den Sommerurlaub. Als der Ältere das erfuhr, wollte er nicht wahrhaben, dass die Familie etwas ohne ihn unternahm. »Wer soll für mich sorgen?«, fragte er vorwurfsvoll. Seine Mutter antwortete, nach außen hin gelassen, er könne gerne mitkommen. Doch auf einem Segelboot gebe es kein Heroin.

Im Urlaub »bin ich vor Angst fast gestorben, ob er noch lebt, vielleicht schon das ganze Haus ausgeräumt hat«, erinnert sie sich. Und als sie von der Segelreise zurückkehrte, sah das Haus tatsächlich aus wie ein Saustall. Aber die erste Lektion für Max war erteilt. Er hatte gelernt, dass er nicht mehr im Mittelpunkt stand.

Doch sie wurde immer wieder schwach. Zum Beispiel, als Max sie bekniete: »Morgen höre ich bestimmt auf mit den Drogen. Ganz bestimmt. Glaub mir. Aber heute brauche ich dringend Geld für den Dealer, der mit dem Messer auf mich wartet, wenn ich meine Schulden nicht bezahle.« Brigitta Reitz hatte plötzlich das Bild einer jungen süchtigen Frau vor Augen, der von einem Dealer das Gesicht zerschnitten worden war, weil sie ihre Schulden nicht beglichen hatte. Und die Mutter ließ sich wieder erpressen. Obwohl sie im Innersten wusste, dass sie gelinkt wurde, drückte sie ihm 70 Mark in die Hand. Der bedrohliche Dealer existierte natürlich nicht, Max brauchte das Geld für neuen Stoff.

Wieder verstrichen Monate. Jetzt bestahl Max auch die völlig ahnungslose Großmutter. »Stell dir vor«, sagte diese zu ihrer Tochter, »Max muss an meiner Tasche gewesen sein, mir fehlen 50 Mark aus dem Portemonnaie. Und sonst war niemand hier. Ich sah ihn wegrennen, als wäre der Teufel hinter ihm her.« Brigitta Reitz, die ihrer Mutter die Sucht des Sohnes bisher verschwiegen hatte, hielt die Wahrheit nicht mehr zurück: »Ja – dieser Teufel heißt Sucht. Und flüstert im Unterbewussten, nimm mich doch, nimm mich doch, auch wenn die Vernunft etwas anderes sagt.«

Ungefähr zur selben Zeit geschah das nächste Unheil. Brigitta Reitz hatte eine Wohnung in ihrem Haus an ein Ehepaar vermietet und besaß einen Zweitschlüssel. Den hatte Max entdeckt und schamlos benutzt, um in die fremde Wohnung einzudringen, dort Schmuck und die Münzsammlung zu stehlen. Brigitta Reitz hätte im Erdboden versinken können, als die Mieterin sie damit konfrontierte und zweifelsfrei feststand, dass der eigene Sohn der Dieb war. Sie litt unbeschreiblich, zumal der Ehemann der Bestohlenen sehr jähzornig war, ein großes Fest bevorstand, auf dem die Frau den Familienschmuck tragen sollte. »Ich habe 14 Tage auf Max eingeredet, bis er mir die Adresse des Juweliers nannte. Und dann habe ich alles zurückgekauft«, später nach und nach auch die Münzen.

Nach zwei Jahren Elternkreis sagte Brigitta Reitz in aller Ruhe und Bestimmtheit zu Max: »So geht das nicht weiter. Du musst ausziehen. Nicht von heute auf morgen, aber du wirst dir eine andere Bleibe suchen.« Max war fassungslos. Als er begriff, dass die Mutter ernst machte, meinte er völlig ungläubig: »Jetzt lässt du mich fallen.« Das stellte sie auf eine harte Probe. Aber Brigitta Reitz hatte sich ein Repertoire an Antworten zugelegt und brachte mit letzter Kraft hervor: »Nein, aber du bist kein kleines Kind mehr. Du bist zweiundzwanzig, also längst erwachsen. Ich übertrage dir jetzt die Verantwortung für dein Leben. Und ich bin ganz sicher, dass du sie tragen kannst, und ich vertraue dir, dass du den richtigen Weg für dich findest.« In der Zeitung suchten sie gemeinsam ein möbliertes Zimmer für ihn. Als er mit hängendem Kopf und einem Kleiderbündel tatsächlich das Haus verließ, »dachte ich, das überlebe ich nicht«.

Drei Wochen später stand er wie ein Häufchen Elend wieder vor der Tür, weil der Vermieter ihn rausgeworfen hatte. Dem eigenen Sohn die Rückkehr zu verweigern und ihm den Schlüssel abzunehmen, sei furchtbar. Aber Brigitta Reitz blieb hart, wenn auch blutenden Herzens: »Nein, das ist vorbei, du hast dir das vermasselt.« Diesmal tauchte er für »lange Wochen« ab, wie lange, weiß die Mutter nicht mehr genau. Es kam ihr vor wie eine Ewigkeit. Diese durchweinten Nächte wird sie nie vergessen. Sie hatte Todesängste, nahm das Telefon jede Nacht mit ans Bett, in ständiger Furcht vor dem Anruf: »Wir haben Ihren Sohn gefunden.« Trotzdem ist sie ihn nie suchen gegangen. Sie wollte mit der Drogenszene nichts zu tun haben, das Elend gar nicht sehen. Andere Eltern, die ihren Kindern dorthin nachliefen, waren danach noch niedergeschlagener. Brigitta Reitz wollte vom Leben in der Szene nichts wissen und beschränkte ihre Bemühungen nur noch auf *den* Max, der gesund werden wollte. Aber der Umgang mit ihm war eine ständige Gratwanderung zwischen Leben und Tod geworden.

Eines Abends tauchte er wie aus dem Nichts wieder auf: »Nur einmal schlafen und einmal duschen.« Brigitta Reitz, die natürlich erleichtert war, Max lebend wiederzusehen, willigte ein, aber nur unter der Voraussetzung, dass er am nächsten Morgen das Haus mit ihr wieder verließ. Was er auch tat. Diesmal ohne einen Pfennig von seiner Mutter. Über eine Zeitungsannonce hatten sie eine Mansarde für ihn gefunden, für die sie versprach, zwei Monate lang die Miete zu übernehmen. In dieser Zeit sollte er sich eine Arbeit suchen, um seinen Lebensunterhalt selbst zu bestreiten, oder sich für eine Drogentherapie entscheiden. Weitere Unterstützung sollte er von nun an von seiner Mutter nicht mehr bekommen.

Nach zwei Monaten klingelte er wieder bei ihr. Er hatte feststellen müssen, wie sehr er ein behütetes Zuhause, das Familienleben und eine geduldige Zuhörerin vermisste. Drogenszene und kriminelles Milieu waren das Gegenteil, und so wollte er nicht leben. Er versicherte seiner Mutter, er wolle jetzt aussteigen. Endgültig. Tatsächlich schloss er sich in seiner Mansarde ein und war nach einer Woche körperlich vom Heroin entzogen.

Aber leider war da immer noch nicht der Endpunkt erreicht. Bis zur endgültigen Abstinenz durchlebte und durchlitt Brigitta Reitz ein Auf und Ab der Gefühle. Zwar gab es immer wieder Zeiten, in denen er clean war. Doch er wurde oft rückfällig. Gemeinsam machten Mutter und Sohn Sucht- und Entzugsphasen durch, Therapiebereitschaft und -abbruch, Kriminalität und Gefängnis, Krankheit, Hoffnung und Trauer. »Wenn der Sohn oder die Tochter aufgehört hat, heißt das nicht, jetzt ist alles gut. Aber es ist auch nicht alles verloren, wenn jemand einen Rückfall hat.« Das legt Brigitta Reitz anderen Eltern mit großem Nachdruck nahe. Vor allem müsse man sich selbst von zermürbenden Schuldgefühlen befreien und von der irrigen Vorstellung, für die Überwindung der Sucht verantwortlich zu sein. Es habe auch keinen Sinn zurückzuschauen. »Ab jetzt mache ich es besser.« Das sei wichtig.

Dem Entzug in der Mansarde folgte ein viermonatiger Aufenthalt in Paris, wo Max einen Sprachkursus besuchte und kein Heroin anrührte. Brigitta Reitz atmete auf: »Jetzt wird alles gut. Jetzt haben wir es hinter uns.« Diese Zuversicht wurde bestärkt, als er anschließend nach Hannover ging, um Wirtschaftswissenschaften zu studieren. »Ich dachte, da ist er endgültig weg von diesem Kreis aus Frankfurt.« Doch schon dort muss er wieder rückfällig geworden sein, glaubt sie heute. Bald wurde offenkundig, dass er wieder Heroin spritzte. Das kam so: Er rief seine Mutter an und sagte, er wolle ihr an Pfingsten seine Freundin vorstellen, die er in Paris kennengelernt hatte. »Dann ist er wenigstens nicht bei den alten Kumpels«, ging es Brigitta Reitz abermals durch den Kopf, und sie willigte ein. Doch nach Pfingsten reisten die beiden nicht ab. Und sie sah ihm an, dass er wieder auf Heroin war.

Er brach sein Studium ab und heiratete die Freundin, die nicht ahnte, in was sie da hineinschlitterte. Sie fand schnell eine gute Stellung und wurde für Max zur bequemen Ersatzmutter, die für ihn sorgte – und dieselben Fehler der Koabhängigkeit machte. Denn Max hatte ihr jegliche Aussprache mit seiner Mutter verboten, die »doch allein schuld an seiner Sucht sei«. So hielt sich Brigitta Reitz auf Distanz und musste warten, bis auch die Kräfte der Ehefrau aufgebraucht waren und diese sie um Hilfe bat. Alle Geldmittel waren zu diesem Zeitpunkt bereits erschöpft. Das Gehaltskonto war weit überzogen. Brigitta Reitz kaufte deshalb einmal wöchentlich Lebensmittel für die beiden ein. Als sie aber merkte, dass Max weiterhin Heroin spritzte und sogar die wenigen Habseligkeiten seiner Frau versetzte, stellte sie auch das wieder ein. Sie war langsam hart geworden, und weil die beiden eine eigene Wohnung hatten, musste sie die Tragödie wenigstens nicht mehr tagtäglich mit ansehen. »Ich hatte mein Leben jetzt besser in der Hand und war nicht mehr koabhängig.« In dem Sinne, dass sie nicht mehr ihr ganzes Leben nach Max ausrichtete und an nichts anderes mehr denken konnte als an ihr Sorgenkind.

Eine Gerichtsverhandlung wegen Drogenbesitzes brachte Max dann die Auflage, eine ambulante Therapie zu machen, was er auch tat. Diesmal fand er einen Therapeuten, der sein Vertrauen gewann und ihn langsam innerhalb von etwa drei Monaten zum Umdenken motivierte. Dieser Drogenberater war älter als seine Kollegen, Max sah in ihm eine Vaterfigur, ihn akzeptierte er. Als auch seine Ehefrau dort Hilfe suchte, wurde ihr eine Familientherapie für alle drei Beteiligten vorgeschlagen. Alle willigten ein. In diesen gemeinsamen Sitzungen wurde allen bald klar, wie sehr das Dreiecksverhältnis und die unbewusste Rivalität zwischen den beiden Frauen die Sucht weiter angeheizt hatten und wie geschickt der Süchtige sich zwischen Ehefrau und Mutter hin und her bewegt hatte. Dieser Kreislauf wurde jetzt durchbrochen. Eigentlich hatte Max nur noch eine Chance, wollte er nicht beide Frauen verlieren: Er musste endgültig beweisen, dass er es verdiente, geliebt und geschätzt zu werden; er musste das verlorene Vertrauen zurückerobern – also ganz schnell Abschied nehmen vom Heroin. Hinzu kam, dass er sein Leben mit der ewigen Jagd nach Geld und Stoff und den zunehmenden körperlichen Beschwerden nach jahrelangem Heroinmissbrauch mit Vergiftungen, Hepatitisfolgen und psychischen Panikattacken zu diesem Zeitpunkt nicht mehr lebenswert empfand.

Wieder machte er selbst einen Heroinentzug, erholte sich körperlich schnell und überwand langsam seine Lethargie. Er begann wieder zu malen – ein lang vernachlässigtes Hobby aus seiner Kindheit und frühen Jugend – und begriff dies als eine Art Therapie und Selbstfindung. Er renovierte die Wohnung, legte wieder Wert auf sein Äußeres und suchte sich die verschiedensten Arbeiten, verkaufte abends in Kneipen Brezeln, fuhr Autolacke aus und initiierte für einen Antiquitätenhändler Ausstellungen. Zwar wurde er innerhalb der nächsten zwei Jahre noch einige Male rückfällig, aber es waren nur sehr kurze Attacken, die er ganz schnell alleine überwand. Seine wiedererstarkte Schaffenskraft und die Erfolge in seinen verschiedenen Jobs ließen ihn mutiger werden und seinen Fähigkeiten vertrauen. Er begann eine anspruchsvolle Ausbildung, beendete sie mit vorzüglichen Zeugnissen und ist in diesem Beruf heute erfolgreich tätig. Seit 17 Jahren hat seine Ehefrau nun wieder den Mann an ihrer Seite, in den sie sich damals in Paris verliebte. 25 Jahre sind die beiden jetzt verheiratet.

Mit Staunen und wachsendem Vertrauen konnte seine Mutter verfolgen, wie trotz aller Rückschläge ihr unbeirrbarer Glaube an den gesunden Lebenswillen ihres Sohnes Früchte trug. Und mit Dankbarkeit erlebte sie, dass die Liebe ihres Kindes zu ihr nicht verloren war, sondern – wie ihr Max später selbst versicherte – gerade durch ihre konsequente Haltung wiedergewonnen und auf eine andere, erwachsene Ebene gehoben wurde.

Für Brigitta Reitz sind die zwölf Jahre Drogensucht ihres Sohnes wie ein böser Traum. Ohne die Hilfe und das Verständnis anderer betroffener Eltern hätte sie diese Hölle nicht überstanden. Die Seminare und Fortbildungen vertieften ihre Erkenntnisse. So lautete ein Schlagwort im Elternkreis »Krisenstehlen«: Wenn du deinem Kind die Folgen seiner Sucht ersparst, stiehlst du ihm die Krise und nimmst ihm damit die Chance zur Umkehr.

Fast 30 Jahre leitet sie nun Elternkreise – anfänglich sogar schon in der Zeit, als der eigene Sohn noch abhängig war –, und ihr sind sehr viele Schicksale begegnet. Doch erst wenn Eltern ihre Kinder nicht mehr umklammerten und sie in die Selbständigkeit entließen, könnten diese ihre Sucht aufgeben. Eltern sollten unterstützen im Sinne von: »Ich weiß, dass du das schaffst.« Wenn Brigitta Reitz von Müttern und Vätern gefragt wird, was sie gegen die Sucht ihrer Töchter und Söhne unternehmen können, antwortet sie sinngemäß: Sie sollten das Gespräch nicht abreißen lassen, nichts verbieten und auch nicht schimpfen, aber die Eigenverantwortung ihrer Kinder unbedingt stärken, ihnen vermitteln: »Du bist was, du kannst was und brauchst keine Drogen, um stärker zu scheinen.« So wachse das Selbstwertgefühl, das durch ständige Bemutterung und Überfürsorge noch mehr geschädigt werde. Häufig erlebt sie dieses Wunder, wie ein süchtiges Kind verschüttete Fähigkeiten entdeckt, die ihm den Weg in ein drogenfreies Leben weisen. Brigitta Reitz fasst ihre Erfolgsgeschichte so zusammen: »Ich musste Abstand nehmen von dem verständlichen Wunsch aller Eltern, den Lebensweg ihrer Kinder lenken zu wollen und ihnen Leid zu ersparen. Ich habe begriffen, dass die Elternrolle nur eine begrenzte Aufgabe in meinem eigenen Leben ist und dass ich mein Leben leben muss – wie immer mein Kind sich entscheidet.«

Leitsätze für Eltern süchtiger Kinder

1 Befreien Sie sich von dem Gedanken, Sie könnten den Abhängigen zur Einsicht zwingen. Den Weg zu einem Leben ohne Drogen muss dieser selbst finden.

2 Überlassen Sie ihm die Verantwortung für sein Leben, indem Sie ihm nichts abnehmen, was er selbst tun kann.

3 Zeigen Sie innerhalb der Familie ein einheitliches und konsequentes Verhalten, lassen Sie nicht zu, dass der Süchtige einen gegen den anderen ausspielt.

4 Verschwenden Sie keine Zeit darauf, nach Hinweisen und Spuren für möglichen Drogenkonsum zu suchen.

5 Wenden Sie sich wieder mehr Ihren eigenen Interessen und den Ihrer übrigen Familie zu. Dies wird dem Abhängigen schmerzhaft deutlich machen, wie sehr ihn die Droge isoliert.

6 Lassen Sie sich nicht in die Gefühlswelt des Süchtigen und seine wirklichkeitsfremden Ansichten hineinziehen. Leben Sie ihm stattdessen eine optimistische und positive Grundhaltung vor.

7 Bedenken Sie, wie belastend es für einen richtungslos gewordenen jungen Menschen ist, wenn Sie selbst verunsichert und voller Schuldgefühle, schwankend zwischen Zorn und Nachgiebigkeit, klagend und verbittert auf sein Verhalten reagieren.

8 Verweilen Sie mit Ihren Gedanken nicht in der Vergangenheit auf der Suche nach den Ursachen und der möglichen eigenen Schuld. Verzagen Sie nicht vor der Zukunft und gehen Sie – trotz aller Rückfälle – mutig jeden neuen Tag an. Bewahren Sie sich Geduld und Gelassenheit und verlieren Sie nie die HOFFNUNG.

Der einzige Sport eines Kiffers: mit dem Fahrrad zum Dealer

Die Nachricht traf ihn wie ein Blitz. Seine über alles geliebte Freundin, die er von klein auf kannte, war bei einem Autounfall mit der Familie in Frankreich tödlich verunglückt. Unfassbar für den damals Vierzehnjährigen. Diese Freundin bedeutete ihm alles, er liebte sie – so wie man als Jugendlicher ein Mädchen lieben kann. Die beiden gingen zusammen zur Schule, verbrachten ihre Freizeit miteinander, sie ersetzte ihm jeden Freund. Und plötzlich sollte das alles nicht mehr sein, war ihr Leben ausgelöscht und seines erschien ihm unerträglich. Er zog sich zurück, wurde schweigsam. Am Unterricht beteiligte er sich kaum mehr. Weil er neue Lehrer hatte, konnten sie diese Veränderung nicht registrieren und stuften ihn als einen ruhigen, vielleicht etwas schüchternen Schüler ein. Jahre vergingen in der inneren Immigration, bis er als Siebzehnjähriger an Haschisch geriet. Die Droge, die seine Gefühle benebelte, passte perfekt zu seinem Gemütszustand, vertrieb sie doch schlechte Gedanken aus seinem Kopf. Er kiffte zunächst hin und wieder, dann täglich, lungerte immer öfter zu Hause auf dem Sofa herum und schwänzte die Schule. Der Joint war sein neuer, sein bester Freund geworden, ein Begleiter, den ihm niemand nehmen konnte.

Haschisch gilt gemeinhin als eher harmlos, wie die gängige Bezeichnung »weiche Droge« im Unterschied zu den sogenannten harten Drogen wie Heroin und Kokain suggeriert. Doch dieser junge Mann wurde süchtig nach Haschisch und sein exzessiver Konsum warf ihn völlig aus der Bahn. Die Schule brach er in der zwölften Klasse ab.

Seiner Mutter ist er heute dankbar, dass sie schließlich ein Machtwort sprach und ihn mit sanftem Druck dazu bewegte, eine Drogenhilfeeinrichtung aufzusuchen. Nach einer Entgiftung und monatelangem Aufenthalt in einer therapeutischen Einrichtung kam er vom Haschisch los, auch vom Alkohol, den er zur Verstärkung der dämpfenden Wirkung maßlos in sich hineingeschüttet hatte. Knapp zwei Jahre ist er jetzt clean und findet das Leben so »viel besser«. Der Zweiundzwanzigjährige hat Zukunftspläne, vor allem berufliche. Er will eine handwerkliche Ausbildung beginnen, wahrscheinlich als Elektriker. Um ihm keine Perspektiven zu verbauen, wurde sein Name hier geändert.

Dennis wuchs in einer bürgerlichen Familie auf. Seine Eltern sind redliche und fleißige Leute, die sich ein schmuckes Reihenhaus erarbeitet haben. Eigentlich hatte Dennis in seiner Kindheit alles, was er brauchte, Wohlstand, Eltern, die nicht stritten oder in Scheidung lebten. Doch da gab es für ihn etwas Gravierendes, das ihn bis tief ins Mark traf. Er fühlte sich gegenüber den Geschwistern zurückgesetzt. Wenn der Bruder beispielsweise ein neues Spielzeug geschenkt bekam, ging Dennis leer aus. Er ist ein sogenanntes Sandwichkind, der Bruder anderthalb Jahre älter, die Schwester fast vier Jahre jünger. Dennis fühlte sich unwohl in seiner Position, erdrückt von beiden Seiten. Mittlere Kinder wie Dennis haben oft den Eindruck, keiner in der Familie verstehe sie, sie würden benachteiligt und seien ungeliebt. Aber der Kummer oder auch die Wut brachen nicht aus ihm heraus. Dazu war er zu freundlich, zu umgänglich und zu nachgiebig, ein Kind, das um des lieben Friedens willen schwieg. Auch das ist typisch für Sandwichkinder.

Tiefes Vertrauen hatte er einzig zu der Nachbarstochter, mit der er täglich zusammen war. Deshalb zog es ihm auch den Boden unter den Füßen weg, als dieses Mädchen starb. Aber er wollte sich nichts anmerken lassen, hüllte sich über sein seelisches Leid in Schweigen. Seine Mutter nimmt er heute in Schutz: »Sie konnte nicht wissen, dass ich mit dem Tod des Mädchens ein Problem hatte. Und sie hätte auch nichts verhindern können.« Doch die anhaltende Trauer über den Tod der Freundin und der Ärger über die unglückliche Stellung in der Familie waren der Nährboden dafür, dass er mit sechzehn zu trinken begann. Hinzu kam möglicherweise eine gewisse Veranlagung, denn auch ein Onkel ist alkoholkrank, seit 18 Jahren allerdings trocken. Eine in Dennis' Augen zu strenge Klassenlehrerin, mit der er nicht klarkam, brachte sein emotionales Fass zum Überlaufen. »Da habe ich manchmal mit Freunden die Schule geschwänzt.« Mit ihnen zog er am Wochenende durch Kneipen und Diskotheken. »Wir haben gefeiert, Bier, Schnaps und Apfelwein getrunken. Das hat Spaß gemacht.« Der Alkohol war das Bindeglied zwischen diesen Jungen,

Dennis spricht rückblickend von einer Zweckgemeinschaft gegen die Einsamkeit. Im Mittelpunkt standen die gemeinsamen Sauftouren. Wenn er nachts betrunken nach Hause kam, schliefen die Eltern schon. Am Montag kam er dann kaum aus dem Bett, riss sich aber zusammen, verließ pünktlich das Haus. Im Unterricht tauchte er nicht immer auf. »Ich hatte keinen Bock auf Schule, außer auf Sport.« Er blieb in der elften Klasse sitzen, wechselte die Schule.

In den Sommerferien mit einer Jugendgruppe an der Costa Brava kam er zum ersten Mal mit Haschisch in Kontakt, traf junge Leute, die kifften, und wollte wissen, wie das ist. Aber die antworteten nur: »Lass das lieber, das ist nichts für dich.« Das reizte Dennis umso mehr. Seitdem hatte er sich in den Kopf gesetzt, dass er diese Droge ausprobieren wollte. Das war vor dem anstehenden Schulwechsel. Besser wurde an der neuen Schule nichts. Auch die neuen Lehrer konnten ihn nicht motivieren. Doch sah er dort bald einen Joint unter Jugendlichen kreisen. Dennis erinnert sich noch genau: Es war im November 2001, als er mit drei angeblichen Freunden – wie er sie heute nennt – zum ersten Mal Haschisch besorgte. Die anderen kannten einen Dealer, bei dem sie den Stoff kauften. Und mit siebzehn rauchte Dennis, der zu diesem Zeitpunkt noch nie auch nur eine Zigarette angefasst hatte, seinen ersten Joint. Zuerst paffte er nur, da forderten die anderen ihn auf: »Du musst richtig ziehen, ganz tief einatmen, so als würdest du dich gerade erschrecken: oje, meine Mutter kommt.« Daraufhin musste Dennis erst einmal kräftig husten. Etwas betäubt saß er anschließend im Mathematikunterricht. »Es hat mir gefallen. Erstens, weil es verboten war. Außerdem ist man so schön benebelt, weit weg von der Realität. Es ist einem alles egal.« Am nächsten Tag fuhr er mit der Clique nach der Schule in einen Park und es wurde wieder gekifft.

Cannabis ist inzwischen unter Jugendlichen zur Alltagsdroge geworden. In Form von Haschisch (gepresstes Harz aus den weiblichen getrockneten Blüten der Cannabispflanze) und Marihuana (die getrockneten oder fermentierten Spitzen und Blüten der Pflanze) zählt es zu den am weitesten verbreiteten illegalen Drogen. In Deutschland und anderen Industrienationen hat sich Cannabis seit den Siebzigerjahren zu der am häufigsten konsumierten psychoaktiven Substanz nach Tabak und Alkohol entwickelt. Einer Untersuchung der Weltgesundheitsorganisation (WHO) zufolge konsumieren in Kanada 19 Prozent der Fünfzehnjährigen regelmäßig Cannabisprodukte, auf

Platz zwei folgt die Schweiz mit 17 Prozent in dieser Altersgruppe. In Deutschland liegt der Anteil bei 8, in Österreich bei 4 Prozent. Mit durchschnittlich 15,4 Jahren rauchen Jugendliche in Deutschland ihren ersten Joint, am gängigsten ist die Droge bei den Achtzehn- bis Zwanzigjährigen. Der illegale Cannabisanbau gewinnt inzwischen auch in den europäischen Ländern zunehmend an Bedeutung. Nach Einschätzung des deutschen Bundeskriminalamts (BKA) wird Cannabis in Europa insbesondere in Albanien, den Niederlanden und in der Schweiz angebaut. Auch in Deutschland wird Cannabis angebaut, jedoch überwiegend zur Deckung des Eigenbedarfs.

In Drogenhilfeeinrichtungen macht sich die Beliebtheit der Droge ebenfalls bemerkbar. Dort tauchen in den letzten Jahren zunehmend Patienten auf, die über einen längeren Zeitraum intensiv Cannabis konsumierten, darunter viele junge Leute. Dennis ist einer von ihnen. Seit dem Haschisch-Erlebnis im Park rauchte er immer öfter einen Joint, zunächst nur mit den Freunden, dann auch alleine. Er zog jetzt wie ein Profi ein paarmal an dem Joint, hielt die Luft an und atmete lang aus. Einer der Jungen hatte ihn mit einem Dealer, der in etwa so alt war wie Dennis, bekannt gemacht, von dem bezog er fortan den Stoff. »Mit der Schule war dann nicht mehr viel.« Meistens ging Dennis nur noch die beiden ersten Stunden in den Unterricht, dann fuhr er mit ein paar anderen Kiffern in einen Park. Der wurde für Dennis zu einer Art zweitem Zuhause; in diesem – seinem neuen – Kosmos hatten Sorgen keinen Platz, Eltern und Geschwister keinen Zutritt. Einen Joint nach dem anderen zündeten die Jungen sich an, einer nach dem anderen machte einen tiefen Zug. Abends gaben sie sich den Rest, rauchten weiter Haschisch und betranken sich mit Bier und Wodka. Sie machten nur noch das Eine und der Freundeskreis bestand ausschließlich aus Kiffern. Dennis war morgens oft so verkatert, dass er kaum aus dem Bett kam. Aber er brachte sich mit mehreren Tassen schwarzen Kaffees auf die Beine, verließ die elterliche Wohnung, ließ Mutter und Vater weiterhin in dem Glauben, ihre kleine Welt sei in Ordnung. Das war sie schon längst nicht mehr. Aber Dennis war lieber »breit«, als seine Konflikte in der Familie zu bewältigen.

Für Dennis wurde Cannabis zum Routineprogramm, aus Gewohnheit wurde seelische Abhängigkeit. Und es ging bergab mit ihm. Er gab bald ungefähr 20 Euro am Tag für Haschisch aus. Dafür reichte sein Taschengeld natürlich nicht und so begann er aus dem Portemonnaie der Mutter zu nehmen, was er zusätzlich für Drogen brauchte. Solange es sich noch um kleinere Beträge handelte, bemerkte sie nichts, erst später, als größere Scheine fehlten. Die elfte Klasse schloss Dennis noch mit Ach und Krach ab, aber in der zwölften hatte er in allen Fächern null Punkte, sogar in Sport. Der einstige Durchschnittsschüler, der zumindest nicht ungern in die Schule ging, brach diese jetzt ab.

Exzessiver Haschischgebrauch geht oft einher mit einem amotivationalen Syndrom – fehlender Motivation und einer ausgeprägten Antriebsstörung. Bei Dennis führte das Dauerkiffen dazu, dass er alles andere vernachlässigte, zuerst die Schule, dann seinen Zivildienst, den er zunächst in einem Kinderhaus leisten sollte. Die Aufgaben, die man ihm dort gab, Tische aufbauen, Spiele raussuchen oder Kaffee kochen zum Beispiel, machten ihm keinen Spaß. Wieder war da diese »Null-Bock-Einstellung«. »Ich bin dann oft vor die Tür und habe Haschisch geraucht, sogar vor den Kindern. Am Anfang raucht man noch heimlich, dann wird man immer dreister.« Noch heute erzählt Dennis von dem Kinderhaus mit einem mauligen Unterton: »Einmal sollte ich mit dichtem Kopf so einen blöden Sandkasten auf dem Spielplatz bauen und dafür ein großes Loch ausheben.«

Dem Chef war der süßliche Geruch nicht entgangen. Und als er Dennis darauf ansprach, gab der seinen Haschischkonsum sofort zu. Das war untragbar für ein Kinderhaus und er wurde in ein Krankenhaus versetzt. Auf die Frage, was er dort gemacht habe, antwortet er heute prompt: »Mich hat damals nichts interessiert. Mir ist alles auf den Geist gegangen. Ich habe gekifft, dann nichts mehr gespürt, eben auch keine negativen Gefühle mehr, und wollte nur irgendwie die Zeit herumbringen.« Fehlender Antrieb und fehlendes Interesse hatten totalen Besitz von Dennis ergriffen. Im hektischen Klinikbetrieb schien das unterzugehen.

Nach dem Zivildienst richtete er sich wieder zu Hause bei den Eltern ein, für Essen und eine sichere Bleibe war damit gesorgt, er blieb bis mittags im Bett liegen, fuhr dann zu seinem Dealer, kaufte sich Stoff und schloss sich zu Hause in seinem Zimmer ein, um zu rauchen. Hatte er früher noch drei Gramm Haschisch zusammen mit den drei Freunden geraucht, verbrauchte er diese Ration inzwischen ganz allein für sich an einem Tag, dazu eine Menge Alkohol. »Ich lag auf der Couch, hörte Musik, meistens Hip-Hop und Reggae, oder sah mir im Fernsehen an, was halt gerade lief. Gedacht habe ich da gar nichts mehr. Körper und Geist waren ausgeschaltet. Und mein einziger Sport bestand darin, mit dem Fahrrad zum Dealer zu fahren.«

Endgültig nicht mehr zu leugnen war die Sucht des jungen Mannes, als er seine Eltern bat, ihn abends bei einem Freund abzuholen, in dessen Nähe Mutter und Vater einen Tanzkursus besuchten. Auf der gemeinsamen Heimfahrt war Dennis so »zu« und gab derart unsinnige Antworten auf die Fragen seiner Eltern, dass ihn die Mutter am nächsten Tag zur Rede stellte und ihn direkt aufs Haschischrauchen ansprach. Und Dennis blieb ehrlich. Seiner Mutter war natürlich nicht entgangen, dass mit ihrem Sohn etwas nicht stimmte, aber sie kam nicht an ihn heran. »Ich konnte es nicht greifen.« Geradezu erleichtert war sie daher nach eigenen Worten, als sie Klarheit hatte, auch wenn die Wahrheit sie an die Grenzen der psychischen Belastbarkeit trieb.

Die Eltern waren bestürzt und hilflos, wussten nicht, was sie tun sollten. Dennis hat es so in Erinnerung: »Mal haben sie gemeckert und geschrien, ein anderes Mal geweint. Mir war das egal, ich habe weitergemacht wie bisher.« Ein Jahr lang! Zu den beiden Geschwistern, die auch geschockt waren und nicht wussten, wie sie reagieren sollten, hatte er damals ein distanziertes Verhältnis; mit keinem der beiden gab es einen Austausch. Der ältere Bruder zog aus dem abweisenden Verhalten von Dennis den Schluss, dass der ihn nicht mochte. Doch gesprochen haben sie damals darüber nicht. Erst sehr viel später in einem therapeutischen Familiengespräch.

Bis dahin war es noch ein weiter Weg für alle Beteiligten. An Dennis kam keiner heran, er schottete sich mit dem Haschischrauchen emotional von der gesamten Familie ab. Bis seine Mutter ihm zumindest indirekt zu verstehen gab, dass sie ihn zu Hause unter diesen Umständen nicht weiter dulde. Es müsse sich etwas Grundlegendes ändern. Und weil Dennis Angst hatte, sein Dach über dem Kopf zu verlieren, ließ er sich zu einem Termin bei einer Drogenberatungsstelle überreden. Doch das von der Mutter ersehnte Gespräch, das eine Wende herbeiführen sollte, wurde zum Reinfall, weil Dennis den Sozialarbeiter nicht akzeptierte: »Ich fand den bescheuert.«

Auf den beharrlichen Druck seiner Mutter hin ging er einige Wochen später trotzdem noch einmal zu dieser Drogenberatung und ließ sich dieses Mal sogar zu einer stationären Entgiftung überreden. Die Absicht, wirklich von den Drogen zu lassen, hatte er allerdings nicht, dafür einen Plan. Denn die Eltern wollten ihn in der Einrichtung abliefern und anschließend in den Urlaub fahren. Dennis dachte: »Dann geh ich halt kurz in diese Klinik, danach habe ich zu Hause sturmfreie Bude.« Vor der Abfahrt hatte er sich noch etwas »Gras« besorgt und in einer Innenlasche seiner Geldbörse in die Klinik geschmuggelt. Tatsächlich erwies sich dieses Versteck als tauglich. Obwohl Mitarbeiter der Klinik seine Taschen gründlich durchsuchten, entdeckten sie den Stoff nicht. »Dann wurde es Abend und ich konnte nicht schlafen.« Dennis, der sich ein Zimmer mit einem anderen jungen Mann teilte, schlich auf die Toilette und rauchte dort einen Joint. Allerdings hatte er nicht einkalkuliert, dass der Qualm durch den Türschlitz nach draußen gelangen würde. Das blieb nicht ohne Konsequenzen. In der Gruppensitzung am nächsten Morgen schlug die diensthabende Ärztin ernste Töne an: »Hier wurde gekifft. Das geht so nicht. Wer war das?« Dennis gestand nach einigem Zögern, der Übeltäter gewesen zu sein. Sein Aufenthalt in der Entzugsklinik war damit abrupt beendet.

Nach diesem kurzen Intermezzo herrschte im elterlichen Haus Highlife, zu den alten Freunden kamen noch ein paar weitere dazu. Sie rauchten Haschisch und gaben sich Trinkgelagen hin. Essen war Nebensache geworden. Manchmal holte sich Dennis nachts ein Stück Käse aus dem Kühlschrank oder was er sonst so fand. Mit 60 Kilo bei einer Größe von 1,77 Meter war er fast nur noch Haut und Knochen. Als die nichts ahnenden Eltern nach zwei Wochen zurückkehrten, fielen sie aus allen Wolken. Und abermals zog die Drohung seiner Mutter, einen kiffenden Sohn wolle sie nicht bei sich wohnen haben. Aus Angst, »aus dem Haus zu müssen, bin ich wieder in diese Einrichtung«. Eine eigene Bleibe kam nicht infrage. Er hatte keinen Beruf und kein Einkommen. Wovon also hätte er die Miete bezahlen sollen?

Dieses Mal wollte Dennis durchhalten, weil er sich in einer Sackgasse fühlte, wieder dominierte die Angst, »sonst fliegst du zu Hause raus«. Wenn Dennis anderen Eltern einen guten Rat geben könnte, dann den: Wenn ein Kind zu Drogen greift, dürfen die Eltern das nicht hinnehmen und akzeptieren. Auch wenn es krass sei, müssen die Eltern hart werden und ihren Kindern unmissverständlich klarmachen, dass sie den Drogenkonsum nicht duldeten, ihnen Grenzen aufzeigen. Sie sollten eindeutige Regeln aufstellen und auch nicht nachgeben, wenn doch alles beim Alten bleibe. »Bei mir hat das jedenfalls geholfen.«

Die Entzugserscheinungen vom Alkohol seien grauenvoll gewesen. Er habe fürchterlich gezittert, abwechselnd gefroren und geschwitzt. Haschisch dagegen mache nur psychisch abhängig. »Es gib einem eine Leichtigkeit und Unbeschwertheit. Man ist ein bisschen wie in Watte gepackt und kann abschalten«, meint Dennis. Dennoch leiden Kiffer oft unter psycho-vegetativen Entzugserscheinungen, zum Beispiel Schlafstörungen, Gereiztheit, Unruhe und Stimmungsschwankungen. Das blieb Dennis, wie er versichert, erspart. Und nach elf Tagen waren auch die körperlichen Qualen des Alkoholentzugs durchgestanden. »Normal sind 20 Tage, aber ich habe viel Tee und Wasser getrunken, das Gift wurde schneller ausgeschwemmt.« Viel Kaffee und 20 bis 30 Zigaretten am Tag waren zur Ersatzdroge geworden. Mit Computerspielen und Fernsehen vertrieb er sich die Zeit.

Anschließend, in einer Übergangseinrichtung der Drogenhilfe – ein Bindeglied zwischen Entzug und stationärer Entwöhnungsbehandlung über mehrere Monate –, begann der schwierige und langwierige Weg zur dauerhaften Abstinenz. Wichtige Lernprozesse wurden eingeleitet. Dazu gehörte, strikte Strukturen einzuhalten. Das beinhaltete zum Beispiel, pünktlich um sieben Uhr aufzustehen, zum gemeinsamen Frühstück zu erscheinen, das Zimmer zu putzen und weitere Aufgaben zu übernehmen. Dennis betätigte sich viel im Freien, schnitt Bäume, goss Pflanzen, fütterte die Hasen oder schaufelte im Winter den Schnee vor dem Haus weg. Zweimal wöchentlich stand eine Gruppentherapie auf dem Plan. »Das Wörtchen *egal* habe ich dann auf einmal aus meinem Sprachgebrauch gestrichen.«

Gut ein Jahr Therapie, Familiengespräche und der regelmäßige Besuch einer Selbsthilfegruppe haben Dennis nach drei Jahren exzessiven Haschischrauchens wieder auf ein neues Lebensgleis geführt. Im Familiengespräch klärte sich einiges, für Dennis Entscheidendes. Er sollte sich im Raum dort hinstellen, wo er seine Rolle im Verhältnis zur Familie sah. Dennis positionierte sich möglichst weit weg von den anderen. »Das entsprach meinem Empfinden als Außenstehender.« Die Eltern, so glaubt er, hätten dies auch zuvor schon gemerkt. Doch jetzt, da es sich vor den Augen eines professionellen Helfers bestätigte, ließ sich der schwere Stand des jüngeren Sohnes nicht mehr unter den Teppich kehren.

Sein Verhältnis zu den Geschwistern und den Eltern beschreibt Dennis heute als »ordentlich, viel besser als früher«. Wenn es sich ergibt und er zu Hause auf Besuch ist, unternimmt er hin und wieder etwas mit den Geschwistern, sie gehen dann zum Beispiel gemeinsam ins Kino. Dennis hat gelernt, sich zu behaupten, seine Bedürfnisse zu artikulieren, und er weiß aus leidvoller Erfahrung, dass ihn Haschisch nicht weiterbringt, weil die Droge zwar zuverlässig, aber nur kurzfristig die Gemütsverfassung hebt. Am Ende wird alles nur schlimmer. »Wer sich selbst nicht spürt, kann auch keine Gefühle für seine Mitmenschen entwickeln und Klarheit über seine wirklichen Bedürfnisse gewinnen.« Deshalb will Dennis unter keinen Umständen zurück in seine alten Pfade. »Ich kann wieder genießen.« Auch seine frühere Begeisterung für den Sport hat er wieder entdeckt, spielt zweimal wöchentlich in einer Freizeitmannschaft Volleyball.

Dennis meistert sein Leben jetzt schon zwei Jahre ohne »meine Leitdroge Haschisch« und ohne Alkohol. Doch wenn er unter Druck steht oder sich ärgert, immer dann, wenn er emotional an vermeintliche Grenzen stößt, beginnt die Lust auf schnelle Erlösung wieder Besitz von ihm zu ergreifen. Aber er weiß, wann es gefährlich wird, und redet sich gut zu: »Pass auf, du musst vorsichtig sein, damit du nicht rückfällig wirst.« Dann schrillen seine Alarmglocken und er muss sich beherrschen. »Nein, jetzt hast du es schon so lange ohne Drogen ausgehalten, jetzt packst du es auch noch ein paar Minuten.« Bis der Anfall wieder vorbei ist. Clean zu bleiben ist sein oberstes Ziel. Manchmal ist das für ihn noch eine große Kraftanstrengung. Dass es nicht unerreichbar ist, hat er sich schon zwei Jahre bewiesen. Er hat begriffen, welche Funktion das Rauschgift für ihn hatte, erkennt sofort, wann es für ihn wieder riskant wird, und hat in der Therapie Strategien an die Hand bekommen, um sich zu schützen. Eine der wichtigsten lautet, sofort mit jemandem zu reden.

Den Kontakt zu seinen früheren »Freunden« hat er abgebrochen. Einmal wöchentlich besucht er stattdessen Treffen der Narcotics Anonymous, einer Selbsthilfegruppe genesender Süchtiger, die sich am Programm der Anonymen Alkoholiker orientiert. In diesem Kreis hat er auch seine neuen Freunde gefunden. Nur noch mit diesen Ex-Usern geht er abends aus, weil er dann sicher sein kann, dass niemand zu Alkohol oder anderen Suchtmitteln als Stimmungsaufheller oder zur Auflockerung greift. »Unsere Devise ist: Ein Bier ist schon zu viel, tausend Biere sind niemals genug.« Bei jedem Treffen wird das Gelassenheitsgebet gesprochen, dessen Inhalt Dennis tief beherzigt, auch wenn er die folgenden Worte allein nicht spricht: »Gott gebe mir die Gelassenheit, Dinge hinzunehmen, die ich nicht ändern kann, den Mut, Dinge zu ändern, die ich ändern kann, und die Weisheit, das eine von dem anderen zu unterscheiden.« Dennis meint, er müsse vor allem lernen, geduldig zu sein. Denn er habe viel vor, den Führerschein machen beispielsweise und eine Ausbildung beginnen. Am liebsten würde er das alles schnell erreichen. Doch so einfach ist das mit seiner Vorgeschichte nicht. Um überhaupt mit der Fahrschule beginnen zu dürfen, muss er als ehemals Süchtiger eine medizinisch-psychologische Untersuchung bestehen, was schon allein erhebliche Zeit in Anspruch nimmt.

»Aber meine erste Priorität ist es, clean zu bleiben«, betont er abermals. Das sei die Voraussetzung für alles Weitere. Jeden Morgen nimmt sich Dennis aufs Neue vor: »Heute rühre ich kein Haschisch an, auch keinen Alkohol.« Tag für Tag geht er aus diesem Wettkampf als Etappensieger hervor. Würde er sich ausmalen, für die nächsten zwölf Jahre abstinent zu leben, »wäre das für mich ein kaum zu bewältigender Riesenberg«. Um sich quasi doppelt abzusichern, lebt Dennis in einer betreuten Wohngemeinschaft mit drei jungen Menschen, die ebenfalls ihre Drogensucht überwunden haben. Ein Therapeut wohnt und schläft zwar nicht dort, sieht aber regelmäßig nach dem Rechten und steht bei Bedarf für Gespräche zur Verfügung.

Weil die verstorbene Freundin in Frankreich ums Leben gekommen ist, konnte Dennis sich »gar nicht von ihr verabschieden«. Das möchte er nachholen und an das Grab fahren. »Ich war damals wie in Trance und habe mich nur noch zurückgezogen«, sagt er heute. Vielleicht fällt es ihm nach einem Friedhofsbesuch auch leichter, sich auf eine neue Liebesbeziehung einzulassen. Davor hat er noch Angst. Doch andererseits ist es sein sehnlicher Wunsch, die richtige Frau zu finden und zu heiraten. Noch geht Dennis auf Abstand, wenn er sich in eine Frau zu verlieben glaubt. »Mir gefallen schon Mädchen, aber ich denke dann immer: lieber nicht.« Rückblickend glaubt er, dass alles so kommen musste. Er drückt es so aus: »Wenn du Scheiße erlebst, greifst du irgendwann zu Alkohol und Drogen. Und Haschisch war leicht verfügbar. Vielleicht zu leicht.« Im Laufe der Zeit hat er allerdings festgestellt: »Auch wenn man etwas Schreckliches erlebt hat, das Leben geht doch weiter.«

Zur Zeit sucht Dennis eine Ausbildungsstelle als Handwerker. Wo immer es im Haus der Eltern oder der Wohngemeinschaft etwas zu reparieren gibt, packt Dennis an – noch ohne die entsprechende Lehre. Aber der junge Mann zeigt Talent, bringt eine Dunstabzugshaube wieder in Ordnung oder tauscht die Fassung einer Glühbirne aus. An Freundschaften hat er inzwischen klare Ansprüche: Einem guten Freund muss man nach seiner Ansicht immer vertrauen, mit ihm über alles reden können und er müsse einem guttun. Die Jungen, mit denen er früher die Freizeit verbrachte, hätten ihn immerhin davon abgehalten, »harte Drogen zu nehmen«. Aber dass sie ihn Haschisch probieren ließen, hat er ihnen noch nicht ganz verziehen. »Davon bin ich abhängig geworden. Und Drogen zu nehmen ist Mist. Es zerstört Körper und Geist. Man ist zu nichts mehr fähig, zu nichts mehr zu gebrauchen. Außerdem ist das Zeug auf Dauer viel zu teuer.«

Inzwischen ist Dennis konsequenter, sagt nicht mehr zu allem Ja, sondern durchaus auch Nein. Er kann sich jetzt Hilfe holen, wenn er sie braucht, und sich zügeln, wenn er an ein Bier oder einen Joint auch nur denkt. Seine Fortschritte verfestigen sich immer mehr. Er hat gelernt, auch ohne Cannabis mit seiner Umwelt zurechtzukommen. Trotzdem sagt er: »Süchtig bleibt man immer. Aber man kann lernen, damit umzugehen.« Fachleute sprechen vom Suchtgedächtnis, das in bestimmten Situationen reaktiviert wird, indem es sich an die angenehmen Gefühle erinnert, die durch die Droge hervorgerufen werden. »Das wird immer seltener.« Und allein darüber ist er sehr froh.

Dennis lässt in seinem Leben keine Langeweile mehr aufkommen. »Ich habe wieder Ideen, was mir Spaß macht, tüftle am PC, mache Computerspiele oder setze mich aufs Fahrrad und drehe ein paar Runden.« Seiner künftigen Freundin möchte er nichts verheimlichen, sondern von Anfang an offen mit seiner Vergangenheit umgehen. Auch diese Ehrlichkeit gehört für ihn zu seinem drogenfreien Leben. Dennis steht heute auch nicht mehr alleine da. Seine Eltern, die Schwester, der Bruder, seine neuen Freunde in der Wohngemeinschaft und in der Selbsthilfegruppe geben ihm Halt. Eine Droge, die seine Emotionen abtötet, braucht er heute nicht mehr. Haschisch ist längst nicht mehr sein Lebensmittelpunkt. Diese Stelle haben Berufspläne, der Mannschaftssport und echte Freunde eingenommen. Und das soll so bleiben.

3000 Euro monatlich nur für Kokain

Rick (auch dieser Name wurde geändert) ist ein geselliger Mensch, der gerne lacht und Spaß hat. Wenn er sich auf einer Party richtig wohlfühlt, macht er die Nacht schon mal zum Tag. Aus einer gewissen Feierlaune und Übermütigkeit heraus nahm er auch die ersten »Näschen«. Zunächst schnupfte er nur samstags und sonntags Kokain. Dass sich daraus eine Abhängigkeit entwickeln könnte, war für ihn, der sich als starke Persönlichkeit einschätzte, ein Ding der Unmöglichkeit. Aber dann ist der Drogenkonsum ihm doch sukzessive entglitten. So wie andere morgens Kaffee trinken, um wach zu werden, brauchte er das Kokain. Wenn ihn dann im Laufe des Tages wieder die Müdigkeit überfiel, legte er nach. Endgültig kein Halten mehr gab es, als er Kokain zu rauchen begann. Mit fatalen Konsequenzen. Seine Beziehung ging in die Brüche, Schulden drückten, paranoide Zustände stellten sich ein. Wenn er eine Kokainpfeife rauchte, erlebte er für Sekunden einen Kick, dann setzte die Paranoia ein. Stundenlang fühlte er sich verfolgt, saß schweißgebadet in seinem Auto irgendwo im Wald und wartete, bis der Anfall vorbei war. Trotzdem tobte die Gier in ihm, wenn er keinen Stoff mehr hatte. Dann suchte er wie ein Wahnsinniger die ganze Wohnung nach letzten Krümelchen ab.

Nach einem besonders heftigen Exzess stieg nackte Überlebensangst in ihm auf, sein Herz raste und stach, kalter Schweiß stand auf seiner Stirn. Dann machte er Ernst mit dem zigmal vergeblich gefassten Entschluss, endlich clean zu werden. Der heute Vierzigjährige meldete sich für eine stationäre Entgiftung an. Zweieinhalb Jahre ist er jetzt abstinent. Sieben Jahre Kokainmissbrauch liegen hinter ihm. Zwar hat das Rauchen von Kokain (als Crack oder Freebase) ein extrem hohes Suchtpotenzial, nur die wenigsten kommen wieder davon los. Doch gilt als wissenschaftlich abgesichert, dass Berufstätigkeit eine der wichtigsten Voraussetzungen ist, um langfristig »sauber« zu bleiben. Und Rick hatte großes Glück mit einem verständnisvollen Vorgesetzten. Dieser hatte ihm versprochen, dass er nach abgeschlossener Behandlung sofort wieder bei ihm als Taxifahrer arbeiten könne.

Rick führte bis dreißig ein, wie er meint, ganz normales Leben. Im Jugendhaus rauchte er mit fünfzehn ab und zu Haschisch. »Wir dachten, wir sind dann was Besonderes.« Aber die Wirkung dieser Droge sagte ihm nicht zu. Beim ersten Mal war ihm übel und schwindlig; später überkam ihn nach dem Konsum zunächst ein Redeschwall, dann wollte er nur noch seine Ruhe. Rick gehörte zu den Jugendlichen, die es beim gelegentlichen Probieren beließen.

Doch ungefähr 15 Jahre später geriet er in eine Clique, in der man sich »ab und zu die Nase puderte«. Einige arbeiteten als Security-Leute, auch Rick verdiente sich auf diese Weise bald ein paar Mark zu seinem Verdienst als Taxifahrer dazu. Er wollte die freie Zeit am Wochenende füllen. Zudem reizte es ihn, auf diese Weise Konzerte zu besuchen, einen Blick hinter die Kulissen zu werfen und Bandmitglieder persönlich kennenzulernen. Dass er sich damit zugleich seine Einkünfte etwas aufbessern konnte, spielte auch eine Rolle – war aber eher ein willkommener Begleitumstand.

Als Mensch, der sich selbst eine Feiernase nennt, fühlte er sich im Kreis der Sicherheitsleute rasch wohl, tourte mit ihnen quer durch Deutschland. Schon auf der Busfahrt zum Veranstaltungsort wurden die ersten Kokslinien gelegt – auf CD-Hüllen oder aufklappbaren Handspiegeln. Einer hatte sogar immer eine Fliese dabei. Stoff im Reisegepäck war so selbstverständlich wie Zahnbürste und Zahncreme.

Die Nächte waren lang. Zu lang. Um durchzuhalten, schnupfte Rick vor, während und nach den Konzerten Kokain. Er fühlte sich dann gleich wacher, frischer und leistungsstärker. »Ich hatte richtig Power.« Die brauchte er auch, denn parallel dazu fuhr er an Wochentagen weiterhin Taxi. Eine solche Doppelbelastung, zudem kaum Schlaf, hält ein Mensch auf Dauer kaum aus. Auch Rick eigentlich nicht. Finanziell gesehen hätte er sich den Nebenjob ohnehin sparen können. Denn die Einnahmen am Wochenende gingen gleich wieder für Kokain drauf. Zumal er bald auch während der Woche sniefte, wenn er sich ausgepowert fühlte.

Bald saß er direkt an der Quelle. Ein Taxikollege, der nebenbei Kokain an einen festen Kundenstamm verkaufte, zog nach Köln um und fragte Rick: »Willste meine Connecs übernehmen?« Rick zögerte nicht lange. Skrupel hatte er damals keine. »Ich war völlig unbedarft.

Außerdem war das eine gute Gelegenheit, meinen eigenen Kokainbedarf zu finanzieren.« Rick verdiente gut. In Spitzenzeiten lieferte er 30 bis 40 Leuten – Auszubildenden, Sekretärinnen, Dachdeckern, einem Arzt, Anwälten, Immobilienmaklern – regelmäßig Stoff. Zum Wochenanfang gingen die Geschäfte weniger gut, am Wochenende umso besser. Weil Rick zuverlässig und täglich von morgens um zehn bis in die späte Nacht erreichbar war, »kam immer mehr für mich dabei rum«. Teilweise hatte er drei Handys gleichzeitig dabei, um leicht erreichbar zu sein und seine Kunden zufriedenzustellen. Denn wer Kokain kaufen will, wartet ungern. Mit den Einnahmen aus den illegalen Geschäften finanzierte Rick seinen eigenen Kokainbedarf.

Ungefähr drei Jahre blieb er eine Art Gelegenheitskonsument, wenngleich es zur Gewohnheit geworden war, mit einer gewissen Regelmäßigkeit Kokain zu nehmen. Doch das zweigleisige Berufsleben – vom Sicherheitsdienst hatte er inzwischen wieder Abstand genommen – mit nur drei bis vier Stunden Schlaf forderte bald seinen Tribut. »Irgendwann ging das an meine Substanz. Ich quälte mich morgens entsetzlich aus dem Bett.« Und Rick begann ein gefährliches neues Ritual: Nach dem Aufstehen trank er zuerst eine Tasse Kaffee, dann zündete er sich eine Zigarette an, anschließend schnupfte er Kokain. Genau in dieser Reihenfolge. Je nach Reinheitsgrad des Stoffs hielt die Wirkung maximal eine Stunde. Spätestens also wenn die Stoßzeit im Taxigeschäft zwischen sechs und neun Uhr um war, überfiel Rick eine große Müdigkeit. Er legte nach. »Mein Konsum hat sich immer mehr gesteigert.«

Nur an ein einziges selbst auferlegtes Prinzip der Kontrolle hielt er sich. Zwei Stunden vor dem Schlafen war Verzicht angesagt, weil er sonst zu aufgewühlt, der ganze Organismus in Wallung gewesen wäre. »Man ist dann zwar körperlich müde, aber der Geist ist aufgedreht; man kann nicht schlafen, wälzt sich unruhig im Bett hin und her.« Trotzdem brach Rick schließlich mit seinem Prinzip. »Ein gewisser Grad der Abhängigkeit hatte sich eingestellt.« Als er sich dann auch noch in eine Frau verliebte, die ebenfalls Kokain konsumierte (wenngleich »nur« gelegentlich), dominierten bald Drogenmissbrauch und heftige Auseinandersetzungen seinen Alltag. »Wenn du einen Abturn hast, wirst du aggressiv, manchmal auch depressiv.« Rick quälten dann oft Selbstvorwürfe, warum er nicht von der Droge loskam, was er da eigentlich machte. Er ärgerte sich über sich selbst. Aus dieser latenten

Unzufriedenheit heraus, über die er aber nicht sprach, reichten Lappalien, um einen Streit mit der Freundin auszulösen. Oft eskalierte so ein Streit.

»Ich dachte unendlich oft daran, aufzuhören. Aber irgendwo sitzt da der kleine Teufel und verhindert das. Als ich gemerkt habe, dass ich abhängig bin, war es schon zu spät. Das ist das Tückische. Es gibt leider kein letztes Warnsignal. Sondern irgendwann steckt man drin im Schlamassel.« Rick versuchte oft, seinen Konsum zu reduzieren, mal einen Tag gar nichts zu nehmen. Aber am nächsten Tag holte er alles wieder nach. »Das ist der Selbstbetrug.« Weil das Pärchen rauskommen wollte aus dem »Drogenscheiß« und keine andere Chance sah, brach es seine Zelte in der Heimat ab und zog in die neuen Bundesländer, wo der Vater der Freundin ein Mehrfamilienhaus besaß. Dort war gerade eine Wohnung frei. Außerdem hoffte Rick, der eine Ausbildung zum Stukkateur hatte, dort wieder handwerklich tätig werden zu können.

Vor dem Ortswechsel allerdings hatte sich Rick zu einem katastrophalen Versuch hinreißen lassen. Das kam so: Eines Tages bereitete sich ein Kunde mit seinem Einverständnis bei ihm zu Hause das Kokain zum Rauchen zu, gab das Pulver auf einen Esslöffel, schüttete etwas Ammoniak darauf und hielt ein Feuerzeug darunter, bis die Masse ölig wurde. Dann ließ er sie abkühlen und strich sie auf einen Spiegel. Er fönte das Ganze mit Kaltluft trocken, damit sich das ätzende und gesundheitsschädliche Ammoniak verflüchtigte. Dann schabte er die Masse mit einem Messer ab und gab sie in eine Pfeife auf die Asche. Das nennt man Freebase. Bei dieser Art des Konsums kommt es zu einer raschen Anflutung der Substanz im Gehirn, einer intensiven kurzen Rauschwirkung, der ein ebenso intensiver »Crash« folgt. Die Intensität des Kokain-High in Verbindung mit seiner extrem kurzen Dauer beim Rauchen von Crack oder Freebase von nur etwa 20 Sekunden führt schnell zu einer massiven Abhängigkeit. Die sogenannte Freebase ist frei von allen Unreinheiten und Streckmitteln, ein nahezu reines Kokainalkaloid. Wird das Kokainpulver statt mit Ammonium oder Ammoniak (Freebase) mit Bicarbonat, also Backpulver, aufgekocht, entstehen Klumpen, die knisternde Geräusche machen. Daher stammt auch der Name Crack, das im Unterschied zur Freebase noch sämtliche Unreinheiten enthält – je nach Qualität und Reinheit des auf der Drogenszene verkauften Kokains. Derart gestrecktes Crack ist natürlich billiger und als Straßendroge weiter verbreitet.

Aus einer Laune heraus, sagt Rick heute, verkochte er eines Tages zwei Gramm Kokainpulver zum Rauchen – so wie er es beobachtet hatte. »Ich habe mich mit dem ganzen Kram zu Hause hingesetzt und mir die Nacht um die Ohren geschlagen. Der Kick ist unbeschreiblich. Doch das Teuflische dieser Art des Konsums liegt darin, dass das unbeschreibliche Glücksgefühl nur Sekunden nach einem Zug aus der Pfeife anhält, und dann will man sofort weitermachen. Man vergisst alles um sich herum und jede Uhrzeit, will nur noch rauchen, rauchen, rauchen.«

Am nächsten Tag musste Rick mit Kopfschmerzen und Husten für seinen Kokainkonsum in neuer Verpackung büßen, war auch seelisch äußerst mies drauf. Auch das ist typisch für diese Droge. Nach Abklingen des Rausches setzen sich die Gegenpole des »Honeymoons« durch, geprägt von Schuld- und Versagensgefühlen, Ängstlichkeit, einer inneren Leere, depressiver Verstimmung bis hin zu schwerer Depression.

Aber der Kick ging ihm nicht mehr aus dem Kopf. Er stellte sich so zwar nie wieder ein, aber diesem Gefühl lief er immer hinterher. Obwohl eine innere Stimme ihn mahnte: »Das ist ein heißes Ding, lass die Finger davon.« Trotzdem hatte Rick, bevor er mit seiner Freundin in den Osten zog, noch zwei bis drei dieser Sessions, ausschließlich alleine. »Ich wollte niemanden um mich haben. Denn ab einem bestimmten Punkt leidet man unter Paranoia, und dabei will man nicht gesehen werden.« Jedes Auto, das unten auf der Straße vorbeifuhr, schreckte ihn auf, empfand er als bedrohlich. »Man ist absolut schräg drauf und hört die Flöhe husten.« Rick war zu dieser Zeit bereits innerlich zwiegespalten. Einerseits nahm er immer wieder Kokain, andererseits schämte er sich in klaren Momenten dafür und wäre vor sich selbst am liebsten im Erdboden versunken.

In der neuen Heimat lief nichts so, wie es sollte. Rick fand keinen Job. »Ich sah meine Felle davonschwimmen.« Trotz der Sorge um seine berufliche Zukunft blieb er, wie er es sich vorgenommen hatte, clean: drei Monate lang. Anfangs litt er unter starken Stimmungsschwankungen, gab sich beschäftigungslos seinen Depressionen hin. Der psychische Druck war enorm, weil der Geist ihm pausenlos suggerierte: »Du musst was nehmen, damit es dir besser geht.« Aber Rick gab nicht nach. Nach drei bis fünf Wochen »habe ich das Kokain nicht mehr vermisst«. Er meint heute, damals wäre der richtige Zeitpunkt für einen Absprung gewesen. Doch es sollte anders kommen. Die berufliche Perspektivlosigkeit im Osten ließ ihn alte Kontakte in der Heimat aktivieren. Die gemeinsame Rückkehr mit seiner Freundin riss ihn schließlich endgültig in den Abgrund.

Er fuhr wieder Taxi, bediente den alten Kundenstamm mit Kokain, ging selbst fast unmittelbar nach der Rückkehr zum Rauchen über. »Dann war ich süchtig.« Am Wochenende arbeitete er inzwischen zusätzlich nachts als Unterpächter einer Diskothek. Sein Drogenkonsum uferte immer mehr aus. Je nachdem, wie er das Kokain gerade leichter und unauffälliger nehmen konnte, rauchte oder schnupfte er es. Seine Leistungsfähigkeit steigerte die Droge inzwischen jedoch nicht mehr. Im Gegenteil. Wenn er ein paar Stunden in der Diskothek Musik aufgelegt hatte, verdrückte er sich heimlich, fuhr nach Hause und rauchte. Weil er sein Handy immer öfter aus hatte, nicht abnahm und keine Lust hatte, mit jemand zu sprechen, suchten sich viele Kunden einen anderen Dealer. Bald reichten die Einnahmen aus den illegalen Geschäften daher nicht mehr, um den eigenen Stoff zu finanzieren.

Für ungefähr 100 Euro am Tag schnupfte und rauchte er Kokain, gab also im Monat rund 3000 Euro allein für diese Droge aus. Ricks Geld wurde immer knapper, er begann sich bei diesem und jenem Kumpel etwas zu leihen. Seiner Freundin log er vor, nur wenige Taxikunden zu haben. Die Kosten für Miete und Lebensmittel streckte sie daher vor.

Rick rauchte vor der ersten Taxifahrt, zwischendurch und nach der Arbeit. »Das war heikel, schließlich habe ich Menschen befördert.« Aber kaum hatte er ein paar Euro zusammengefahren, holte er sich neuen Stoff. Die Gier war inzwischen so groß, dass er sich nicht mehr die Zeit nahm, das Kokain selbst zuzubereiten. Er kaufte jetzt bei seinem Dealer fertige, in Plastiktütchen eingeschweißte kleine Freebase-Steine. »Dann bin ich in den Wald gefahren und habe geraucht. Ich habe überall gestanden, wo keine Menschen waren. Das Handy blieb aus.«

Dabei stellte sich der ersehnte Kick kaum mehr ein. Paranoia trieb ihn stattdessen fast in den Wahnsinn. Trotzdem konnte er nicht von dem Rauschgift lassen. In seinem Kopf hatten sich die Gedanken an die Hochgefühle wie festgefressen und drängten sich ihm immer wieder auf. Dagegen war er ohnmächtig. Er wollte ja aufhören mit dem Kokain, aber er konnte es einfach nicht. Die innere Zerrissenheit zwischen diesen beiden Polen war ungeheuerlich und kaum mehr auszuhalten. »Das kann man überhaupt nicht in Worte fassen«, meint er. Rick wusste: »Das Zeug ist stärker als mein Wille. Alleine komme ich da nicht wieder raus. Aber ich will.« Von sich aus ging er unter diesem psychischen Druck eines Tages in eine ambulante Drogenberatungsstelle, anschließend zehn Tage in eine stationäre Entgiftung.

Als er nach zwölf Tagen entlassen wurde, jubilierte er: »Ich habs geschafft!« Er nahm seine Arbeit als Taxifahrer wieder auf, machte der Freundin Mut: »Jetzt wird alles gut. Wir packen das.« Doch bald war dieser Traum wieder jäh zu Ende! An den Auslöser kann er sich nicht mehr entsinnen. Es war nichts Spektakuläres. Doch sobald man frustriert sei oder sich ärgere, melde sich sofort wieder dieser »kleine Mann im Hinterkopf: Hallo, ich habe was für dich, was dir jetzt hilft. Quäl dich doch nicht so.« Diese Stimme siegte ungefähr zwei Wochen nach der Entgiftung. Er rauchte wieder täglich Kokain und übernahm teilweise Telefondienste in der Taxizentrale. Wenn er selbst fuhr, konsumierte er morgens, riss sich dann tagsüber zusammen, um seinen Wagen zu beherrschen, nahm danach wieder Kokain.

Wo er das Geld für das Rauschgift auftrieb, weiß er heute selbst nicht mehr. Er pumpte an, wen er kannte. »Heute kann ich allen wieder offen ins Gesicht sehen. Das ist ein gutes Gefühl. Nach und nach zahle ich alles, was ich mir geliehen hatte, wieder zurück. Fast bin ich schuldenfrei.« Natürlich konnte Rick damals zu niemandem sagen: »Hast du mal ein paar Hundert Euro, damit ich mir Drogen kaufen kann?« Er musste sich Lügengeschichten ausdenken. Zum Beispiel, sein Auto sei kaputt und er könne die Reparatur nicht zahlen. Ein Bekannter lieh ihm daraufhin ungefähr 800 Euro. »Die habe ich in zwei Tagen plattgemacht.«

Bestohlen hatte er bis dahin niemanden. Bis er eines Vormittags, völlig besessen von seiner Begierde, die Kassette mit Papieren und einigen Tausend Euro seiner Freundin aufbrach. Er besorgte sich für etwa 1000 Euro »Steine« und fuhr mit dem Auto in den Wald. Diese Rauschgiftmenge war so enorm, dass er an die zwölf Stunden lang ununterbrochen rauchte – bis er fast kollabierte. Sein Herz pochte, er glaubte, seine letzte Stunde habe geschlagen. Im Nachhinein deutet er diese Drogenorgie als möglichen Selbstmordversuch, weil er seine Situation als ausweglos empfand und er sich schon aufgegeben hatte. Das Zeug, wie er Kokain heute abfällig nennt, war stärker als alles andere, auch stärker als die Liebe. Oft flehte seine Freundin ihn an, doch aufzuhören, wenn er sie liebe. Ebenso oft hatte er Besserung gelobt, doch tatsächlich siegte die Abhängigkeit. Bis zu jenem Tag, als er sich fast bis zum Umfallen mit Stoff vollpumpte. Am seelischen und körperlichen Tiefpunkt angelangt, meldete er sich wieder bei seiner Freundin. Doch sie beschimpfte ihn in ihrer maßlosen Enttäuschung, ließ ihn nicht einmal in die Wohnung. Kurz darauf rauften die beiden sich zwar noch einmal zusammen, aber sie konnte ihm nicht mehr verzeihen.

Rick war klar, dass er nur noch eine Chance hatte, wollte er sich und sein Leben nicht restlos zerstören. Er war erschrocken und bestürzt über sich selbst, der doch von seinem Wesen her wahrlich kein Krimineller war. Was hatte die Droge nur aus ihm gemacht? Verzweifelt suchte er in derselben Klinik Hilfe – auch mit der Hoffnung, seine Beziehung vielleicht doch noch retten zu können – und bekam rasch einen Entgiftungsplatz, weil man ihn dort in guter Erinnerung hatte. Bevor sich Rick in Therapie begab, vertraute er sich seinem Chef an, einem entgegenkommenden und mitfühlenden Mann, auf dessen offenes Ohr er hoffen konnte. Der Chef wusste zwar schon von Ricks Drogenproblemen, ahnte aber nicht, dass es so schlimm um ihn stand. Er versprach ihm: »Wenn du zurückkommst und clean bist, kannst du wieder bei mir arbeiten.« Das war eine Riesenmotivation für Rick.

Die ersten anderthalb Tage in der Klinik nahm er kaum wahr, weil er fast nur schlief, sein Nachholbedarf an Schlaf und Ruhe war enorm. Antidepressiva während des Entzugs lehnte er ab. »Ich hatte mir jahrelang genug eingepfiffen. Ich wollte das so durchstehen. Ich wollte büßen und das durchleiden.« Selbstvorwürfe zermürbten ihn: Wie konnte es so weit kommen? Warum habe ich nicht früher reagiert? Warum den Ausstieg nicht geschafft? Nach den ersten drei bis vier Tagen war das Allerschlimmste überstanden, Rick freundete sich mit einem Krankenpfleger auf der Station an, der sich selbst viele Jahre mit Rauschgift ruiniert hatte, jetzt glücklich verheiratet war, einer Arbeit nachging, die ihm Freude machte, und die Abhängigkeit überwunden hatte. Das spornte Rick an, ebenfalls durchzuhalten. Das machte ihm wirklich Mut.

Um dieses Mal nicht wieder rückfällig zu werden, entschloss er sich zu einer anschließenden Therapie. Denn er hatte die Einsicht gewonnen, dass ein körperlicher Entzug nicht ausreichte und er weitergehende Hilfe brauchte. In der stationären Drogenhilfeeinrichtung wusste er bald: »Ich schaffe das jetzt. Mein Entschluss, für immer und ewig abstinent zu werden, hatte sich verfestigt. Auch mit der Perspektive, in meinen alten Beruf zurückzukehren. Ich konnte auf die Unterstützung meines Vaters und meiner Stiefmutter setzen.« Ricks leibliche Mutter war im Alter von 44 Jahren an einem Gehirntumor gestorben, damals war er vierundzwanzig. Der Tod der Mutter traf ihn damals sehr tief, einen Zusammenhang zu seinem Drogenkonsum möchte er aber nicht herstellen. Er habe ja erst viel später zu Rauschgift gegriffen.

Seinen Vater und dessen neue Ehefrau besuchte Rick sporadisch. »Wir hatten einen losen Kontakt.« Jetzt rief er die Eltern an, offenbarte, was mit ihm los war, und bat sie, ihn zu besuchen. Dieses sogenannte Elterngespräch in der Einrichtung wird Rick niemals vergessen. »Mein Vater, eigentlich ein starker Mann, der normalerweise keine Schwächen zeigt, weinte. Das hat mich sehr betroffen gemacht, dieses Bild prägte sich tief ein. Das möchte ich nie wieder erleben. Allein dafür lohnt es sich, clean zu bleiben.«

In den Einzel- und Gruppengesprächen begriff Rick, wie Kokain wirkt, was im Gehirn und im Körper passiert. Der Tod der Mutter, die Trennung von der Freundin, alle einschneidenden Erlebnisse in seinem Leben wurden als mögliche Auslöser abgeklopft. Doch Rick meint: »Das alles war es nicht. Ich bin eine Feiernase. Euphorische Zustände wollte ich noch toppen. Und wenn es anders nicht mehr ging, dann eben mit Drogen. Anfangs klappte das ja auch.«

Während der Therapie wäre Rick trotz seines festen Vorsatzes fast ins Straucheln geraten. Er hatte Wochenendausgang und traf seine Ex, in der Hoffnung auf einen Neuanfang. Doch sie stellte ihn vor vollendete Tatsachen. Sie hatte einen anderen. Rick war maßlos enttäuscht und hatte nur noch einen Gedanken: sich jetzt unbedingt zuzudröhnen. Doch dann besann er sich glücklicherweise. »Ich habe mir klargemacht: Was bringt das jetzt? Was hilft das? Und erkannt, dass Kokain gar nichts Positives bewirkt, sondern alles nur schlimmer macht.« Der Wunsch, drogenfrei zu bleiben, siegte. Noch heute ist Rick stolz darauf, dass er in dieser heiklen Situation nicht rückfällig wurde. Zu Recht. Dies ist tatsächlich eine außerordentliche Leistung und ein Indiz dafür, dass er mit Schicksalsschlägen umgehen und negative Gefühle aushalten kann, ohne sich zu betäuben. Denn psychische Belastungen durch Streit oder eine Trennung beispielsweise sind oft der Auslöser eines Rückfalls.

In therapeutischen Sitzungen konnte er anschließend seinen Kummer »bearbeiten«, wie er es beschreibt. »Ich verstehe heute, warum meine damalige Freundin sich einem anderen Mann zugewandt hat, ich hatte mich vor lauter Sucht in der letzten Zeit auch kaum um sie gekümmert.« Rick sieht sie noch ab und zu, zahlt monatlich Schulden bei ihr ab; manchmal telefonieren sie auch. Heute aber spielt seine neue Freundin eine wichtige Rolle in seinem Leben. In ihr hat er eine verständnisvolle Partnerin gefunden, die um seine Vergangenheit weiß und diese akzeptiert. Es ist die erste Frau seit langem, zu der Rick Vertrauen fasste, mit der er über alles reden kann und die maßgeblich dazu beiträgt, dass er heute ein zufriedener Mensch ist.

Nach insgesamt acht Monaten Drogenbehandlung war es Rick wieder möglich, seinem Beruf als Taxifahrer nachzugehen. Er lebte zunächst bei seinen Eltern, um sich zu stabilisieren, und begann dann eine ambulante Therapie. Neun Monate lang. Er wollte zu seiner eigenen Sicherheit noch weiter vertiefen, was er über Rückfallprophylaxe gelernt hatte. Vor allem, wie er mit schwierigen Situationen umgehen kann, ohne sich auf Drogen als Problemlöser zu verlassen. »Es gibt keine Heilung, nur Abstinenz. Das muss man sich klarmachen«, meint er. Er hinterfragt sich ständig, um Probleme gleich aus der Welt zu schaffen und dem »Mann im Hinterkopf« keine Stimme zu geben, die da wieder flüstert: »Ich hab da was für dich.« Therapeuten sprechen auch vom Rückfalltrichter. Damit ist gemeint, dass viele knifflige Ereignisse das Leben eines Süchtigen gefahrlos passieren. Doch wenn zu viel zusammenkommt, dann wird es eng, dann ist der Rückfall quasi vorprogrammiert. Rick lässt deshalb nichts aufstauen, was ihn bedrückt und ihm zur Suchtfalle werden könnte.

Er kennt noch andere Kniffe, um dem Suchtdruck zu widerstehen. Meditation und Atemübungen gehören dazu. Er atmet dann langsam ganz tief ein, hält einen Moment lang die Luft an und atmet doppelt so lange wieder aus. Auch Musik lenkt von den kreisenden Gedanken ums Kokain ab oder ein spannendes Buch, zum Beispiel von Dan Brown oder Stephen King. Packend müssen die Geschichten schon sein, sonst verliert Rick die Geduld.

In der Anfangsphase der Abstinenz wachte Rick manchmal nachts auf und bildete sich ein, Kokain auf der Zunge zu schmecken. Dann kaute er schnell einen Kaugummi mit viel Menthol oder nahm ein Löffelchen Senf. »Das verändert den Reiz.« Noch heute ist Rick manchmal leicht depressiv; solche Stimmungstiefs kannte er vor seinem Kokainmissbrauch nicht. »Da muss ich mich selbst rausziehen, zum Beispiel durch positives Denken. Ich berufe mich dann innerlich darauf, was ich alles schon geschafft habe.« Außerdem sind seine Eltern und seine neue Freundin stolz auf ihn. Sie alle möchte er nicht enttäuschen, auch die Großzügigkeit und Geduld seines Chefs nicht überstrapazieren.

Gleich einige Wochen nach der Therapie hat Rick sich in einem Fitnessstudio angemeldet. Das Training viermal in der Woche ist fester Bestandteil seiner Rückfallprophylaxe. »Ich nehme das regelmäßige Sporttreiben sehr ernst.« Denn mit einem ehemaligen Therapeuten ist Rick zu dem Schluss gekommen, dass er sich auspowern muss. Neuerdings macht er mit seiner Freundin am Wochenende oft Radtouren.

»Meine größte Gefahr besteht darin, in überschwänglicher Feierlaune zu sein und dann kein Maß zu finden. Zum Glück habe ich kein Problem mit Alkohol und kann in Geselligkeit auch mal drei Bier trinken.« Doch Rick achtet darauf, ein bestimmtes Level nie zu überschreiten, nie angetrunken zu sein, schon gar nicht betrunken. Denn er weiß, dass Alkohol die Hemmschwelle herabsetzt. »Man muss nicht mit dem Feuer spielen.« Zu Leuten, die noch konsumieren, hält Rick kompromisslos Distanz. Denn er fürchtet, sie könnten neidisch sein, weil er raus ist aus dem Desaster, und ihn deshalb regelrecht anfixen wollen.

Rick ist froh, dass er schon so viel geschafft hat: Finanziell bewegt er sich allmählich gegen null. Er hat wieder eine eigene Wohnung, »mein eigenes Reich«, wie er sagt. Das hatte absolute Priorität, als er sein Leben wieder in Ordnung brachte. Er ist dankbar für seine guten Voraussetzungen, um clean zu werden und zu bleiben. Eine treue Stütze selbst in schwersten Zeiten war ihm ein ehemaliger Kollege, der längst zum guten Freund geworden ist. Er war für Rick da, wenn er wieder in Not war; mit ihm konnte er sich aussprechen, manchmal telefonierten sie lange oder der Freund lieh ihm Geld. »Er hat immer zu mir gestanden. Das ist nicht selbstverständlich in so einer Situation«, meint Rick heute.

Er glaubt, dass noch so viele Entgiftungs- und Therapieversuche fehlende Zukunftsaussichten nicht ersetzen können. »Ein Süchtiger braucht Ziele. Hier ist Vater Staat gefragt, eine Zusammenarbeit mit Handwerk und Industrie wäre sinnvoll, um diesen Leuten eine Stelle zu verschaffen. Es muss sich lohnen, abstinent zu bleiben.«

Rick hat für sich genügend Gründe gefunden. Im Nachhinein versucht er der Sucht sogar etwas Positives abzugewinnen. Früher sei er eher flach und oberflächlich durchs Leben gegangen. Jetzt »behaupte ich, viel mehr zu reflektieren und komplexer zu denken. Ich bin ein vielseitig interessierter Mensch geworden.«

Seine Nase allerdings erinnert ihn noch täglich an seine gefährliche Lebensphase. Das Kokain hat Löcher in seine Nasenscheidewand gefressen. Rick leidet deshalb an einer chronischen Nasennebenhöhlenentzündung und manchmal geht ihm die Nase zu. »Das ist der Preis, den ich zahlen muss.« Um die Schleimhäute zu befeuchten, benutzt er ein Salzwasserspray. »Mehr kann ich nicht tun.«

An alle, die noch »drauf sind«, möchte er die Botschaft richten: »Jeder Süchtige hat es in fast jedem Stadium selbst in der Hand, stopp! zu sagen, eine Wende einzuleiten und eine Drogenberatungsstelle aufzusuchen. Das ist der Einstieg zum Ausstieg. Viele resignieren jedoch. Ich habe auch oft keinen Ausweg mehr gesehen und geglaubt, dass ich irgendwann tot auf der Straße gefunden werde.« Aber Rick hat die Notbremse gezogen. Er hat sich selbst, seinen Freunden, seinen Eltern und seinem Arbeitgeber das Gegenteil bewiesen.

Gemeinsam durch dick und dünn

Wenn sie voneinander schwärmen, wenn sie miteinander über ihre Vergangenheit reden, könnte man glauben, sie hätten sich erst vor Kurzem verliebt. Dabei haben sie sich vor 20 Jahren kennengelernt, sind seitdem ein Paar und gehören allein damit in Zeiten großer Bindungslosigkeit zu den Ausnahmeerscheinungen. Aber ihre Beziehung war zusätzlich noch ganz besonderen Bewährungsproben ausgesetzt. Beide hingen an der Nadel, und Verbindungen von zwei süchtigen Menschen gehen fast immer in die Brüche.

Aus wohlhabenden Familien stammend, verlor das Ehepaar ein Vermögen an Drogenhändler: Eine 400.000 Mark teure Eigentumswohnung in einem guten Viertel Frankfurts, 170.000 Mark, die seine Mutter den Eheleuten gab, ihr Vater glich ein Minus auf dem Konto von 58.000 Mark aus, der gesamte Familienschmuck landete im Pfandhaus, zwei Gehälter (er damals Musiker, sie Mitarbeiterin eines großen internationalen Unternehmens) gingen für Rauschgift drauf. In Spitzenzeiten »verballerten« – so der Szenejargon – sie zusammen täglich zehn Gramm Heroin für damals rund 600 Mark.

Das ging so lange gut, bis sich ihr Stammdealer erhängte und ein anderer ihnen für die letzten, mühsam zusammengekratzten Markstücke auch noch schlechte Ware andrehte. Dieses Erlebnis gab den Ausschlag, dass sie sich im Februar 1998 aus ihrem »Kettenhunddasein«, wie er es nennt, befreiten. Das Pärchen war plötzlich wachgerüttelt: »Was machen wir da eigentlich? Wir haben alle schönen Dinge, mit denen wir uns einst umgeben konnten, verloren. Eigentlich können wir uns ja gleich den goldenen Schuss setzen.«

Stattdessen legten sie die Spritzen ein für alle Mal aus der Hand. Es folgten die ersten Wochen auf einer Entgiftungsstation im Krankenhaus. Dann die Zeit, in der sie sich gegenseitig vor weiterer Selbstzerstörung bewahrten. Einer von beiden hatte immer die notwendige Stärke, konsequent zu bleiben, den anderen mitzuziehen, anzustiften, aufzuhalten, abzulenken. »Doch das erste Jahr war schrecklich«, sagen sie wie aus einem Munde. Ihre Abstinenz retteten sie mühsam und manchmal mit letzter Kraft von einem Tag zum nächsten. Und dann, ganz allmählich, setzte der Wandel ein: »Mit der Zeit erscheint der Gedanke immer absurder, wieder alles zunichte zu machen.«

Er arbeitet inzwischen in der Computerbranche, sie bei einem großen Unternehmen. Weil Mitarbeiter, selbst die meisten Freunde und Verwandten, nichts von ihrer Drogensucht wissen, müssen berufliche Details unberücksichtigt bleiben, die beiden bekommen in dieser Geschichte auch andere Namen: Katharina und Peter.

Katharina, die schon mit fünf Jahren eingeschult wurde und ein echter Wildfang war, hatte immer ältere Freunde. Sie liebte es, mittendrin zu sein, sie war neugierig. Auch aus einer gewissen Angeberei rauchte sie mit dreizehn die erste Zigarette, ein Jahr später Haschisch: »Kiffen war angesagt. Wir haben uns totgelacht und anschließend viel gefuttert.« Das mag noch ganz lustig gewesen sein. Doch bald probierte Katharina andere Drogen, nahm, was es in der Clique und auf Partys eben so gab – LSD, Amphetamine, Kokain. Während die gut betuchten Eltern viel im Ausland unterwegs waren, suchte die Tochter zu Hause nach dem Kick. »Ich hatte immer die modernsten Klamotten. Wir waren laufend in Thailand, in Nairobi und Singapur. Ich war auf Safaris und in teuren Hotels, ich kannte alles«, sagt die heute Einundfünfzigjährige. Bis auf einige noch ausstehende extreme Erfahrungen mit Drogen. Irgendwie ritt sie immer wieder der Teufel. Gerade weil kein Wunsch unerfüllt blieb, sie als Jugendliche schon so viel erlebt hatte wie mancher sein ganzes Leben lang nicht, machte sich vielleicht eine gewisse Langeweile breit. Drogen boten da eine willkommene Abwechslung. Auszutesten, wie unbekannte Substanzen wirken, empfand Katharina als Abenteuer. So blieb es nicht aus, dass sie bald auch Heroin probierte. Spritzen waren ihr damals nicht geheuer; deshalb schnupfte sie das Rauschgift. Noch jedenfalls.

»Danach fühlte ich mich, als wäre ich in dicke, warme Watte gepackt. So behaglich und warm.« Fortan sniefte sie, wenn ihr auf Partys Heroin angeboten wurde. Von sich aus kaufte sie sich den Stoff nicht. Was sich in Barcelona änderte: »Dort gab es alles ganz billig.« Katharina, die Medizin studieren wollte, bekam aufgrund ihres Notendurchschnitts im Abitur keinen Platz an einer deutschen Universität und hätte Jahre warten müssen. Deshalb ging sie mit ein paar Brocken Spanisch nach Barcelona. Und freundete sich dort mit einer Motorrad-Clique an: »Es gab jeden Tag andere Drogen in diesem Kreis.« Katharina zählt auf: montags zum Beispiel LSD, dienstags Kokain, mittwochs Heroin und donnerstags Haschisch. Durch diese Vielfalt sei nie eine Droge in den Vordergrund gerückt, sie sei auch noch nicht nach einer Substanz süchtig gewesen. »Ich konnte locker Wochen mit meinen Eltern Ferien in Thailand verbringen, ohne irgendwelche Stimmungsaufheller zu nehmen. Mit den Eltern war es auch so immer lustig. Die waren sehr unternehmungslustig, boten mir viel Kultur, Geschichte, Kunst. Das war alles so interessant. Da war ich ausgelastet im Kopf.«

Ganz anders verliefen die Reisen nach Indien und Südamerika mit ihrem damaligen Freund (er sollte später an einer Überdosis sterben). In Indien aßen die beiden täglich Roh-Opium, eine klebrige, schwarze Masse, die extrem bitter schmeckt. »Aber nach zwei Minuten steigt ein warmes Gefühl im Körper auf. Alles wird lächerlich, bewegt sich langsamer. Nichts kann einen schocken, vor nichts hat man Angst. Auch nicht, wenn man wie wir damals mitten auf einer verkehrsbelebten Straße sitzt. Das ist ein Knüller.«

Auf den Geschmack kamen die zwei eher zufällig. Und zwar so: Beim Betrachten der Schaufenster eines Antiquitätenladens geriet Katharina in eine kleine Gruppe, die sich lautstark und heftig stritt. In diesem Tumult traf sie plötzlich eine Faust, sie fiel zu Boden. Als sie sich aufgerappelt hatte und ihr Gesicht in einem der Spiegel des Antiquitätengeschäfts betrachtete, fiel sie fast in Ohnmacht. Kurz entschlossen rückte ihr Freund die Nase wieder gerade, und sie wuchs glücklicherweise wieder gut zusammen im Laufe der Zeit. Im Krankenhaus bestätigte ein Arzt den Verdacht: Die Nase war gebrochen und man gab ihr ein Rezept gegen die starken Schmerzen mit. In der Apotheke holte ein Mann daraufhin eine »schwarze Knete« hervor, rollte die Masse zu einer langen Wurst, zerschnitt sie in kleine Stücke und füllte eine kleine Papiertüte damit ab. Bei großen Schmerzen sollte sie morgens und abends ein Stückchen davon schlucken.

Katharina nahm sofort etwas davon. »Das war so eklig und gallenbitter, dass ich bei der ersten Gelegenheit nach etwa 15 Minuten einen Tee mit viel Zucker und Milch trank. Ich wollte diesen Geschmack loswerden.« Was Katharina noch nicht wusste, war, dass sie Roh-Opium genommen hatte und dieses seine Wirkung durch das warme Getränk erst richtig entfaltete. »Ui, dachte ich. Was ist das denn? Mir gehts ja plötzlich unheimlich gut.« Daraufhin probierte ihr Freund das Zeug auch. Mit demselben Effekt. Als sie dem Mann, bei dem sie sich regelmäßig Haschisch besorgten, den Stoff zeigten, identifizierte er ihn sofort als Opium. Fortan lieferte er den beiden auch das.

Wie gern hätte Katharina Opium außer Landes geschmuggelt, als die Reise zu Ende ging. Aber das hat sie sich dann doch nicht getraut. Kurz ging ihr damals durch den Kopf, ob sie jetzt wohl abhängig sei. Aber sie überging derartige Gedanken rasch, glaubte, ihr könne das nicht passieren.

Ein paar Wochen vor Weihnachten 1980 zog sie das Heimweh zurück nach Deutschland. »Ich kam auch mit den Leuten um mich herum in Spanien nicht mehr zurecht.« Also flog Katharina nach Frankfurt zurück mit dem unerschütterlichen Vorsatz, ihr Studium in Deutschland unter allen Umständen zu Ende zu bringen; acht Semester Medizin im Ausland lagen hinter ihr. Doch sie wurde abgewiesen. Völlig frustriert wandte sie sich ans Arbeitsamt, wo man ihr als Studienabbrecherin folgende Jobs vorschlug: Küchenhilfe in einer Jugendherberge für einen Stundenlohn von 3,50 Mark, Mitarbeiterin einer chemischen Reinigung oder Kellnerin in einem Apfelweinlokal. Noch heute kann sie sich darüber aufregen, was man ihr da zumuten wollte. Weil sie nicht wusste, wie es mit ihrem Leben weitergehen sollte, folgte sie ihrer vier Jahre jüngeren Schwester auf eine Sprachschule auf dem Land, wo sie zwei Semester Russisch und Chinesisch lernte. »Da war überhaupt nichts los, man konnte nicht mal richtig auf die Pauke hauen.« Katharina brauste mit ihrem Alfa Romeo fast jeden Abend nach Frankfurt und wieder zurück; aber bald hatte sie die Nase von der Schule voll und ließ das Ganze sausen.

Nun setzte das große Herumlungern und Feiern ein. Katharina verbrachte Nächte in der Disko, blieb, bis morgens das grelle Neonlicht zum Verlassen des Lokals aufforderte. In ihrem 140-Quadratmeter-Appartement im Haus der Eltern kam sie vor Mittag nie aus dem Bett. »Ich war jeden Tag dicht, nahm wieder die ganze Palette. Ich habe ein Dreivierteljahr nur Party gemacht.« Als der Vater zufällig entdeckte, dass ihr Konto mit 10.000 Mark im Minus stand, riss ihm endgültig der Geduldsfaden und er ließ das Konto sperren. Diesem Gammelleben wollte er ein Ende setzen. »Jetzt konnte ich nicht mehr ausgehen, denn schnorren wollte ich nicht.« Katharina ist sich ziemlich sicher, dass die Eltern längst hinter ihren Drogenkonsum gekommen waren, vermutet aber, dass sie das Thema nie ansprachen, weil die Tochter sich äußerlich nicht hängen ließ, ihr Verhalten nicht änderte, ihr gutes Benehmen nicht vergaß. Damals wie heute fehlt Katharina jedes Verständnis dafür, dass Menschen wegen ihrer Sucht alle Werte über Bord werfen, andere bedrohen, überfallen, bestehlen. Oder so gierig sind, dass sie sich eine benutzte Pumpe (Jargon für Spritze) in ihre Venen stechen und sich so vielleicht mit Aids infizieren.

Katharina hatte dazu immer viel zu viel Respekt vor anderen Menschen und ihrem eigenen Leben. Aber sie ging gerne an ihre Grenzen und gegen ihre Ängste an. Typisch ist folgende kleine Episode. Auf die provozierende Frage eines Bekannten, ob sie sich trauen würde, Bungee Jumping zu machen, antwortete sie prompt: »Na klar.« Als ihr dieser dann tatsächlich Geld für den Sprung in die Tiefe gab, konnte sie nicht mehr Nein sagen. »Oben war mir ganz schlecht vor Angst. Aber mir war klar, wer eine große Klappe hat, darf dann auch nicht kneifen.« Und sie ist natürlich gesprungen.

Nach einem ähnlich spontanen und übermütigen Ja strömte mit 25 Jahren zum ersten Mal Heroin in ihre Venen. Mit einem ehemaligen Schulkameraden hörte sie Musik, sie unterhielten sich und rauchten Haschisch. Plötzlich holte er einen Löffel heraus, kochte sich Heroin auf, dann hielt er ihr die aufgezogene Spritze hin. Katharina zögerte, sie hatte großen Bammel vor Spritzen, konnte diese Art des Rauschgiftkonsums nicht einschätzen. Dann ließ sie sich kurzerhand doch den Arm abbinden. »Nach der Spritze bin ich sofort ohnmächtig geworden. Als ich aufwachte, konnte ich mich überhaupt nicht bewegen. Ich lag da, mit halb offenen Augen und gab mich Tagträumen hin.«

Ihren Gedanken spielerisch nachzusinnen, sich ihrer Phantasie hinzugeben, das gefiel Katharina. Darüber vergaß sie sogar, etwas zu essen, nahm manchmal 30 Stunden keinen Bissen zu sich. »Ich hatte überhaupt keinen Hunger.« Auf der Waage machte sich das erfreulich bemerkbar. Ohnehin schlank, nahm sie noch weiter ab. »Ich war total gut drauf.« Der Schulkamerad meldete sich dann öfter. Katharina injizierte sich entsprechend öfter Heroin. Die früheren Skrupel vor der Nadel waren verschwunden, die letzte Hürde gegenüber Drogen auch. Übermütig stellte sie für sich fest: »Ich bleibe sowieso an keiner Droge hängen.«

Aber zu Katharinas Bedauern ließen die wohligen Gefühle bald nach, die sich anfangs eingestellt hatten. Ihren Neffen warnt sie heute eindringlich: »Wenn du einmal spritzt, kannst du an nichts anderes mehr denken.« Katharina meint, man könne gar nicht genug Angst vor dieser Droge schüren. Denn die Sucht stelle sich ebenso schleichend wie automatisch ein. Sie spürte nach drei bis vier Monaten von der ersehnten Wirkung nichts mehr. »Aber wenn ich keinen Stoff hatte, zitterte ich, schwitzte und fror zugleich und hatte Dünnpfiff.« Also konsumierte Katharina, die inzwischen nicht mehr zu Hause lebte, das weiße Pulver täglich.

Erst recht, als sie erfuhr, dass ihr Freund aus Spanien, mit dem sie die Opiumhöhle geteilt hatte, an einer Überdosis gestorben war. Bekannte in Spanien gaben ihr die Schuld: Seitdem sie weg sei, habe er nicht mehr Tritt gefasst. Gewissensbisse nagten an Katharina, sie verzehrte sich vor Trauer, auch weil sie die Indien-Erfahrungen mit niemandem mehr teilen konnte – und igelte sich zu Hause ein. Sie verkroch sich wochenlang regelrecht in ihrer Wohnung, hörte Musik, heulte, dröhnte sich mit Haschisch zu oder vernebelte ihren Verstand mit Heroin. Bis es ihrer »kleinen Schwester«, wie sie sie immer liebevoll nennt, gelang, sie endlich zu bewegen, mit in ein Musiklokal zu gehen. Dort lernte sie ihren heutigen Ehemann kennen. Er, ebenfalls aus vermögendem Haus und ein Punk, saß an der Bar mit schwarz-weiß-gelb-gefärbten Haaren, einem dicken Nietengürtel und spitzen Schuhen. Dieses Outfit war Ausdruck seiner Lebenseinstellung, seiner Antihaltung gegenüber der bürgerlichen Gesellschaft, die für ihn für Doppelmoral stand. So wie seine Eltern wollte er nicht werden: der Vater ein gut verdienender Geschäftsmann, der seine Frau bei vielen Gelegenheiten betrog. Die Mutter immer nur einsam und unglücklich.

Für Katharina war es nicht Liebe auf den ersten Blick, aber sie fand Peter so nett und interessant, dass die beiden sich unterhielten, bis das Lokal schloss. Eigentlich hätte er am nächsten Morgen mit seiner Band wieder abreisen sollen, aber er blieb, nicht nur den Tag darauf, sondern Monate – nur wegen ihr. Und wenn sie mal wieder von einer ihrer Geschäftsreisen zurückkehrte, stand er mit Blumen am Flughafen oder empfing sie mit Champagner. Peter umwarb sie und verblüffte sie immer wieder mit seiner außerordentlichen Hilfsbereitschaft, bis auch sie sich in ihn verliebte. Sie war damals dreißig, er siebenundzwanzig. Katharina lebte inzwischen in der Vierzimmerwohnung, die die Eltern ihr geschenkt hatten, er zog bei ihr ein. »Dann ging es erst richtig bergab«, sagt sie rückblickend. Allerdings nicht sofort.

Peter ahnte nichts von Katharinas Heroinsucht, wusste nur, dass sie ab und zu Haschisch rauchte. Denn zur Spritze griff sie heimlich, wenn er außer Haus war, zum Beispiel unterwegs mit seinen Musikern. Gerade in dieser Szene sind Drogen zwar weit verbreitet, doch Peter rührte nie etwas an. Bis er eine schreckliche Entdeckung machte: Früher als erwartet, stand er zu Hause in der Tür, just in dem Moment, als Katharina sich in der Küche Heroin aufkochte. »Ich hab alles unter Kontrolle«, stammelte sie, als sie in sein entsetztes Gesicht blickte. Wer von beiden damals mehr geschockt war, wird ihnen für immer ein Geheimnis bleiben: sie, weil ihr Rauschgiftkonsum aufgeflogen war, oder er, weil er damit absolut nicht gerechnet hatte.

Peter verlangte, sie solle das sofort sein lassen. Sie herrschte ihn an: »Bestimmt nicht. Wenn es dir nicht passt, kannst du ja gehen.« Als sie kurz darauf aus dem Badezimmer kam, hantierte er mit der Spritze herum. Katharina rastete aus, versuchte ihn davon abzuhalten. Aber er wollte spüren, was sie so überwältigend fand, dass sie ihn dafür sogar vor die Tür setzen wollte. Katharina gelang es immerhin, ihn zu überreden, doch lieber »nur eine Nase« Heroin zu nehmen.

Von diesem Tag an spritzte sie sich den Stoff ungeniert vor seinen Augen. Dann, ein paar Monate später, machte er mit. »Ich habe ihn da reingerissen«, meint sie. Er sagt: »Ich hatte immer Angst vor Drogen, hatte auch noch nie gekifft. Aber ich wollte wissen, warum sie, die Person, der ich 100 Prozent vertraute, fixt.«

Und dann hingen sie beide drin im Drogensumpf, »verballerten« ihre Gehälter. Bald wurde die Sucht immer stärker. Wenn sie morgens um sieben Uhr wach wurden, war der erste Gedanke: »Mist, um die Uhrzeit können wir den Dealer noch nicht anrufen.« Anfangs reichte das Geld noch, das sie beide verdienten. »Aber dann haben wir täglich Stoff für 600 Mark niedergemacht, waren nur noch am Herumwursteln, also am Beschaffen, Aufbereiten, Fixen.« Es ging ihnen zunehmend schlechter: körperlich, seelisch und materiell sowieso. Sie begannen bald alles zu versetzen, was sie nicht unbedingt brauchten – den zweiten und dritten Fernseher, Autos, Schmuck. Sie nahmen eine Hypothek auf die Eigentumswohnung auf. Die Eltern gaben Peter die Schuld an dem ganzen Unheil, obwohl sie wussten, dass ihre Tochter schon lange vor dieser Beziehung »drauf« war. Aber das wollen sie bis heute nicht wahrhaben. Ausgerastet sind sie damals nicht, haben nie mit ihrer Tochter geschimpft. Rückblickend meint sie heute: »Das wäre für mich leichter gewesen, als mit ihrer riesigen Enttäuschung umzugehen.«

Aufgrund ihres Wohlstands waren Katharina und Peter in der Lage, sich von der üblichen Fixerszene fernzuhalten. Aber das Rauschgift zehrte nicht weniger an ihnen. Wenn sie auf Entzug waren, litten sie unter Durchfall und Krämpfen, »alles zieht, wenn man sich bewegen will, als wären die Sehnen zu dick. Man hat eine dicke Gänsehaut und gleichzeitig läuft einem der Schweiß übers Gesicht. Das Federbett war oft so schweißdurchtränkt, dass es platt wie eine Flunder war. Unter der Decke dampft man, wenn man sie weglegt, friert man.«

Für ihre zahlreichen Geschäftsreisen deckte sich Katharina gegen Entzugserscheinungen mit codeinhaltigen Kapseln ein, die üblicherweise gegen Reizhusten verordnet werden. Remedacen, das auch in der Drogenszene gehandelt wird, gab ihr zwar keinen Kick, aber sie konnte funktionieren, so wie man es von ihr verlangte. Nur weil sie fast ausschließlich im Außendienst tätig war, ließ sich ihre Heroinsucht überhaupt verbergen. Äußerlich merkte Katharina und Peter niemand etwas an, beide achteten penibel auf ihre Kleidung, wollten nicht so »abgewrackt aussehen«, wie sie es im Grunde waren, und hielten ihre Wohnung sauber. Die schöne Eigentumswohnung allerdings mussten sie bald aufgeben; sie hatten sie bis ans Limit beliehen und konnten die Kredite nicht zurückzahlen: »Wir konnten uns nicht mal mehr einen Umzugswagen vom Verkaufserlös leisten.«

Die winzige neue Bleibe in einem Nachbarort ist für Katharina nur noch die »Mülleimer-Wohnung. Aber wenn wir was drin hatten, glaubten wir, alles wieder hinzukriegen. Daraus wurde natürlich nichts. Das Geld für unsere Rechnungen sparten wir uns vom Munde ab. Irgendwie haben wir es hingekriegt, alles zu bezahlen, kaum etwas gegessen und getrunken, um zu sparen.« Bei einer Größe von 1,87 Meter brachte Peter damals 68 Kilo auf die Waage. Heute wiegt er fast 100 Kilo, kämpft oft mit seinem Gewicht.

Da die beiden ihren Stammdealer hatten, blieben ihnen Brutalität, Betrug und Abzocke in der offenen Drogenszene lange erspart. Doch dann nahm »ihr« Drogenhändler sich das Leben. Woher jetzt Heroin bekommen? So fuhren sie erstmals ins Frankfurter Bahnhofsviertel. Ihre 100 Mark waren in Sekundenschnelle weg; der Dealer, dem sie die Scheine vertrauensvoll in die Hand gedrückt hatten, auch. Katharina und Peter blieben ohne Bares und ohne Stoff zurück. »Wir besorgten uns bald eine neue Connection. Auch ein Pärchen«, erzählt Katharina.

Wie oft waren sie das Ganze leid, haben einen Entzug auf eigene Initiative versucht: »Wir kommen locker auf zwölf- bis dreizehnmal.« Aber dann hat es doch wieder nicht geklappt. Die heimliche Hochzeit zum Beispiel sollte so ein Neuanfang sein: mit Methadon-Tabletten, die sie sich in den Niederlanden besorgt hatten, im Gepäck nach L.A. Während der drei Wochen in den Staaten brachten sie sich dann tatsächlich auf eine ganz niedrige Dosis. Aber das Flugzeug war kaum in Frankfurt gelandet, da sahen sie sich nur an, und einer sprach aus, was auch der andere dachte: »Jetzt nur einmal den Zyklus durchbrechen!« Schon waren sie beide wieder »drauf«, drehten sich wieder im alten Kreis: Zittern, Drogen kaufen, Drogen nehmen. Geldnot. Jemand von den Stadtwerken stand vor der Tür, wollte den Strom abstellen. Zweimal war der Gerichtsvollzieher da. Noch heute zucken sie zusammen, wenn es unerwartet an der Haustür klingelt.

Aber egal ob sie dicht waren bis unter den Scheitel oder ob ihr Körper ohne Rauschgift rebellierte, zusammengehalten haben die beiden immer. Katharina und Peter waren selbst in Momenten, da der Stoff knapp wurde, ein Phänomen. Normalerweise schlagen Süchtige sich für die letzten Krümel fast die Köpfe ein. Bei Katharina und Peter dagegen ging es lange wie folgt hin und her: »Nimm du doch.« – »Nein, du.« Gestritten haben sie nie, erzählen sie heute beim Abendessen, als einer dem anderen gerade das letzte Stück Appenzeller (ihr Lieblingskäse) überlassen will.

Romantische oder gar feierliche Gefühle wollten um die Weihnachtszeit 1995 allerdings so gar nicht aufkommen. Katharina und Peter, früher mit Geschenken verwöhnt, »waren so blank, dass wir von Hof zu Hof gezogen sind, alles nach leeren Flaschen abklapperten und die an Kiosken abgaben. Jedes Bücken nach einer Flasche war die reinste Qual. Wir waren ›entzügig‹ und jede Bewegung erinnerte uns schmerzlich daran.«

Als sie endlich 48 Mark zusammenhatten, fuhren sie mit der Bahn quer durch die Stadt zu einem ihnen bis dahin unbekannten Dealer, den andere Süchtige ihnen empfohlen hatten. Peter will sich diese Erinnerungen gar nicht mehr ins Bewusstsein rufen und verschwindet an seinen Computer. Katharina erzählt, wie sie das begehrte kleine Päckchen mit Stoff damals endlich in ihren zittrigen Händen hielt, aber der Dealer nicht zuließ, dass sie gleich eine Spritze aufzogen. Trotz Eiseskälte nassgeschwitzt, fuhren sie wieder nach Hause und setzten sich dort den Schuss, nach dem sie seit Stunden lechzten. Doch keinerlei Erleichterung, kein wohliges Gefühl. Frust! Wut! Weiterschwitzen, -zittern, -leiden. »Man hatte uns Heroin verkauft, das seinen Namen nicht verdiente und fast nur aus Streckmitteln bestand. Ich war total frustriert und habe nur noch geheult«, erinnert sich Katharina.

Dieses Ereignis öffnete beiden schlagartig die Augen. Es zeigte ihnen, dass nun das Ende erreicht war. Sie waren wieder einmal ganz unten. So wollten sie nicht mehr weitermachen. Von diesem Tag an haben sie nie wieder Heroin angerührt. Gegen die unvermeidlichen Entzugserscheinungen ließen sie sich von einer Ärztin auf Privatrezept Codein-Saft (viel höher dosiert als die Hustentabletten) verschreiben. »Wir mussten das zwar selbst bezahlen, aber die Kosten lagen für uns beide bei nur 95 Mark pro Woche. Auf einmal hatten wir wieder Geld.«

Aber glücklich waren Katharina und Peter noch lange nicht. »Wir hatten uns von einer Abhängigkeit in die nächste begeben. Denn ohne Codein ging überhaupt nichts.« Im Winter 1997 hatten sie das nächste Schlüsselerlebnis. Bei einem Aufenthalt in der Schweiz, wo Peter, der inzwischen eine Schreinerlehre abgeschlossen hatte, ein altes Haus umbaute, ging das Codein aus. »Todmüde setzten wir uns ins Auto und rasten nach Hause, um noch rechtzeitig die Apotheke zu erreichen, wo wir diesen Saft bekommen konnten. In letzter Minute klappte das zwar. Wir hatten uns aber schon wieder zum Sklaven gemacht. Diesmal von diesem blöden Himbeersirup-Saft.« Weil die Arznei sonst zu bitter wäre, wird sie mit Sirup versetzt.

Wieder wie mit einer Stimme beschlossen Katharina und Peter: »Wir müssen jetzt entziehen!« Zuerst bekam er einen Platz in einer Klinik für Abhängigkeitserkrankungen. Sie musste eine wichtige Auslandsreise hinter sich bringen, wollte dann in die Klinik. »Aber die war ausgebucht wie ein beliebtes Hotel.« Allmählich wurde es brenzlig, denn Peter sollte schon nach Hause entlassen werden. Und Katharina, die ihren Mann in der Klinik besuchte, sprach mit dem Chefarzt: »Wenn mein Mann nach Hause kommt und noch total labil ist, stehen bei uns die Drogen im Kühlschrank.« Sie wurde daraufhin als

Notfall aufgenommen. »Als Peter die Suchtstation verließ, ging ich für drei Wochen rein.«

Das war im Februar 1998. Seitdem sind beide clean, hatten auch nie einen Rückfall. Katharina, die aufgenommen wurde, obwohl kein Platz frei war, wollte den Chefarzt nicht enttäuschen: »Das war mein Ehrgeiz.« Doch mit der stationären Entgiftung, mit Methadon, das sukzessive herunterdosiert wurde, mit Kunsttherapie und Gesprächen war es lange nicht getan. Jetzt begann der Kampf erst richtig.

Das erste Jahr war besonders hart. »Ich fand das alles ganz schrecklich«, sagt er. Sie konnten zwar endlich verreisen, ohne ständig an die Beschaffung von Heroin oder Codein denken zu müssen, und hatten eine Menge Ideen und Pläne. Ein Katzenhotel aufziehen, einen Geschenkladen mit Kleinigkeiten aus aller Welt aufmachen, Kunstunterricht nehmen, malen und vieles mehr. »Aber wir hatten nicht die Kraft, sie umzusetzen. Schon der Gedanke, etwas zu tun, hat angestrengt.« Wenn sie zum Beispiel die Wohnung putzen wollten, vergingen leicht fünf Stunden, bis einer den Eimer holte. »Man ist auch hypersensibel, bauscht Kleinigkeiten auf, interessiert sich im Grunde für nichts. Man kann nicht schlafen, wälzt sich nachts im Bett herum, obwohl man todmüde ist. Die Beine sind schwer, als hätte man Blei in den Knochen. Wir waren wahnsinnig kurzatmig, oft war uns schwindlig. Du schwitzt, fröstelst, niest, zitterst. Peter saß nicht nur einmal mitten im Sommer mit Anorak und Fellmütze am PC, Schweißtropfen perlten auf seine Tastatur. Das war eine ganz schlimme Zeit.«

Katharina und Peter haben sich immer wieder gegenseitig aufgebaut. Wenn einer auf dumme Ideen kam, doch wieder Heroin nehmen wollte, hielt der andere ihn davon ab. Einer hatte immer einen guten Tag. Katharina meint: »Ich wollte oft Mist machen, aber dann drohte Peter zum Beispiel damit, mich zu verlassen. Oder er tat das Gegenteil und schenkte mir Blumen.« Dann wieder war Katharina die Starke, beispielsweise wenn sein PC abstürzte und er am liebsten gleich mit. Dann sagte sie: »Nee, Süßer, wir bleiben hart.« Manchmal zogen sie die Bettdecke über den Kopf, kuschelten. Es ging von Tag zu Tag darum, hart zu bleiben, sich gegenseitig über die Schmerzen hinwegzubringen. Irgendwann ist die Sucht dann ganz weit weg.

Katharina und Peter sehen in ihrer Liebe, ihrer Partnerschaft ihr persönliches Geheimrezept, um dauerhaft clean zu bleiben. Ob sie es auch alleine geschafft hätten? Sie wissen nur, dass es »unheimlich wichtig für sie war, dass immer jemand da war und jeder für sich das Gefühl hatte, gebraucht zu werden«. Natürlich gab es da auch jene Momente, in denen einer auf den anderen einen ziemlichen Groll hatte, weil der sich nicht anstacheln ließ, »doch nur einmal wieder«. Rückblickend sagen sie: »Dann trotzdem entschieden Nein zu sagen. Das ist Liebe.«

Heute denken Katharina und Peter nicht mehr an Heroin, wenn überhaupt, dann höchstens mit Ekel. »Inzwischen müssen wir uns nicht mehr zum Durchhalten motivieren oder uns vor Augen halten, wie anstrengend der Entzug war. Jeder Cent für diese Droge wäre uns auch zu schade«, sagt Peter. Er ist ein freiheitsliebender Mensch, dem verhasst ist, an Dealer oder irgendwelche Drogenersatzstoffe gebunden zu sein; das kann und will er sich einfach nicht mehr vorstellen.

An die Stelle von Rauschgift ist längst ein Leben gerückt, das beide nicht mehr missen möchten. Katharina und Peter laden gerne Freunde ein, sie lieben die Natur. Katharina hat wieder angefangen zu malen. Peter stürzt sich in Computerprojekte. Ihren Freunden geht mit Katharina und Peter nie der Gesprächsstoff aus. Trotzdem wissen die Wenigsten um die Drogenvergangenheit der beiden. So offen und ehrlich sie auch sind, wollen sie es in diesem Punkt bei ihrer Verschwiegenheit belassen. Denn sie fürchten sich vor den Vorurteilen gegenüber Junkies und davor, dass damit zerstört würde, was sie sich mühsam aufgebaut haben.

Langeweile ist im Alltag von Katharina und Peter bis heute keine Minute lang eingekehrt. Ihnen fällt immer wieder etwas Neues ein, was ihnen einen Kick gibt: Das können zum Beispiel Pläne für eine Reise sein oder für Veränderungen in der Wohnung, um Platz für gemeinsame Essen mit mehr Gästen zu schaffen.

So abgegriffen die Formulierung ist, so sehr trifft sie auf Katharina und Peter zu: Die beiden sind wirklich gemeinsam durch dick und dünn gegangen. Er vergleicht ihre beständige und glückliche Beziehung spontan mit »Topf und Deckel. Wir hatten von Anfang an das Gefühl, füreinander bestimmt zu sein, und finden immer wieder etwas am anderen, auf das man stolz sein kann!«

Als Gast empfindet man es so: Liebe ist, wenn sie ihn nach 20 Jahren noch immer in der Wohnung sucht, um ihm den Kaffee zu bringen. Liebe ist, wenn er sie nach 20 Jahren für eine dampfende Tasse Kaffee noch immer mit einem Küsschen belohnt.

Der Extrinker mit dem gut bestückten Weinkeller

Rolf S. liebt die Extreme. Für ihn gilt das Prinzip »alles oder nichts«. In punkto Alkohol hat er alles hinter sich: Selbstdemütigung, Versteckspiel und viel Alkohol, eine Flasche Wodka am Tag. Eigentlich hätte er es gerade als Arzt besser wissen müssen. Aber Sucht hat nichts zu tun mit Bildung, Status oder Willensstärke. Es kann jeden treffen, Handwerker, Kassierer oder Beamte, Wirtschaftsprüfer, Regisseure, Juristen und eben auch Ärzte. Schließlich würde niemand auf die Idee kommen, zu verlangen, Mediziner dürften keine Magenverstimmung bekommen oder keinen Schnupfen. Sucht ist eben auch eine Krankheit.

Rolf S. ist dennoch ein atypischer Alkoholkranker. Er hat erst sehr spät angefangen zu trinken, hat dann wiederum ohne monatelange Entwöhnungsbehandlung den Absprung geschafft. Besonders außergewöhnlich ist, dass er seit fünfeinhalb Jahren abstinent lebt, obwohl sein Keller voll ist mit promillehaltigen Spezialitäten, mit Weinen, Cognacs, Grappa, Calvados – er hat eben alles, was in einen gut bestückten Keller gehört. Mehr sogar. Psychiater und Therapeuten schlagen die Hände über dem Kopf zusammen. Sie raten ihren Klienten im Allgemeinen, Alkohol völlig aus ihrer Umgebung zu verbannen. Doch Rolf S. widersteht den Versuchungen. Als begeisterter Hobbykoch gießt er für ein Coq au Vin schon mal eine Flasche guten Rotwein in den Tontopf, ohne auch nur ein Tröpfchen davon zu kosten. Er weiß genau, das kann er nicht. Noch im selben Augenblick könnte er rückfällig werden.

Aber wie gesagt, er ist ein Mann der Extreme. Seit einem Herzinfarkt vor 24 Jahren hat er keine Zigarette mehr angerührt. Schluss, aus, vorbei. Dabei war er Kettenraucher, qualmte am Tag 40 bis 50 Zigaretten. Der gesundheitliche Warnschuss bewirkte, dass er endlich mit dem Rauchen aufhörte. Für den Alkoholentzug sorgte seine Frau: »Entweder du tust was oder unsere Ehe geht kaputt.« Rolf S. hängt sehr an seiner Ehefrau und an seinen beiden Söhnen. Sie alle zu verlieren, das war der Alkohol ihm nicht wert. Von heute auf morgen stellte er das Trinken ein wie einst das Rauchen. Er holte sich professionelle Hilfe, zunächst auf einer Entgiftungsstation, danach in einer Gruppe Gleichgesinnter unter therapeutischer Anleitung. Zu diesen Treffen geht er noch immer, aber nicht mehr zur eigenen Stabilisierung, sondern um anderen mit seiner Lebensgeschichte Mut zu machen. »Ich bin immer wieder selbst erstaunt, wie relativ leicht ich aus dieser Sache rausgekommen bin.« Mit jetzt fast 64 Jahren fühlt er sich gesundheitlich besser, leistungsfähiger und fitter als mit fünfzig. Alkohol ist für ihn seit fünfeinhalb Jahren absolut tabu.

Bis heute stellt sich der niedergelassene Arzt immer wieder die Frage: »Wie bin ich da überhaupt reingerutscht?« Eine eindeutige Antwort darauf hat er nicht gefunden, den einen oder anderen plausiblen Grund durchaus. Aber erzählen wir die Geschichte von vorne. Mit ungefähr 16 Jahren trank er ab und zu mit Freunden das eine oder andere Bier, manchmal auch Wein. »Das gehört dazu, damit du ein Mann bist.« Rolf S. übertrieb es aber nie – so wie heute viele Jugendliche. Komasaufen heißt der gefährliche Freizeitsport, bei dem – vor allem Jungen – bis zum Umfallen Hochprozentiges trinken. Mit einem Blutalkoholspiegel von 1,4 bis 2,8 Promille landen sie dann zum Beispiel im Frankfurter Bürgerhospital, wo sich Mitarbeiter der Entgiftungs- und Motivationsstation für Alkohol- und Medikamentenabhängige um die Jugendlichen, meist zwischen 13 und 17 Jahren, kümmern.

Zunächst geben die jungen Menschen oft an, aus Neugier getrunken zu haben, oder um lustig zu werden. Im Laufe der Gespräche werden dann meist tiefer liegende Motive offenbar, darunter Leistungsdruck, die Trennung der Eltern oder Schwierigkeiten mit der sexuellen Identität. Im Unterschied zu früher spielen heute Spirituosen eine größere Rolle; als besonders hip gelten unter Jugendlichen Alcopops. Diese promillehaltigen Limonaden schlürfen selbst Zehnjährige weg wie Zuckerwasser. Sie schmecken ja genau so schön süß. Harmlos wie eine prickelnde Brause kommen die bunten Flaschen mit dem gefährlichen Inhalt auch äußerlich daher. Nach Einschätzung von Drogenberatern werden die mit Bier, Wein oder Spirituosen wie Wodka, Whisky oder Rum versetzten Limonaden zu früh und zu häufig konsumiert. Um Geld zu sparen, mixen sich viele Jugendliche inzwischen aber längst ihre eigenen, hochprozentigen Cocktails.

Rolf S. hielt sich als Heranwachsender von harten Sachen fern. Noch lange spielte Alkohol in seinem Leben keine bedeutende Rolle. Er trank gelegentlich in Gesellschaft, so wie die meisten Menschen. Während des Medizinstudiums musste der angehende Arzt nebenbei viel zu viel arbeiten, als dass er sich Abstürze und einen dicken Kopf am Tag danach hätte leisten können. »Ich habe mein Studium quasi als Nachtschwester verdient, 1969 zuletzt auf der Intensivstation.« Jeden Monat ging er an 15 bis 16 Tagen nach dem Nachtdienst direkt vom Krankenhaus an die Uni. Das war hart. »Manchmal habe ich innerlich geflucht, dass ich keine reichen Eltern habe.« Doch später kamen ihm seine Erfahrungen zugute. Niemand konnte ihm etwas vormachen. Er kannte die Praxis, den Alltag in einer Klinik. Das brachte ihm den Respekt der älteren Kollegen und der Pflegekräfte ein.

Jung, belastbar und unbekümmert meisterte Rolf S. sein Studium. In Pausen, beim Lernen, zu Hause am Schreibtisch steckte er sich eine Zigarette oft mit der nächsten an. Vor allem während der Nachtdienste im Krankenhaus, wenn die Stunden nicht vergehen wollten, vertrieb das Rauchen die Langeweile. Nikotin hat die tückische Eigenschaft, bei Müdigkeit und Erschöpfung wach und frisch zu machen, bei Aufregung und Anspannung ruhig. Unter anderem deshalb ist die Suchtgefahr so groß. Als Medizinstudent wusste er natürlich besser als jeder andere um die schädliche Wirkung des Tabaks. Doch wie Tausende Mediziner damals wie heute ignorierte er dieses Wissen. Zudem war gesundheitsbewusstes Verhalten damals noch kein so weit verbreitetes Thema wie heute.

Im November 1978 wurden Fleiß, Beharrlichkeit und Mühen belohnt. Mit 35 Jahren eröffnete der Gynäkologe seine eigene Praxis. Ein neuer Lebensabschnitt voller Hoffnung und Zuversicht begann. Doch vier Jahre später, am 10. Februar 1982, rächte sich der Raubbau an seinem Körper. Es muss etwa neun Uhr gewesen sein, als er in seiner eigenen Praxis umfiel – quasi noch mit dem Glimmstängel in der Hand. (Es sollte sein letzter sein.) Mit noch nicht einmal vierzig hatte er einen Herzinfarkt erlitten, ausgelöst durch die vielen Zigaretten und einen erblich bedingten, zu hohen Cholesterinspiegel. »Das war, als würde eine Welt untergehen. Ich dachte, jetzt bist du am Ende, bevor du überhaupt angefangen hast.« Rolf S. wollte noch eine Familie gründen, war zu dieser Zeit unverheiratet und kinderlos. Er hatte sein Junggesellendasein ausgekostet und sich bis dahin nicht entscheiden können. Von einer Minute auf die andere empfand er sich als Null. Auch für die privaten Krankenversicherer, die ihn zuvor als Mitglied umworben hatten, war er nicht mehr interessant. Gesunde, junge und zahlungskräftige Frauen und Männer waren gefragt.

Sein Praxisbetrieb musste nach dem Knock-out möglichst schnell wieder aufgenommen werden. Doch nun kam zur beruflichen Belastung noch etwas hinzu. Die Schulden drückten, an eine längere Erholungsphase war nicht zu denken. Nach einer vierzehntägigen Behandlung im Krankenhaus erholte sich Rolf S. noch eine Woche zu Hause, dann hielt er wieder Sprechstunde. Der Alltag nahm seinen Lauf, allerdings mit einer grundlegenden Veränderung. Seit jenem 10. Februar zündete er sich nie mehr eine Zigarette an – aus Angst um sein Leben und aus Vernunft. Es fiel ihm schwer, von den Zigaretten zu lassen. Doch die Angst dominierte über Lust und Sucht. Noch heute vermisst er die Zigaretten manchmal als krönenden Abschluss nach einem guten, mehrgängigen Menü. »Es sind die Rituale, die einen Genuss vollkommen machen.« Doch er begnügt sich mit einem Espresso nach dem Dessert. »Es ist seltsam, wenn gleich zwei Dinge wegfallen, die Zigarette und ein Digestif, ein schöner Cognac oder Grappa.«

In der westlichen Kultur gilt es als normal, Alkohol zu trinken. Sekt, Wein, Bier sind allgegenwärtig: auf Feiern, in der Werbung. Zu einem guten Essen oder zu einem Fußballspiel im Fernsehen gehört Alkohol eben einfach dazu. Auf eine bestandene Prüfung oder andere Ereignisse wie Geburtstag oder Hochzeit wird angestoßen. In Filmen sind ständig traurige oder verlassene Menschen zu sehen, die sich betrinken. Alkohol ist überall und immer dabei. Es handelt sich eben um eine gesellschaftlich akzeptierte Droge, anders als beispielsweise Heroin oder Crack. Umso schwieriger ist es für einen Trinker, sich zu enthalten. Aber für Rolf S. gibt es nur ein Entweder-oder und nichts dazwischen. »Eine einzige Zigarette, und ich würde wieder rückfällig.« So verhält es sich auch mit dem Alkohol. Das will er auf keinen Fall riskieren.

Wie gerne goss sich Rolf S. einst zu Hause nach Praxisschluss ein Glas Whisky ein. Er zelebrierte dieses allabendliche Ritual, gegen das damals auch niemand in der Familie etwas einzuwenden hatte. Doch aus den harmlosen Anfängen sollte sich im Laufe der Jahre eine zerstörerische Kraft entwickeln. Dazu mag ein weiterer gesundheitlicher Schock beigetragen haben. 1990 fühlte sich Rolf S. körperlich schlecht, etwas wackelig auf den Beinen. Ihm war oft schwindlig. Untersuchungen brachten die unerfreuliche Ursache rasch an den Tag. Obwohl er inzwischen schon acht Jahre nicht mehr rauchte, machten seine Herzkranzgefäße dicht. Eine Operation war unumgänglich. Die Kapazitäten in Frankfurt reichten seinerzeit nicht aus, deshalb wurde er nach Genf in eine Klinik geflogen. Dort eröffnete ihm der Herzchirurg nach dem Eingriff: »Herr Kollege, wir haben Ihnen gleich fünf Bypässe gelegt.« Noch Schlimmeres musste er hören: »In spätestens acht Jahren werden diese wieder zugehen. Dann sind Sie ein Transplantationskandidat.«

Wieder zu Hause, begann Rolf S. eine Psychotherapie; »ich lernte, mit meinem Herzen zu sprechen. Aber der Zusammenbruch, die Worte des Herzspezialisten, das nagt an einem.« An seinem Leben veränderte er gleichwohl nichts. Es ging ihm doch wieder gut. Er arbeitete viel, von Sport hielt er wenig, abends nahm er weiterhin seinen obligatorischen Drink. »Es ist doch auch wichtig und gut, sich abends entspannen zu können«, redete er sich ein.

Die bald zunehmenden Alkoholmengen registrierte seine Frau mit Sorge. Aber sie vermied es, ihm eine Szene zu machen, verpackte ihren Kummer in Bemerkungen wie: »Also, deine Whiskys werden immer größer.« Immer mehr gewöhnte sich Rolf S. an ein gewisses Quantum. Dann, 1995, begann der Alkoholkonsum endgültig auszuufern. Im Alter von 53 Jahren rechnete er schließlich nicht mehr in Gläsern. Sein Körper hatte sich inzwischen sukzessive so an den Alkohol gewöhnt, dass er mindestens eine Flasche Wodka am Tag brauchte, um seinen Alltag zu bewältigen. »Bier und Wein bringt dann nichts mehr, das enthält praktisch keinen Alkohol, um den Spiegel aufrechtzuerhalten.« Wodka bevorzugte Rolf S. so wie die meisten Trinker, weil er glaubte, den rieche niemand. Heute weiß er es besser: »Das ist ein Irrtum. Es sagt nur keiner etwas.« Auch den Patientinnen entging die permanente Fahne ihres Doktors nicht. Aber sie schwiegen. Viele blieben weg. Der Grund lässt sich unschwer erraten.

Rolf S. lebte längst in Parallelwelten. In der einen gab er den Arzt und Familienvater, der seinen Pflichten so gut es eben ging nachkam, der mit allen Mitteln den Schein der Normalität wahren wollte. Das war Stress pur. Denn er musste tagein, tagaus verhindern, dass jemand die unsichtbare Grenze in seine andere Welt überschritt und sah, was nicht für andere Augen bestimmt war: welche Mengen Alkohol er konsumierte. Gleich nach dem Aufstehen musste Hochprozentiges her, um überhaupt die Zahnpasta auf die Zahnbürste zu bekommen – so sehr zitterte er. »Oder versuchen Sie mal, sich mit einem Datterich ein paar Härchen aus der Nase zu schneiden!« Nach dem ersten kräftigen Schluck wurde er ruhig. »Das ist etwas Wunderbares.« Aber schon im nächsten Augenblick machte sich Ernüchterung breit. Da war sie wieder, die böse Gewissheit, bald Nachschub zu brauchen, um seinen Spiegel zu halten. »Wenn Sie morgens aufstehen und merken, wie sie die Treppe ins Bad hochhasten für den ersten Schluck aus der Pulle, das ist eine solche Demütigung.«

Rolf S. gehörte zu den sogenannten Spiegeltrinkern. Sie müssen einen gewissen Blutalkoholspiegel aufrechterhalten, um sich leistungsfähig und normal zu fühlen. Ein Quartalstrinker dagegen kann Wochen ohne Alkohol auskommen, hat er dann wieder den ersten Schnaps intus, säuft er nicht selten bis zur Bewusstlosigkeit.

»Und was ist es für eine Selbsterniedrigung, jeden Freitagnachmittag genügend Alkohol herbeischaffen zu müssen! Das ist ganz entsetzlich.« Für die Wochenenden mussten die erforderlichen Mengen an Wodka für zwei Tage besorgt werden. Mindestens so aufreibend war das Verstecken der Flaschen. Nur dank akribischer Planung gelang es Rolf S., nie eine Tankstelle als Notquelle aufsuchen zu müssen. Denn dann wären wieder Ausreden fällig gewesen.

Überall deponierte der Arzt seine Flaschen: im Auto, in der Praxis, im Wohnzimmer, in der großen Bibliothek hinter den Büchern. Aber es blieb nicht aus, dass seine Frau beim Putzen schließlich doch auf die vielen leeren Flaschen stieß. »Das ist furchtbar peinlich. Aber wo hätte ich sie entsorgen sollen. Ich konnte doch nicht morgens leere Wodkaflaschen durchs Haus tragen.« Wie seine Frau reagierte? Sie verlor kein Wort darüber. »Was hätte sie auch sagen sollen? Jedes Wort zu viel hätte doch zu nichts als nur zu Streit geführt.«

Der jüngere Bruder, aber auch gute Freunde redeten ihm zu, versuchten ihn vom Trinken abzubringen. Rolf S. hörte zwar zu, aber die gut gemeinten Ratschläge berührten ihn nicht wirklich. »Es war mir wichtiger, schön bedudelt zu sein. Wenn man ein bisschen was intus hat, sind Probleme nicht mehr so groß. Man denkt, diese alltäglichen Kleinigkeiten, die jeder kennt, werden sich schon lösen lassen, und entwickelt eine gewisse Gleichgültigkeit.« Möglicherweise habe dem Bedürfnis nach Benebelung neben der Angst um die schwer angeknackste Gesundheit eine gewisse Unzufriedenheit zugrunde gelegen, mutmaßt der Arzt. Ein Frust über den Stillstand und das nicht erreichte Ziel, eine noch größere Praxis mit mehr Patientinnen zu führen. Vielleicht machte dem Extremmenschen ein Gefühl der Mittelmäßigkeit zu schaffen.

Gerade Ärzte sind zudem täglich einem besonderen Druck ausgesetzt, weshalb Suchterkrankungen diese Berufsgruppe häufiger treffen als andere. Patienten laden ihren Kummer bei ihnen ab, die vielen Schicksale müssen verarbeitet werden. Ein Arzt kann seine Seele wiederum nicht entlasten, indem er anderen von den Sorgen der Patienten erzählt. Das verbietet die ärztliche Schweigepflicht. Die Verantwortung für andere Menschen ist enorm. Schließlich kann ein kleiner Fehler fatale Folgen haben. Hinzu kommt, dass Mediziner oft Überbringer schlechter Botschaften sind, was Rolf S. immer tief berührt. Er muss Patienten die Wahrheit sagen, auch eine noch so unangenehme. Wie oft quälte er sich an Wochenenden mit der Frage herum: Wie bringe ich dieser Frau am Montag die Diagnose ihrer bösartigen Erkrankung bei? Schließlich ist jede Patientin anders, muss anders angesprochen werden. Da den richtigen Ton zu finden, ist eine Gratwanderung. Alkohol nahm etwas von dem seelischen Druck.

Langfristig jedoch wurden die Schwierigkeiten nur größer, auch durch das kräfteraubende Doppelleben, das Rolf S. führte. Um seine Abhängigkeit geheim zu halten, begann er sich sukzessive von seiner Umgebung zurückzuziehen. Gesellschaftliche Ereignisse wurden ihm ein Gräuel. Wenn er zu einer Familienfeier eingeladen war, drückte er sich mit der lapidaren Begründung, er habe heute keine Lust. Das müsse man doch akzeptieren. In Wahrheit fürchtete er die Bloßstellung. Wie sollte er nachmittags beim Kaffeetrinken vor den Augen anderer die feine Porzellantasse zum Mund führen? Mit einer Hand hätte er alles verschüttet. »Irgendwann gehen Sie solchen Peinlichkeiten aus dem Weg.« Lieber blieb er zu Hause, allein mit seinen Wodkaflaschen. Ein Klassenkamerad ging schließlich an Alkohol und Einsamkeit zugrunde.

Jahrelang litt die ganze Familie um Rolf S. still vor sich hin, das Eheleben drohte zu zerbrechen. Er beschreibt es heute so: »Man geht sich aus dem Weg, stellt keine Fragen mehr, wenn die Aussichtslosigkeit auf eine Veränderung zu groß ist. Wir saßen bei Tisch zusammen und haben uns über alles Mögliche unterhalten. Nur das Thema Alkohol wurde ausgeklammert.« Auch die Söhne hatten natürlich mitbekommen, dass mit ihrem Vater etwas nicht stimmte. »Jeder merkt das, nur man selbst streitet es ab. Vor sich selbst und vor den anderen.«

Die Kinder trafen sich lieber mit Freunden, als sich der bedrückenden Stimmung zu Hause auszusetzen. Noch Jahre später, zu Beginn des abstinenten Lebens von Rolf S., rief ein Sohn von einem Auslandsaufenthalt immer mal zu Hause an und erkundigte sich bei jedem Telefonat: »Und Papa? Wie ist es mit dem Alkohol?« Die inzwischen erwachsenen Söhne trinken mit Freunden ab und zu ein Glas Bier oder Wein. Das Beispiel ihres Vaters war nicht so abschreckend, dass sie eine Art Alkoholphobie entwickelt hätten. Nur eine etwas schwere Zunge, die hatte Rolf S. oft schon.

Gleich zweimal verlor er den Führerschein wegen Trunkenheit am Steuer. Beim ersten Mal tat es auf dem Weg von der Praxis nach Hause plötzlich einen Knall, jemand war auf seinen Wagen aufgefahren. Beim zweiten Mal war er der Unfallverursacher. Warum er beide Male ins Röhrchen blasen musste, kann er nur vermuten: »Die Polizei muss etwas gerochen haben.« Im Alter von 60 Jahren musste Rolf S. seinen Führerschein neu machen, mit Theorie und Praxis. »Das kostet nicht nur einen Haufen Geld, sondern vor allem die vielen Verkehrsregeln muss man wieder neu einpauken.« Aber er bestand die Fahrprüfung auf Anhieb.

Ein erster wichtiger Schritt zur Abstinenz ist seiner Einschätzung nach, überhaupt vor sich selbst zuzugeben, dass man süchtig sei. »Dann hat man schon gewonnen!« Aber wie schwierig das ist, weiß er aus eigener leidvoller Erfahrung. Auch er gestand sich seine Abhängigkeit lange Zeit nicht ein, weil das Schwäche, Versagen, Labilität bedeutete. Viel leichter lebte es sich da mit der Selbstlüge, jederzeit mit dem Trinken aufhören zu können. Rolf S. bewegte sich immer haarscharf am Abgrund vorbei. Der Schalter wurde nie ganz umgelegt, er geriet nie völlig ins Dunkle. Seine Frau hatte ihn nicht verlassen, Freunde hielten ihm die Treue, er war weder obdachlos noch arbeitslos wie viele andere Trinker am Ende.

Doch seine Praxis schrumpfte zusehends. Viele Patientinnen suchten sich einen anderen Doktor, wichtige Einnahmequellen fielen weg. »Man muss im größten Dreck stecken und da wirklich rauswollen. Wer das nicht selbst will, dem kann auch niemand helfen«, weiß der Arzt heute. Er konnte nicht mehr mit ansehen, wie sehr seine Frau litt. Er konnte sich selbst nicht mehr leiden. Als seine Frau ihm dann noch »die Pistole an die Brust setzte«, machte er einen radikalen Schnitt und meldete sich für eine Entgiftung im Krankenhaus an. Dank ihres energischen Einschreitens und seines starken Willens konnte Rolf S. quasi in letzter Minute seinen Ruin verhindern.

Zwischen dem Entschluss und einem freien Platz in der Klinik lagen jedoch Wochen. Er überbrückte sie durch einen gemeinsamen Urlaub mit seiner Frau in Peking. Die Reise war seit langer Zeit gebucht. Und das Ausmaß seiner Abhängigkeit wäre zu augenfällig geworden, wenn er den Flug abgesagt hätte. Also biss er sich durch. Es war »ein unheimlicher Kraftakt, nicht zu trinken«, zum Beispiel, wenn er mit Stäbchen essen sollte und seine Hände ihm nicht gehorchten. Aber er wollte seiner Frau beweisen, nicht so schwer süchtig zu sein, wie sie vermutete. Er hatte Angst, sonst könnte sich sein Leben doch noch auflösen. Es ging um »alles oder nichts. Ich bin extrem, entweder ich trinke oder ich trinke nicht.« Längst hat er sich auf die positive Seite geschlagen. Dazu gehört auch beruflicher Erfolg: Heute ist sein Wartezimmer wieder voll.

In seiner Praxis hat er dann irgendwann publik gemacht, was mit ihm los war. Es hat sich längst herumgesprochen, dass »das der Doktor ist, der selbst mal …« Davon profitiert jetzt manche alkoholkranke Patientin. Für sie ist Rolf S. der Vertraute, der ihnen leichter als andere über eine gewisse Hemmschwelle hilft. Als trockener Alkoholiker sieht er einem Menschen sofort an, ob er zu viel trinkt, zum Beispiel an einer etwas großporigen und teigigen Haut, bei älteren Personen an einer leicht geröteten Nase. Dann bringt er das Gespräch irgendwann wie beiläufig auf den Alkohol. »Bei diesem Stichwort fangen Trinkerinnen von selbst an, über ihr Problem zu sprechen.« Schon etliche Frauen entschlossen sich durch seinen Anstoß zu einer Therapie. Wenn er anderen betroffenen Familien etwas raten kann, dann dies: unbedingt zusammenzuhalten und den alkoholkranken Menschen auf seine Sucht anzusprechen. Auch im Büro sei es falsch verstandene Kollegialität, einfach zu schweigen oder einen Alkoholiker zu decken. Damit wird vielmehr eine wichtige Chance auf Heilung vergeben.

Seit jenem Aufenthalt in Peking ist Rolf S. trocken. Das ist fünfeinhalb Jahre her. Er sagt: »Als ich meine zehntägige Entgiftung im Krankenhaus antrat, war das bei mir schon gelaufen.« Unter Entzugserscheinungen außer dem Zittern musste er nie leiden. Bei ihm ist eben vieles anders. So steht es jedem Suchtkranken während der stationären Entgiftung frei, die Klinik zu verlassen. Rolf S. machte davon jeden Tag mehrmals Gebrauch, vor allem mittags. Er steuerte regelmäßig eine Kneipe zum Essen an – zu Rippchen mit Kraut bestellte er dann ganz bewusst ein Mineralwasser, Bier ignorierte er. »Ich muss mir beweisen, dass ich das kann. Deshalb habe ich auch einen so gut bestückten Weinkeller.« Wenn der Arzt von seinen Ausflügen auf die Station zurückkehrte, musste er nicht nur einmal ins Röhrchen blasen oder eine Krankenschwester nahm ihm Blut ab. Das Ergebnis: null Promille.

Nach der Entgiftung in einer Klinik folgt normalerweise eine Entwöhnungskur von mehreren Monaten. Doch der Gynäkologe konnte es sich nicht leisten, seine Praxis so lange zu schließen, die fixen Kosten für Miete, Telefon, Strom, Gas und Personal liefen schließlich weiter. Er musste nach der Entlassung anders durch sein tiefes Tal. Von Anfang an sagte ihm eine ambulante Gruppe unter therapeutischer Anleitung zu, die in dem Krankenhaus entstand, in dem er entgiftet hatte. Bei diesen Treffen einmal im Monat berichtet zunächst jeder, wie er die vergangenen Wochen trotz Grillfest oder Party, trotz beruflichem Ärger oder Stress mit dem Partner ohne Alkohol überstanden hat. Zunächst »mit gebremstem Schaum«, wie Rolf S. es ausdrückt. Ihm fällt es leichter als vielen anderen, über seine Alkoholkrankheit zu sprechen. Und wenn er den Anfang erst gemacht hat, nimmt das den übrigen Teilnehmern auch die Scheu. Allein schon deshalb ist seine Anwesenheit dort willkommen. Nicht selten dient Rolf S. den anderen als Positiv-Negativ-Beispiel. Als nicht nachahmenswert gilt seine Vorgehensweise, sich einen Weinkeller zu halten, zu groß sei die Verführung. »Insofern bin ich ein Horrorkandidat, dem die anderen nicht nacheifern sollten.« Als großes Vorbild freilich steht er da, weil er nicht abgebrochen hat wie viele andere. »Das baut auf, so erfolgreich zu sein. Um abstinent zu bleiben, brauche ich die Gruppe nicht.«

In den ersten Wochen und Monaten war das ganz anders. Da fieberte er diesen Terminen noch entgegen. Wo sonst hätte er so offen darüber sprechen können, wie sehr er sich zusammennehmen musste, nichts zu trinken? Wo sonst hätte man ihn so gut verstanden? Hier konnte er sich von der Seele reden, was ihn bedrückte. Hier, unter Gleichgesinnten, fühlte er sich verstanden. Und jedes Mal aufs Neue betrat er den Raum nach weiteren vier Wochen mit einer Mischung aus Freude und Stolz, wenn er abermals über seine Sucht gesiegt hatte.

Ein immer wieder auftretendes Problem sieht Rolf S. darin, dass Menschen wie er auf einer Feier nur schwer Getränke ohne Alkohol im Angebot finden. Wenn auf einem Empfang ganz selbstverständlich Sekt oder Orangensaft mit Sekt gemischt herumgereicht wird, muss er sich jedesmal ausdrücklich nach Orangensaft pur erkundigen. Und bei einem Familienessen kreisten immer erst die Weinflaschen. »Bis Sie ein Wasser kriegen, können Sie warten.« Es auch an Silvester bei Mineralwasser zu belassen, ist für Rolf S. inzwischen so selbstverständlich wie für die meisten ein Glas Sekt zum Anstoßen um Mitternacht. »Alkohol habe ich aus meinem Vokabular gestrichen. Aber man muss sich immer rechtfertigen.« Das ärgert den Arzt, ebenso die Tatsache, dass Mineralwasser im Restaurant oft teurer ist als ein Glas Bier.

Aber das sind Nebensächlichkeiten im Vergleich zum Gewinn an Lebensqualität ohne Alkohol. »Mir geht es in jeder Beziehung besser. Meine Ehe funktioniert wieder. Ich bin viel leistungsfähiger, kann länger arbeiten und intensiver. Ich behalte alles, was ich lese.« Und das sind pro Woche mehrere Bücher plus Fachliteratur. »Außerdem rieche und schmecke ich besser.« Die feineren Sinne möchte Rolf S. nicht mehr missen, zu sehr geht er in seinem neuen Hobby, dem Kochen, auf. Er selbst verwendet für viele Gerichte Promillehaltiges. In Lokalen allerdings lässt Rolf S. von Speisen die Finger, in denen auch nur Spuren von Alkohol enthalten sein könnten. Weil er dann nicht sicher sein kann, dass dieser auch verkocht ist. Vorsichtig ist er auch, wenn er an einem Familientreffen teilnimmt und an den edlen Tröpfchen nur riecht. Dass er sich auf solche Wagnisse überhaupt einlässt, hat wiederum damit zu tun, dass er sich und den anderen zeigen will: »Ich kann mich beherrschen.«

Der Arzt kommt auch nicht mehr im Traum auf die Idee, seinen Kummer zu ertränken. »Meine Wertigkeiten haben sich verändert. Alkohol gehört nicht mehr dazu.« Schon am Wochenende freut er sich regelmäßig auf den Montag, wenn er seine Praxis wieder aufschließen darf. Er liebt seinen Beruf und leistet sich den Luxus, bei Gesprächen mit seinen Patientinnen nicht auf die Uhr zu schauen.

Denn bezahlt wird ihm das Zuhören über eine halbe Stunde natürlich nicht. Das ist sein Hobby.

Seine Frau traut dem Frieden manchmal noch nicht so recht. Ihr Ehemann versteht das: »Ein Suchtmensch bin ich zweifellos.« Doch seine Schwäche weiß er heute in positive Bahnen zu lenken. Rolf S. braucht nur wenig Schlaf. Oft sucht er bis spät in die Nacht nach neuen Rezepten, die ihn zum Ausprobieren reizen. Samstags und sonntags steht er meistens Stunden früher als seine Frau auf, bereitet das Frühstück vor und deckt den Tisch. Er ist ein aktiver Mensch. Tatenlos herumsitzen ist seine Sache nicht: »Ich lebe sehr intensiv.«

Ob er glaubt, den kritischen Punkt überwunden zu haben? »Man kann sich niemals hundertprozentig sicher sein, dass man für immer ›sauber‹ bleibt. Aber im Grunde genommen ist das mit dem Trinken wie mit den Zigaretten.« Sein Triumph über die Tabaksucht währt jetzt schon 24 Jahre. Und das alles ohne Hilfsmittel wie Nikotinpflaster, Kautabletten oder Hypnosesitzungen. Rolf S. kann auf seine große mentale Kraft vertrauen. Sie lässt ihn einmal gefasste Vorsätze auch durchhalten. Nie mehr Zigaretten, nie wieder Alkohol, sind seine beiden wichtigsten. Rolf S. kann hart gegen sich selbst sein, wenn er nur will. Und er will!

Sein Fass läuft nicht mehr über

Sein Leben stand von Anfang an unter einem schlechten Stern. Noch vor seiner Geburt. Die Chancen, je in einer halbwegs intakten Familie groß zu werden, waren gleich null. Die Mutter ging anschaffen, weshalb das Jugendamt ihr den Neugeborenen wegnahm. Erzählungen zufolge soll er in einem Güterwaggon gezeugt worden sein. Der Vater, ein Freier, wollte nichts wissen von seinem Sohn. Bis heute nicht. Die beiden haben sich nie kennengelernt. Seine Mutter hat der Sohn zweimal in seinem Leben getroffen, zum ersten Mal mit 23 Jahren, sympathisch war sie ihm nicht. Aber er wollte ihr eine zweite Chance geben und ließ sich in ihre Wohnung einladen. Anschließend schickte sie ihm eine Rechnung über 14 Tage Kost und Logis. Damit war sein Bedarf gedeckt, diese Frau je wiederzusehen. Er weiß nicht mal, ob sie noch lebt. Es interessiert ihn auch nicht.

Er wuchs in Heimen und bei einer Pflegemutter auf, die er heute noch regelrecht hasst. In intensiven Gesprächen mit Sozialarbeitern und Ärzten über seine Kindheit hat der heute Zweiundfünfzigjährige unendlich viele Tränen vergossen. Der Schmerz der Benachteiligung sitzt wie ein tiefer Stachel. Immer dann, wenn er sich ungerecht behandelt fühlte, drehte er regelrecht durch, schmiss unzählige Jobs von einer auf die andere Minute hin – »Ihr könnt mich mal!« – und betrank sich hemmungslos. Peter Vogel steht heute zu alledem. Er war ganz unten, ohne Arbeit und ohne ein Dach über dem Kopf. Aber er hat sich mühsam wieder aufgerappelt. Sein letztes »großes Frustsaufen« nach einem erfolglosen Versöhnungsversuch mit seiner Frau liegt drei Jahre zurück. Inzwischen hat er sich eine kleine Zweizimmerwohnung hübsch eingerichtet. Seinen Lebensunterhalt verdient er als selbständiger Dienstleister. Vor allem das Diakonische Werk für Frankfurt im Evangelischen Regionalverband bucht den fleißigen und zuverlässigen Mann oft, um Buffets herzurichten oder an der Pforte zu sitzen.

Die ersten fünf Lebensjahre im Kinderheim hat er in guter Erinnerung. Doch weil es damals an Heimplätzen fehlte, musste er zu einer Pflegemutter – gegen seinen Willen. »Bis ich sechzehn war, habe ich es dort ertragen. Diese Frau ließ mir keine Luft zum Atmen. Ich hatte null Freiheit.« Peter Vogel durfte nie Freunde einladen, nicht einmal zu seinem Geburtstag. Die anderen machten sich lustig über ihn, »da wird man selbst komisch«. Er wurde zum Einzelgänger. Seinen ersten Rausch hatte er mit vierzehn während einer sogenannten Verschickung. Dort, in der Gegend von Bozen, besichtigten die Jugendlichen auch einen Weinkeller, Probegläschen gingen herum. Peter Vogel schmeckten die Tröpfchen so gut, dass er die Ration der anderen mittrank. »Das war so schön süß und süffig.« Übermütig wie er war, setzte er sich anschließend ins Auto des Herbergsvaters, der den Zündschlüssel in seinem Fiat 500 hatte stecken lassen. »Hackedicht« startete der Junge den Wagen und landete nach wenigen Metern im Holzschuppen. Zum Glück war außer ein paar Kratzern nichts passiert, die Sache im Unterschied zu späteren Eskapaden noch einmal glimpflich abgegangen.

»Das war noch Trinken aus Neugier«, meint er heute, beginnt wieder auf die Pflegemutter zu schimpfen und steckt sich eine Zigarette an. Über seine Nikotinabhängigkeit sagt er: »Ich rauche seit meinem achtzehnten Lebensjahr, weil ich ein Trottel bin. An einem gesunden Tag komme ich mit zehn bis 20 Zigaretten aus.« Wenn Peter Vogel freilich über seine Kindheit spricht, braucht er zur Beruhigung ein paar zusätzliche Zigaretten.

»Ich hasse sonst keinen Menschen«, fährt er fort. »Aber diese Frau hat mich kaputt gemacht. Eine schwer gehbehinderte, herrische Jungfrau. Eine Sozialhilfeempfängerin, die mich in den Ferien arbeiten schickte.« Von den 1,25 Mark Stundenlohn, die er dafür bekam, dass er im Lebensmittelmarkt Einkaufswagen zusammenschob, musste er ihr einen neuen Kühlschrank kaufen. »Das war eine ganz böse Frau.« Wie sehr vermisste der Junge einen Vater, dem er hätte vertrauen können und der zu ihm gehalten hätte. Diese Rolle übernahm lange Zeit »mein Opa«, wie er den Vater der Pflegemutter noch heute in Erzählungen liebevoll nennt. Doch der starb, als Peter Vogel zehn war. Damit hatte er seinen »einzigen Verbündeten« verloren, ein kaum zu verkraftender Verlust im Leben des Jungen.

Mit sechzehn kaufte er sich aus Kummer eine Flasche Jägermeister. »Die habe ich an einem Nachmittag während eines Ferienjobs in einem Bettengeschäft niedergerungen.« Seltsamerweise hatte er trotz dieser Alkoholmenge am nächsten Tag keinen Kater. Etwa einen Monat nach diesem »Frustsaufen« ertrug Peter Vogel die »mürrische, misstrauische und ewig meckernde Pflegemutter« endgültig nicht mehr. Mit »glasklarem Kopf«, also ohne sich Mut anzutrinken, fasste er den Entschluss abzuhauen und floh in ein Jugendwohnheim. Der richtige Platz in seinem Leben war das noch lange nicht, vielmehr der Beginn einer langen Odyssee.

In dem Jugendwohnheim kam Peter Vogel mit seinem Betreuer nicht zurecht. Er meint: »Der konnte mich nicht leiden.« Er fühlte sich ungerecht behandelt, wollte sich rächen. »Das war wieder mein blöder Gerechtigkeitssinn.« Und er beging einen folgenschweren Fehler, als er den Partykeller des Betreuers in Brand setzte. Er ließ die Flasche Brennspiritus am Tatort zurück und wurde prompt anhand seiner Fingerabdrücke überführt. Heute bereut er, was er damals anstellte, möchte sich nicht ausmalen, was alles hätte passieren können. Menschen kamen damals glücklicherweise nicht zu Schaden, doch im Jugendwohnheim wollte man ihn nach diesem Vorfall nicht mehr behalten. Einen festen Wohnsitz hatte er nicht. Das Jugendamt sah daher keine andere Möglichkeit, als ihn für sechs Wochen in einer Jugendarrest-Anstalt unterzubringen.

Station Nummer drei nach Jugendheim und Jugendarrest war innerhalb kurzer Zeit die Jugendpsychiatrie. »Dort wollten sie bei mir schädliche Neigungen feststellen. Das gelang ihnen aber nicht.« Wieder zog Peter Vogel in ein Jugendheim. Mit anderen Jugendlichen »haben wir uns ab und zu die Kante gegeben, vor allem mit Bier, das es an einem Kiosk um die Ecke gab«. Diese gelegentlichen Attacken stuft er heute als »Freiheitssaufen« ein – oder, wie er es auch nennt: »Das war Gutelaunebär-mäßig.«

Mit achtzehn schaffte er die Mittlere Reife ohne größere Schwierigkeiten. Er war immer ein recht guter Schüler und nur deshalb zwei Jahre älter als die anderen in seiner Klasse, weil er als Fürsorgezögling später eingeschult worden war, ein weiteres Jahr beim Wechsel in die Realschule verlor. Die Lehrerin auf der Volksschule war der Ansicht, ein Fürsorgezögling gehöre nicht auf eine höhere Schule. Nach dem fünften Schuljahr stand die Frage des Schulwechsels erneut an, die Volksschullehrerin beharrte auf ihrer Meinung, die Pflegemutter setzte sich wie zu erwarten auch nicht für ihn ein. Dass er überhaupt die Realschule besuchen durfte, hat er der Sekretärin des Schulsekretariats zu verdanken – Frau Engel, »die hat ihren Namen verdient«, die ihn einfach zur Prüfung anmeldete. Er bestand mit Bravour.

Peter Vogel ist sich sicher: »Wenn meine Kindheit und Jugend anders verlaufen wären, wäre mein ganzes Leben anders verlaufen.« Er ist ein Mann mit Eigenschaften, die bei Arbeitgebern gefragt sind: Er ist ehrlich, fleißig, zuverlässig und hat eine schnelle Auffassungsgabe. Einer Karriere jedoch standen immer wieder seine Ausraster im Weg, sobald er sich ungerecht behandelt fühlte. Und das kam oft vor.

Seinem ersten Joint mit etwa dreizehn misst er dabei keinen sonderlichen Stellenwert bei. Es blieb beim gelegentlichen Kiffen. »Aber ich kann nur davon abraten, sich mit Alkohol die Birne zuzuknallen.« Wenn Peter Vogel eine Wasserpfeife mit einem Tabak-Haschisch-Gemisch rauchte, hatte er am nächsten Tag nie einen dicken Kopf. Noch heute zündet er sich manchmal zur Entspannung einen Joint an. Aber bei dem einen bleibt es, dieser Konsum ufert nie aus – wie situationsbedingt beim Alkohol. »Wenn ich eine gedampft habe, kann ich irre gut Musik hören, am liebsten Klassik-Rock. Kiffen ist für mich Genuss, so wie für andere vielleicht ein Stück Schokoladentorte. Ich bin dann gut drauf. Mit Alkohol wollte ich Frust wegspülen. Da konnte es passieren, dass die Stimmung kippte und ich mich anschließend noch mieser fühlte als vorher.«

Nachdem er die Schule abgeschlossen und das Jugendheim verlassen hatte, zog Peter Vogel nach Kassel, wo er sein erstes eigenes Zimmer mietete. Später gründete er dort mit Kumpels eine Wohngemeinschaft. Das Geld für den Unterhalt jobbte er sich hier und da zusammen. Eine Lehre lehnte er ab aus Angst, dann wieder »einkaserniert« und Vorschriften ausgesetzt zu werden. Er stellte sich zwar diversen Aufnahmeprüfungen für eine Ausbildung, die er auch alle bestand – »Ich hatte regelmäßig die besten Ergebnisse.« –, doch im letzten Moment sprang er immer ab, zum Beispiel bei der Post. »Da hätte ich wieder in ein Wohnheim ziehen müssen.«

An die Kasseler Zeit denkt er gerne zurück. Mit Freunden war er regelmäßig in Bars unterwegs, trank vor allem Bier oder »Hütchen« (Asbach mit Cola), aber nie so viel, dass er nicht mehr wusste, wie er nach Hause kam. Es ging ihm ja recht gut. Und zu der Kategorie Trinker, die am nächsten Morgen gleich den nächsten Schluck aus der Pulle brauchen, gehörte er nicht. »Das war irgendwie noch mein

Glück«, meint Peter Vogel, der am Tag darauf oft unter einem mächtigen Kater mit Kreislaufbeschwerden, Magen- und Kopfschmerzen litt, sich auskurierte und wochenlang kein Bedürfnis nach einem Glas Bier hatte. Bis ihn wieder jemand ärgerte und er ausflippte und sein Alkoholkonsum außer Kontrolle geriet.

Auftakt der nächsten Tragödie war eine »Bottle-Party« im Jahre 1974, auf der er sich in eine Frau verliebte und wegen der er in den Harz umzog. Die Frau hätte eine Zwillingsschwester der Pflegemutter sein können, was ihm im Überschwang seiner Gefühle freilich entging. Doch nach einiger Zeit zeigte sie ihr wahres Gesicht, sie entpuppte sich als hochgradig eifersüchtig und ließ ihm keine Luft zum Atmen. Wenn er mit Kollegen etwas feiern wollte, musste er sich von den anderen verleugnen lassen. Am Morgen brachte sie ihn in das Hotel, in dem er an der Rezeption arbeitete, und am Abend holte sie ihn dort wieder ab. »Das war dasselbe wie früher, nur in jung.« Die letzte Zeit dieser zweieinhalbjährigen Beziehung ließ er sich »bei jeder Gelegenheit zulaufen«. Sonst hätte er diese Beziehung nicht ausgehalten. Er verließ die Frau aber auch nicht, weil er Tag für Tag auf bessere Zeiten hoffte. Vergeblich, wie sich herausstellen sollte.

Als es gar nicht mehr anders ging, machte er endlich Schluss mit ihr, absolvierte sogar eine Lehre zum Kaufmann im Lebensmittel-Einzelhandel in Kassel. Die folgende Zeit als Filialleiter bei dieser Lebensmittelkette war ein berufliches Highlight. Morgens betrat er als Erster den Laden, er verließ ihn abends als Letzter. »Ich bin ein Workaholic, wenn es mir Spaß macht«, sagt Peter Vogel und schwärmt von seinem besonderen Hobby damals, der Obstabteilung, die er liebevoll gestaltete. »Das ist das Entree. Wenn es da aussieht wie Kraut und Rüben, sind die Kunden doch gleich bedient.« Wäre es nach ihm gegangen, hätte er sich in diesem Geschäft noch lange nützlich gemacht. Doch wegen Umstrukturierungen wurde er nicht weiterbeschäftigt. »Vielleicht habe ich dem Bezirksleiter auch oft zu offen gesagt, was ich denke.« Aber das ist reine Spekulation. Fest steht jedoch, dass Peter Vogel immer wieder strauchelte, weil er mit seiner Meinung nicht hinter dem Berg halten konnte. Abwägen und Diplomatie sind ihm fremd. Berechnung ist es erst recht.

Er hatte im Laufe der Jahre diese und jene Stelle, trank wenig. Es sei denn, es ging etwas schief. »Ich kann nicht leiden, wenn sich Menschen beim Chef einschmeicheln. Und wenn jemand damit auch noch durchkommt und ich selber auf der Strecke bleibe, obwohl ich alles gebe, dann schmeiße ich den Job hin.« Peter Vogel war dann kaum um die Ecke, schon deckte er sich mit Hochprozentigem ein, ein bis zwei Flaschen Gin und Orangensaft zum Beispiel. Oder mit Bier: »Bis zu 15 Flaschen bekam ich schon weg an einem Abend.«

Auslöser einer dieser Exzesse war, dass er sich bei der Arbeit in einem Imbiss von einem Kollegen über den Tisch gezogen fühlte. »Der hat die Abrechnungen gemacht und mich betrogen. Als ich das gemerkt habe, bin ich durchgeknallt.« Beim anschließenden Pokern mit ein paar Stammgästen kippte er jede Menge Bier und Schnaps in sich hinein. Als würde die Welt damit für ihn rosiger. Zum seelischen Leid kam körperliches. Mit einer Alkoholvergiftung landete Peter Vogel für drei Tage im Krankenhaus. Seine Verfassung war lebensbedrohlich. Er schätzt, dass er damals leicht auf 3 Promille kam.

Müsste er einen Lebenslauf schreiben, er hätte einige Mühe, die vielen Jobs und Ortswechsel chronologisch in eine Reihenfolge zu bringen. In einem Jahr zog er dreimal um. Allein in Berlin verkaufte er über eine Million Currywürste. »Ich brauchte Tapetenwechsel. Wenn ich mir ein Nest fertig gebaut hatte, wollte ich mir ein neues Zuhause einrichten, mit neuen Farben, einem anderen Stil.« Einen Grund dafür kann er nicht nennen. Möglicherweise spielte die unterbewusste Angst mit, alles wieder zu verlieren, wenn er sich gerade einmal richtig wohlfühlte: »Ich war immer auf dem Sprung.«

Seinen größten Fehler sieht er rückblickend darin, seine langjährige Freundin im Jahr 2000 geheiratet zu haben. Wieder litt er unter einer herrischen Frau, mit der er zuletzt in Berlin lebte. Diese unheilvollen Beziehungen zu Frauen ziehen sich wie ein roter Faden durch sein Leben. Immer wieder zog er denselben Typus Frau magnetisch an. Immer wieder handelte es sich beim zweiten Blick um Abbilder der Pflegemutter. Mit derselben Regelmäßigkeit erduldete er sein Schicksal bis kurz vor dem eigenen Untergang. Nur mithilfe von Alkohol war es ihm überhaupt möglich, einen Schlussstrich zu ziehen: Ein gutes Jahr nach der Heirat packte er im Rausch seine Sachen zusammen und türmte mit zwei Koffern, einer Baumwolltasche und einem Aktenkoffer. Alles, was er über seine Lieblings-CDs (Klassik-Rock, PUR und Grönemeyer), die nötigsten Kleidungsstücke und Papiere hinaus besaß, ließ er zurück. Eine Arbeitsbeschaffungsmaßnahme war ausgelaufen, Peter Vogel wieder einmal arbeitslos. Er hatte nichts mehr zu verlieren in Berlin und hoffte, in Frankfurt eine Arbeit zu finden.

Mitten in der Nacht kam er am Frankfurter Hauptbahnhof an. Die ersten Nächte verbrachte er auf dem Flughafen. Weil er ordentlich angezogen war, fiel er dort nicht auf. Tagsüber fuhr er in die Innenstadt zur Obdachlosenspeisung. Uhrzeit und Ort hatte er schnell herausbekommen. Peter Vogel legte große Strecken zu Fuß zurück. Das war seine Art Selbsttherapie, weil er pleite war und sich keinen Alkohol kaufen konnte. Betteln kam für ihn nie infrage, er wollte und will sich sein Geld erarbeiten. »Ich lief so viel herum den ganzen Tag, bis ich müde war und vor Erschöpfung eingeschlafen bin.«

Der Flughafen konnte keine Dauerlösung sein. »Davon hatte ich bald die Nase voll. Das zermürbt.« Peter Vogel fand Unterschlupf in einem Übergangswohnheim für wohnsitzlose Männer. »Da habe ich eine Stunde mit einer Sozialarbeiterin zusammengesessen und 40 Minuten nur geheult. Ich war fix und fertig, tieftraurig und hilflos.« Weil er Menschen gegenüber so misstrauisch war, hatte er lange mit niemandem über seine Situation gesprochen, allen Kummer hinuntergeschluckt und oft mit Hochprozentigem zum Schweigen gebracht. Jetzt brachen die lange verdrängten Gefühle nur so aus ihm heraus. Er konnte die Tränen nicht mehr zurückhalten, wollte sich auch nicht verstellen. »Das hat unheimlich befreit.«

Zum Finale kam es am 27. Juli 2001. Er jobbte in einer Metzgerei, wo eine Frau ihm Ausländerfeindlichkeit unterstellte. Eine Ungeheuerlichkeit aus seiner Sicht. Vom Filialleiter, der zwischen den beiden Kontrahenten schlichten sollte, sah er sich wieder einmal in seinem Leben im Stich gelassen. »Ich lasse mir so etwas nicht anhängen. Aber ich kam gar nicht zu Wort, um mich zu rechtfertigen. Da hab ich den Bettel hingeworfen.« In einem Lebensmittelmarkt um die Ecke war Bier gerade im Sonderangebot, Peter Vogel kaufte literweise Bier in Dosen ein. Es war ein schwüler Tag, er hatte kaum etwas gegessen. Der Alkohol wirkte doppelt. Je mehr er ihm zu Kopf stieg, umso mehr ergriffen Enttäuschung und Hoffnungslosigkeit von ihm Besitz. Er kletterte auf die Fensterbank seines Zimmers im fünften Stock des Übergangswohnheims und wollte endlich Erlösung finden. »Ich wollte gerade springen, da kam die Feuerwehr.« Die Männer redeten auf ihn ein, um ihn von seinem Entschluss abzubringen. Aber er drohte: »Wenn Sie nicht sofort verschwinden, bin ich unten.« Ein Seelsorger tauchte auf, der aber erst recht nicht den richtigen Ton fand. Wieder kam ein Feuerwehrmann. »Irgendwann war ich mürbe.« Heute ist Peter Vogel heilfroh, dass man ihn vor diesem letzten Schritt bewahrte.

Alkohol kann negative Gefühle intensivieren und hat eine enthemmende Wirkung. Menschen tun dann Dinge, vor denen sie sonst Angst hätten, die sie aus dieser Angst heraus unterlassen würden. Zum Beispiel sich selbst umbringen. Statistiken darüber, bei wie vielen Selbstmorden Alkohol im Spiel war, sind problematisch. Doch gilt als sicher, dass der Anteil von Trinkern unter Selbstmördern ganz grob zwischen einem Drittel und zwei Dritteln anzusetzen ist. Je nach Untersuchung haben Alkoholiker ein um das sechs- bis zwanzigfach erhöhtes Risiko, sich das Leben zu nehmen.

Volltrunken wurde Peter Vogel in die psychiatrische Abteilung der Uniklinik eingeliefert. Dort hatte er »interessante Gespräche«, wie er es formuliert, mit einem jungen Arzt. Von ihm fühlte er sich ernst genommen. Endlich war da jemand, der auf ihn einging. »Der wollte mir nicht nur irgendwelche Tabletten verschreiben.« Er durfte sich seinen Kummer von der Seele reden, der Arzt hörte zu und kam zu dem Ergebnis, dass Peter Vogel nicht mehr selbstmordgefährdet sei, er die Station also wieder verlassen dürfe. Damit war ein Neuanfang eingeleitet.

Der anschließende, einwöchige Aufenthalt in einer psychiatrischen Fachklinik gab ihm endlich die Gelegenheit, ein traumatisches Kindheitserlebnis aufzuarbeiten. Bis dato hatte er den Tod seines »Opas« nicht verarbeitet. Die Pflegemutter hatte dem Jungen damals sogar verboten, an der Beerdigung seines geliebten »Opas« teilzunehmen, sich am Grab von ihm zu verabschieden. Von dem einzigen Menschen, der immer gut zu dem Jungen war. Wenn Peter Vogel von ihm erzählt, kämpft er noch heute mit den Tränen. Er erinnert sich zum Beispiel genau daran, wie seine Pflegemutter ihn und den Großvater – sie lebten zusammen in einer Dreizimmerwohnung im Erdgeschoss – eingeschlossen hatte. Der Stubenarrest sollte verhindern, dass er ins Kino ging. Daraufhin drückte der »Opa« dem Kleinen eine Mark in die Hand und ließ ihn an seinen Ärmchen behutsam aus dem Fenster auf die Straße hinab. Mit seinem »Opa« war er so tief verbunden, dass er an dem Morgen, als dieser »friedlich eingeschlafen« war, einen Wutanfall hatte. Dabei wusste er zu diesem Zeitpunkt noch gar nichts von dessen Tod. Solche und andere Erlebnisse erzählte Peter Vogel in der Klinik. »Ich habe viel geweint. Aber diese Gespräche gaben einen Anstoß, anders zu denken.« Anders im Sinne von: Menschen nicht mehr mit Groll und Skepsis zu begegnen, sich nicht mehr sofort zurückgesetzt und betrogen zu fühlen.

Im Wohnheim der Diakonie, in dem obdachlose Männer bis zu drei Jahre wohnen können, setzte sich der in der Psychiatrie angestoßene Lernprozess fort. Wieder einmal traf er dort auf eine sehr dominante Frau, genannt »die Herrin«, das bedeutete wieder Konfrontation mit diesem beherrschenden Frauentypus. Diesmal allerdings in Gestalt einer Sozialarbeiterin. Mit ihr geriet Peter Vogel – wie hätte es auch anders sein können – oft aneinander und sie trugen so manchen Kampf aus. Aber er bemerkte bald den eklatanten Unterschied zwischen dieser und den anderen barschen Frauen in seinem Leben. Die Sozialarbeiterin meinte es gut mit ihm, ihr vertraute er. Heute sagt er sogar: »Wir mögen uns sehr. Ihr habe ich viel zu verdanken.« In diesen anderthalb Jahren in dem Wohnheim bastelte er an seiner Zukunft. Er wollte raus aus dem Sumpf. Endgültig vorwärtskommen! Weg von der Sozialhilfe. Nicht aufgeben, nie.

Er suchte sich Arbeit und richtete sich eine »richtig niedliche« Zweizimmerwohnung ein. Doch wieder sagte die Arbeit ihm nicht zu. Er sollte Lotterie-Lose am Telefon verkaufen. »Ich kann den Leuten nicht das Geld aus der Tasche ziehen. Bevor ich zur Arbeit ging, wachte ich schweißgebadet auf.« Nach nur zwei Monaten kündigte er, nahm einen Job bei einem Großhandel für Kunststoffbrillen an. Zwar war er mit seiner kaufmännischen Ausbildung überqualifiziert fürs Packen und Versenden von Waren, doch mit Ende vierzig fand er nichts anderes. Er kündigte ohnehin bald wieder. Denn er hatte sich von seiner Noch-Ehefrau »belatschern« lassen, zurück nach Berlin zu kommen und es noch einmal gemeinsam zu versuchen.

Das hätte ihn fast wieder abstürzen lassen. Der Versöhnungsversuch misslang gründlich, weil Peter Vogel in Berlin keine Arbeit hatte, sein Geld bald aufgebraucht war. »Die Olle hat mich an der kurzen Leine gehalten und mir ab und zu ein bisschen Taschengeld gegeben.« Das reichte ihm nicht einmal, um sich die Zeitung und Zigaretten zu kaufen. Er fühlte sich unwohl in der Rolle des ständigen Bittstellers. Wieder griff er zu seinem bewährten Antifrustmittel. Er holte sich eine ganze Einkaufstasche mit Bier und setzte sich verzweifelt auf eine Parkbank: »Was mache ich jetzt?« Er bekam Angst vor sich selbst,

Angst davor, wieder alles zu verlieren. Er wollte zurück nach Frankfurt. Aber wie sollte er dort hinkommen, ohne auch nur einen Pfennig in der Tasche. »Ich saß finanziell völlig auf dem Trockenen.« Ein Bekannter lieh ihm etwas Geld, damit er sich eine Fahrkarte kaufen konnte. Mit jedem Kilometer, den er sich von Berlin und damit von der Ehefrau entfernte, atmete er mehr durch. Er ist auch nie zurückgekehrt. Zwar ist Peter Vogel noch immer verheiratet, aber nur, weil er sich eine Scheidung nicht leisten kann. »Wir haben ein Gentleman's Agreement getroffen«, sagt er und wechselt rasch das Thema, um sich Erfreulicherem zuzuwenden.

In buchstäblich letzter Minute konnte er nämlich seine Wohnung, die er bereits gekündigt hatte, noch retten und wieder dort einziehen. Die beruflichen Aussichten jedoch waren für einen fast Fünfzigjährigen äußerst düster, bei seinem unsteten Lebenslauf erst recht. Aber Peter Vogel hatte eine zündende Idee. Er baute auf seine Erfahrungen im Lebensmittel-Einzelhandel und auf sein Hobby, für andere zu kochen und den Tisch hübsch zu decken. Diese Dienste bot er als Freiberufler an und er kam mit dem Evangelischen Regionalverband, zu dem er im Männerwohnheim Kontakte geknüpft hatte, ins Geschäft. Seither verdient er sein Geld als selbständiger Dienstleister, um von niemandem abhängig zu sein, weder vom Staat noch von einem Chef noch von einer Frau.

»Ich kämpfe jeden Monat ums finanzielle Überleben. Aber ich gebe nicht auf.« Oft arbeitet er fast ohne Unterbrechung, 26 bis 30 Tage im Monat. Viele Stunden davon sitzt er für den Evangelischen Regionalverband an der Pforte. Vor allem aber liebt er es, farbenfrohe Buffets herzurichten, für Kinder wie für Erwachsene. Auf eigene Kosten kauft er neue Stoffe und lässt sie von der Schwägerin zur Tischdecke umnähen. Rot gehört zu seinen Lieblingsfarben. Selbst für Erwachsene, etwa für eine Gruppe von Ärzten, dürfen heitere Elemente nicht fehlen, zum Beispiel in Form von Schokolade-Maikäfern, rot mit schwarzen Punkten, die er in Schlangenlinien um die belegten Brötchen herum drapiert. »In jedem Erwachsenen steckt auch ein Kind.« Sein Traum ist es, einmal ein großes Buffet für ein Kinderheim zu arrangieren. »Für die vielen alleingelassenen Seelen dort. Die fehlende Liebe kann man ihnen nicht ersetzen. Aber ich möchte den Kindern eine Freude machen. So ein Highlight werden sie nie vergessen, noch Jahre später davon erzählen.« Peter Vogel macht es anderen gerne schön. Vielleicht, weil er das in seinem Leben so vermisst hat.

Wenn er auf seine Zeit im Kinderheim zurückblickt, verfliegt die Verbitterung über seine Kindheit. Seine Gesichtszüge erhellen sich auch, wenn er über seine derzeitigen Lebensumstände spricht, die er sich mühsam geschaffen hat. Zwar könnte er noch immer hochgehen wie eine Leuchtrakete, wenn sein Gerechtigkeitssinn beleidigt wird. Doch hat er das große Glück, dass die Mitarbeiter des Evangelischen Regionalverbands um seine Achillesferse wissen und einfühlsam Rücksicht darauf nehmen. Peter Vogel ist beliebt dort. Sein freundlicher Umgangston wird von den anderen erwidert.

Er trinkt zwar noch ab und zu Bier, aber aus Geselligkeit und nicht mehr aus Frust bis ins Uferlose. »Alkohol ist immer eine Flucht aus der Realität. Einen Abend oder einen Tag kann man sich schönsaufen. Besser wird nichts. Wenn dann noch Selbstmitleid im Suff dazukommt, findet man sich schlimmstenfalls absprungbereit am Fenster wieder.«

Ohne die Ärzte und Sozialarbeiter in der Klinik und im Wohnheim hätte Peter Vogel womöglich doch noch Selbstmord begangen. Ihnen gilt seine tiefe Dankbarkeit. Durch diese Gespräche hat es »knack gemacht in meinem Kopf«. Genau kann er das nicht erklären. Aber endlich war er Menschen begegnet, von denen er sich ernst genommen fühlte, die ihm nichts Böses wollten. Im Gegenteil. Mit ihnen kam er seinem Grundärger darüber auf die Spur, dass es das Leben von Anfang an schlecht mit ihm gemeint hatte. Es reichten daher schon Kleinigkeiten, um eine Art Gerechtigkeitssyndrom zum Ausbruch zu bringen. Manchmal wundert er sich heute selbst, dass er sich kaum mehr ärgert. »Ich fühle mich nicht mehr hintergangen. Denn ich weiß ganz genau: wenn jemand irgendeine Unwahrheit über mich beim Evangelischen Regionalverband verbreiten will, bleibt das nicht im Raume stehen. In den Mitarbeitern dort habe ich Gesprächspartner gefunden, die mich hinzuziehen und mir den Rücken stärken.«

Das ausführliche Reden ist heute seine wichtigste Strategie, um mit Groll fertigzuwerden, ohne zu trinken. Peter Vogel lässt nichts mehr auf sich beruhen nach dem Motto: »Das wird schon.« Im verbalen Austausch mit Ärzten und Sozialarbeitern hat er begriffen, dass sein Fass nicht überlaufen darf. Er stellt deshalb gleich klar, was aus seiner Sicht klarzustellen ist. In seiner Umgebung weiß das jeder, die anderen respektieren ihn, nehmen ihn, wie er ist. Ein empfindsamer Mensch, der seine Lebensfreude wiedergefunden hat.

Peter Vogel sagt heute von sich: »Ich fühle mich wohl.« Seine Arbeit gefällt ihm. Das ist die Grundvoraussetzung für alles andere. Er geht inzwischen sehr offen auf Leute zu. »Ich sehe immer zuerst das Gute in Menschen.« Manchmal flößt ihm das ein bisschen Angst ein, weil er vielleicht doch wieder hintergangen werden könnte. Denn mit aus seiner Sicht ungerechten Anschuldigungen hat er immer noch Schwierigkeiten. Aber er hat sich jetzt sein Nest gebaut, wo er endlich zur Ruhe kommen und Kraft schöpfen kann und wo ihm niemand hineinredet. Zum Beispiel, weil sein erster Griff morgens darin besteht, den Fernseher einzuschalten. Peter Vogel will immer gut informiert und auf dem aktuellsten Stand sein, um mitreden zu können. Politik interessiert ihn sehr, auch deshalb, »weil man da so schön schimpfen kann«. Der Fernseher läuft aber auch als Geräuschkulisse nebenbei, wenn er gar nicht hinsieht. »Ich bin fernsehsüchtig. Das ist wie eine Marotte. Erst kurz vor dem Schlafengehen mache ich das Ding wieder aus.«

Manchmal testet Peter Vogel seine Bildung, zum Beispiel bei der Sendung »Wer wird Millionär?« Er kommt dann ohne Joker ziemlich weit. Warum er sich nicht bewirbt? »Ach wissen Sie, es ist eben etwas anderes, dort im Scheinwerferlicht zu sitzen oder zu Hause gemütlich auf dem Sofa.« Die Betonung liegt auf dem Wörtchen »gemütlich«.

Raus aus der Koabhängigkeit

Eigentlich sollte es nur eine Affäre werden, ein kleines Liebesabenteuer. Und eigentlich hätte sie von Anfang an merken müssen, dass eine locker-leichte Beziehung zu diesem Mann nicht möglich war. Eigentlich. Doch der Mann war groß, gut gebaut und verfügte über ein beachtliches Repertoire an Verführungskünsten. Bereits am Telefon wusste er seinen Charme, seine erotische Stimme und seinen Sinn für feinen Humor geschickt einzusetzen. So ließ sie erste warnende Zeichen fast unbeachtet. Zum Beispiel, dass er sie kurz nach dem Kennenlernen zu einem Urlaub auf ihre Kosten überredete und ihre Argumente, dass es finanziell sehr eng für sie würde, mit Beschimpfungen über ihre Kleinlichkeit beantwortete. Oder dass er, im vermeintlichen Urlaubsparadies angekommen, schamlos mit anderen Frauen flirtete.

Zu seinem Alkoholismus bekannte er sich von Anfang an. Aber das Gefühl, von diesem Mann dringend gebraucht zu werden, nah an einem echten sozialen Thema – der Suchtproblematik – zu sein, und die Erfahrung, nicht so oft einem Mann zu begegnen, der gut im Bett war, waren stärker. Was nur eine Affäre werden sollte, entfaltete sich zu einem vier Jahre währenden Albtraum, an dem sie fast kaputtgegangen wäre.

Sie wurde völlig abhängig von seinem Verhalten. Ihrer Koabhängigkeit, so meint sie, lag ein vielschichtiges Abgrenzungsproblem zugrunde. Sie verbrauchte ihre Kräfte für ihn bis zur Erschöpfung, alles drehte sich nur noch um ihn, und sie fand kaum mehr Zeit für sich selbst. Trotzdem blieb sie in dieser zermürbenden Beziehung gefangen. Immer mehr auch aus Angst vor seinen Ausbrüchen. Noch heute gerät sie in Panik, wenn sie im Supermarkt vor dem Spirituosenregal steht. Und wenn sich das Handy in der Tasche meldet, zuckt sie ängstlich zusammen, er könnte es sein, seine subtilen Kontrollen ausüben, die bei Widerspruch fast immer in Erniedrigungen, Drohungen und Beschimpfungen ausarteten.

Das alles hat sich tief in ihrem Unterbewusstsein eingegraben. Aus Furcht vor diesem Mann möchte sie unter allen Umständen vermeiden, dass er sich in dieser Geschichte wiedererkennen könnte. Deshalb wurde ihr richtiger Name hier verändert. Doch sie weiß, dass die Zeiten zwischen Wodkaflaschen und überquellenden Aschenbechern, zwischen Entgiftungsstationen, Liebesbekenntnissen und Beleidigungen ein für alle Mal hinter ihr liegen. Vor anderthalb Jahren hat sie endlich den immer wieder geplanten Absprung geschafft. Das war für sie wie eine Erlösung. Endlich hatte sie ihr Ziel erreicht, über sich selbst bestimmen zu können.

Was wäre ihr alles erspart geblieben, hätte der nach ihrem Umzug beauftragte Handwerker nicht mehrmals abgesagt. Als er beim vierten vereinbarten Termin versicherte, dieses Mal bestimmt zu kommen, schaltete Theresa auf stur. Sie wollte sich einen anderen Handwerker suchen, der den neuen Teppichboden verlegen und die Tapezierarbeiten übernehmen sollte. Und sie nahm die oberste Annonce in der Zeitung. Vier Tage später, morgens um acht Uhr, stand der Handwerker vor der Tür. Groß und stattlich.

Theresa war zu dieser Zeit dünnhäutig und genervt. Noch hatte sie ihre Scheidung nicht verkraftet und litt darunter, dass sie das gemeinsame Haus hatte verlassen müssen. Um das abzuzahlen, hatte sie sogar ihr Psychologiestudium abgebrochen und war Versicherungsmaklerin geworden. Zu etwa derselben Zeit, als ihre Ehe in die Brüche ging, war ihr Vater gestorben. Obendrein hatte sie sich einer komplizierten Kieferoperation unterziehen müssen. Nun stand sie alleine da, und alles war ihr zu viel. Sie war geschwächt, ihre ganze Energie wandte sie auf, um sich ihren Lebensunterhalt zu verdienen.

Weil sie sich schonen musste, standen die Umzugskisten noch nach Wochen in den Zimmern ihrer neuen Wohnung. Es kam ihr daher gelegen, dass der neue Handwerker die Schlüssel für ihre Wohnung bei ihr im Büro abholte und sie ihr abends wieder brachte. Doch nicht nur als Handwerker fand sie an dem Mann bald Gefallen. »In den Vierzigern für eine Jüngere stehengelassen zu werden, war ein Schock für mich. Das kratzte am Selbstwertgefühl und sollte wohl ein kleiner Vorgeschmack auf die Endlichkeit meiner erotischen Anziehungskraft sein.« Die günstige Gelegenheit für eine Affäre wollte sie sich daher nicht entgehen lassen und lud den Handwerker zum Frühstück ein. Erst später warf er ihr dieses erste Treffen und das aus seiner Sicht erbärmliche Frühstück vor, er hatte mehr als nur Brötchen mit Marmelade erwartet. Etwa eine Woche danach bat er sie zu sich nach Hause, um seine Versicherungen durchzugehen, auf den neuesten Stand zu bringen und eventuell neue abzuschließen. »Dann sind wir im Bett gelandet.«

In dieser Zeit hatte ihr neuer Liebhaber – »der Sex mit ihm war sehr reizvoll« – eine trockene Phase. Er war Quartalstrinker, rührte wochen- oder monatelang keinen Tropfen an, um dann bis zur Besinnungslosigkeit zu trinken. Aber das war Theresa damals noch nicht klar. Sie wusste zwar von seiner Alkoholkrankheit, glaubte aber, wenn jemand so rational darüber redet, kann es kein Problem sein, abstinent zu werden.

In der Vorweihnachtszeit flogen sie gemeinsam in den Süden. Dass er in der Hotelanlage anderen Frauen schöne Augen machte, fand sie unmöglich. »Aber ich dachte, na ja, das nehme ich noch ein Weilchen mit.« Schließlich stand Silvester vor der Tür, und diesen Jahreswechsel wollte sie gerne mit ihrem neuen Liebhaber feiern. Doch das Fest wurde zum Debakel, weil ihr der Braten verkohlte. Das erboste ihn derart, dass er noch vor Mitternacht rasend vor Wut ihre Wohnung verließ. Silvester war damit verpfuscht. Zunächst telefonierte sie lange mit einer Freundin, dann meldete er sich, allerdings immer noch völlig außer sich vor Zorn. »Diese Silvesternacht war der Auftakt des Terrors«, sagt sie heute – obwohl sie immer im Hinterkopf hatte, dass sie diesen Mann bald verlassen würde. Nur noch ein paarmal mit ihm ins Bett gehen, dann sollte Schluss sein.

Seinen Ausrastern und seiner Aggressivität begegnete sie bald mit dem Vorschlag, dass es doch besser sei, sich zu trennen. Dem setzte er stets wortreiche Entschuldigungen entgegen, bat um Vergebung und Verständnis für die in seinen Augen berechtigten Wutausbrüche, welche doch von ihr selbst durch ihre eigene Dummheit verursacht worden seien. Wenn er sich also noch dafür entschuldigte, dass er sich quasi durch sie in Schuld verstrickte, konnte es unmöglich ihr Ernst sein, dass sie ihm nicht vergab und ihn sogar verlassen wollte. Das war ein stets endloses Wechselspiel zwischen Vorwürfen, Entschuldigungen und Beschimpfungen.

Erst später fand sie eine plausible Erklärung für sein Benehmen. Seine Gier nach Alkohol während der trockenen Phase war so groß, dass er den psychischen Druck nicht aushielt. Wenn er sie beschimpfte, war das sein Ventil. Als er nach etwa sieben Monaten nach einer Auseinandersetzung zum ersten Mal zur Wodkaflasche griff, verwandelte sich der soeben noch brüllende Wüterich, kaum nachdem er den ersten Schluck getrunken hatte, in einen gelassenen, heiteren Charmeur. »Dieses erste Mal habe ich deshalb in bester Erinnerung. Er war zwei Tage lang supergut drauf. Dann war der Spaß vorbei.«

Zehn Tage lang trank er jetzt täglich mindestens anderthalb Flaschen Wodka, hockte nur noch trübsinnig auf der Couch und sah sich Horrorfilme an. Er ging nicht mehr arbeiten und nachts nicht ins Bett, lungerte auf dem Sofa herum, schlief, trank, rauchte, schlief wieder eine Runde, rauchte und trank weiter. In solchen Zeiten gehörten zwölf Flaschen Wodka und eine Stange Zigaretten zu seiner Grundausstattung. Wenn die Vorräte aufgebraucht waren, schickte er Theresa zur Tankstelle Nachschub holen. Warum sie das mitgemacht hat? »Er war so hilflos und sein Betteln und Flehen nach Stoff so eindringlich. Er kam mir vor wie ein krankes Kind, wurde körperlich immer hinfälliger, war am Ende völlig ausgezehrt. Das hat mich berührt, ich musste helfen.«

Gleichzeitig quälten sie die Angst vor seinem Tod und die bedrückende Frage, wie sie ihn lebendig ins Krankenhaus bringen könnte. »Diese Dramatik ist kaum zu beschreiben«, meint Theresa, die ihr damaliges Verhalten mit unausgelebten Muttergefühlen erklärt.

Diese Empfindungen wurden ihr fast zum Verhängnis. Während sie morgens aus dem Haus ging und hart in ihrem eigenen kleinen Büro arbeitete, leerte er die Wodkavorräte. Oft erreichte sie tagsüber sein Anruf: »Du musst schnell kommen, mir geht es ganz schlecht, ich brauche dringend Wodka. Ich hab nichts mehr.« Auf ihre Bitten, es bis zum Abend auszuhalten, reagierte er mit Anrufen in immer kürzeren Abständen, bis sie tatsächlich alles stehen und liegen ließ, um ihn zu versorgen. Er selbst war längst außerstande, das Haus zu verlassen. Schon an der Treppe wäre er gescheitert. Allein in den eigenen vier Wänden kam er zurecht.

Wenn sie ihn in seiner Wohnung besuchte, hatte sie zudem die Gewissheit, dass er noch lebte. Deshalb übernachtete sie auch immer bei ihm. An einen erholsamen Schlaf war aber nicht zu denken. Sie lag im Nebenzimmer und lauschte, ob er möglicherweise vom Sofa fiel, röchelte, hustete oder sich wieder übergeben musste. Wenn er nach ihr rief, um sich eine Zigarette anzünden zu lassen, nahm sie das zum

Anlass, die noch glimmenden Kippen im Aschenbecher zu löschen. »Ich habe das alles mit größter Fürsorglichkeit gemacht.« Für Theresa grenzt es an ein Wunder, dass die Wohnung nie abgebrannt ist.

Morgens fiel es ihr zunehmend schwer, aus dem Haus zu gehen. Nicht nur, weil sie übermüdet war, sondern zudem noch ein schlechtes Gewissen hatte: »Mir war zumute, als würde ich mein krankes Kind im Stich lassen.« Wenn sie abends zurückkehrte, stand der Zigarettenrauch bis unter die Decke, »man konnte kaum mehr atmen«. Theresa riss dann sofort die Fenster auf und brachte etwas Ordnung ins Wohnzimmer, kippte die vollen Aschenbecher aus, sammelte die leeren Wodkaflaschen ein und entsorgte sie im Glascontainer. Am ekligsten war es, den »Kotzeimer« ins Badezimmer zu bringen. »Nach dem vierten oder fünften Tag exzessiven Trinkens bleibt der Alkohol nicht mehr im Magen. Das ist ein ewiges Husten, Würgen und Speien.«

Weil er zwischen Leben und Tod schwebte, ihm alles wehtat, rief er nach etwa zehn Tagen in einer Klinik an, um einen Termin für eine Entgiftung zu vereinbaren. Dieses erste Mal regelte er das alleine, für die unzähligen folgenden Entgiftungen musste meist sie die Initiative ergreifen. Und nicht selten weigerte er sich dann plötzlich, ins Krankenhaus zu gehen. Einmal, erinnert sich Theresa, habe sie den Rettungswagen alarmiert und vorgegeben, ihr Freund liege im Sterben. Die Sanitäter bugsierten ihn in den Wagen und fuhren ihn in die Klinik. Diese und ähnlich dramatische Szenen wiederholten sich. Mehrmals nahm er den Entgiftungstermin im Krankenhaus nicht wahr, dann musste ein neuer vereinbart werden, der oft erst nach einer weiteren Woche zu haben war.

Ihre eigenen Bedürfnisse und ihre Gesundheit vernachlässigte Theresa zunehmend, sie ernährte sich fast nur noch von Müsli, Brot und Äpfeln. Ihre engsten Freundinnen wussten von ihrer Not, mit ihnen telefonierte sie fast täglich. »Sie haben mir allen Beistand gegeben, mich getröstet, weil sie wussten, dass ich an der Grenze meiner seelischen Belastbarkeit war. Die wiederholten Saufattacken handhabten sie wie eine Naturkatastrophe, die abermals über mich hereinbrach, auch im Zuhören und Erzählen setzte allmählich ein Gewöhnungseffekt und eine gewisse Abstumpfung ein.«

Schon während der zweiten Entgiftung war Theresa fest entschlossen, sich nicht weiterhin schikanieren zu lassen. Hatte er sie beim ersten Mal doch fast täglich herbeizitiert, um ihm zur Seite zu stehen. Doch eine freie Mitarbeiterin in ihrem Büro, deren Onkel ebenfalls alkoholkrank war, durchkreuzte ihre Absicht, jetzt einen Schlussstrich zu ziehen: »Du kannst ihn jetzt doch nicht alleinlassen. Der braucht dich doch.«

Wieder gewannen ihr grenzenloses Mitgefühl, gepaart mit Gedanken an seine Hilflosigkeit und seine liebenswürdigen Seiten, die Oberhand. »Und ich bin doch wieder ins Krankenhaus. Ich empfand meine Hilfe auch als eine gewisse Anerkennung für die aufopferungsvolle Arbeit des Klinikpersonals, die mich letztlich entlastete.« In der Klinik tröstete sie ihn, hielt seine Hand und hörte ihm schier endlos zu, wenn er über sein Leben reflektierte, ihr seine Liebeserklärungen machte und seine Dankbarkeit bekundete: »Das war bewegend. Und ich war zugleich erschüttert über sein unverdientes Schicksal.« Ein wenig erinnerten sie die Schilderungen seiner Kindheit auch an ihre eigene. Das war ein Band zwischen ihnen. Auch Theresa fühlte sich als ungewolltes und von ihrer Mutter vernachlässigtes Kind.

Wenn zu Hause wieder ihr Verstand einsetzte, wurde ihr zunehmend klar, dass sie allein aus dieser Beziehung nicht herauskommen würde. Nach ungefähr einem halben Jahr begann sie eine Psychotherapie. »Ich hatte gehofft, das wird so eine Art Schocktherapie, und ich kann umgehend alles hinter mir lassen. Meine Therapeutin nimmt mich an der Hand und zieht mich da raus. Doch sie wählte einen tiefenpsychologischen Ansatz und deutete an, den Weg daraus müsste ich alleine gehen, wir könnten aber gemeinsam danach suchen.«

Ihr Freund, der von den Sitzungen wusste, schimpfte auf die Therapeutin, dieses in seinen Augen vermutlich unbemannte Weib. Er nannte sie eine von den frustrierten Singles, ohne jeden Anhang, ohne Kinder. Bestimmt habe die noch nicht mal einen Hund. Dabei kannte er die Frau nicht und Theresa hatte nie ein Sterbenswörtchen über sie geäußert – nur so viel, dass die Gespräche ihr guttäten.

Er selbst hatte drei Kinder von drei verschiedenen Frauen. Mit der letzten war er nach wie vor verheiratet. Sie hatte ihn wegen seiner Alkoholsucht verlassen, doch in seiner Rolle als Vater wollte sie ihn weiterhin unterstützen. So beließ sie den gemeinsamen, damals zehn Jahre alten Sohn, der bei ihr lebte, in der Illusion, sein Vater sei ein guter Papa. Der Sohn besuchte seinen Vater häufig, allerdings nur während seiner trockenen Phasen. Dann hatten sie einen innigen

Kontakt. Noch bevor er sich die erste Flasche Wodka auch nur kaufte, informierte er die Mutter davon. Ihrem Sohn machte sie dann vor, der Vater sei verreist, er könne ihn im Moment nicht sehen.

Für Theresa wurde das Leben mit den wiederkehrenden Zyklen aus Besäufnis, Entzug und trockenen Phasen zur Tortur. Ihre Selbstaufgabe fand einen Gipfel darin, dass sie nicht nur den Wodka in Mengen herbeischaffte, die andere in 50 Jahren nicht konsumieren, sondern gegen Ende seiner zehn- bis vierzehntägigen Alkoholausschweifungen auch regelmäßig ihr Auto voll Bierkästen lud. Von einem Mitarbeiter einer Entgiftungsstation hatte sie erfahren, dass ein Trinker in ein Delirium fallen konnte, wenn man ihm von heute auf morgen Promillehaltiges komplett vorenthalte. Er müsse auf »Weicheres« umsteigen. »Also habe ich bis zu 60 Flaschen Bier in seine Wohnung transportiert.«

Ein Durchatmen war für Theresa aber auch dann nicht möglich, wenn ihr Freund endlich wieder zur Entgiftung im Krankenhaus war. Denn er forderte sofort ihr Versprechen ein, ihn täglich zu besuchen, zum Beispiel weil die Zigarettenvorräte knapp wurden, sie die falschen Unterhosen eingepackt habe oder weil er sie ganz besonders jetzt in dieser schwierigen Zeit des Entgiftens dringend brauche und auf ihre Unterstützung angewiesen sei.

Theresa kann sich nicht mehr genau erinnern, bei der wievielten Entgiftung ein Suchttherapeut sie beide mahnte: »Das wird noch zehn Jahre so weitergehen. Sie werden sich gegenseitig zugrunde richten. Sie müssen sich trennen. Am besten gleich.«

Das traute sich Theresa nicht. Denn wohin das führte, hatte sie nicht nur einmal erlebt, wenn sie sich in ihre eigene Wohnung zurückzog, ihn fast anbettelte, ihr ein wenig Zeit zu lassen, um Abstand zu gewinnen. Dann stand er nachts wie ein Phantom plötzlich in ihrer Wohnung und randalierte – in ihrer an Leichtsinn grenzenden Gutmütigkeit hatte sie ihm einen Zweitschlüssel überlassen. Zu ihrer Sicherheit, wie er gemeint hatte.

Ein anderes Mal sagte sie ihm, dass sie unbedingt ausschlafen wolle, eine Erkältung auskurieren müsse, sich nicht wohlfühle, dringend Ruhe brauche. Darauf reagierte er wiederum mit übertriebener Anteilnahme und Hilfsangeboten. Er halte es nicht aus, wenn es ihr schlecht gehe. »Erst rief er jede Stunde an, dann war ich so sauer, dass ich nicht mehr ans Telefon ging. Eine halbe Stunde später stand er in der Tür. Ich hätte schreien können.« Als sie ihrem Ärger Luft machte, ging er wieder, rief eine halbe Stunde später abermals an, er habe die Enttäuschung nicht verkraften können. Er sei so verzweifelt gewesen, weil er es nicht aushalten könne, wenn es ihr nicht gutgehe, er fühle sich zu Unrecht bestraft dafür, dass er sich sorge, könne aber nicht anders. »Kurzum, er teilte mir dann im selben Atemzug mit, dass er sich Wodka besorgt habe.«

Ein andermal übergoss er sie mit Coca-Cola, als sie während eines Streits Anstalten machte, seine Wohnung zu verlassen. Mit den nassen Kleidern ging das nun nicht mehr. Dafür verließ er die Wohnung und kam mit sechs Flaschen Wodka zurück.

Aber es gab auch immer wieder gute Phasen. Wenn er die Disziplin aufbrachte, die Treffs der Anonymen Alkoholiker regelmäßig zu besuchen, ließen ihn diese Begegnungen stets bestens gelaunt nach Hause kommen. Von guten Gesprächen und netten Leuten inspiriert, die die gleichen Probleme hatten, erzählte er ihr dann begeistert von neuen Perspektiven, die er für sich sah. Manchmal schickte er ihr dann lustige Zeichnungen und anzügliche Bemerkungen ins Büro. »Er hatte das Talent eines Comiczeichners«, schwärmt sie noch heute. Solche Anflüge von Hochstimmung wurden oft von einem wunderbaren Essen gekrönt.

Überhaupt gehörte Kochen zu seinen Hobbys und wurde in ein raffiniertes Lockprogramm eingebunden, das zu allen möglichen Anlässen abgespult wurde. Mit zärtlicher Stimme sprach er dann ins Telefon, wie sehr sie einander doch bräuchten; wie gut sie sich doch verstünden; dass die Streitereien und seine Krankheit gemessen am gegenseitigen Verständnis und Zusammengehörigkeitsgefühl doch völlig unbedeutend seien. Mal als Entschuldigung, mal zur Belohnung, mal zur Versöhnung gab es Verwöhnung pur: das tollste Menü. Nicht selten servierte er ihr mehrere köstliche Gänge und kredenzte eine Flasche Wein dazu. Ohne selbst auch nur einen Schluck zu trinken: »Wir waren perfekt aufeinander eingestimmt.« Obwohl Theresa diese Wiedergutmachungsnummer längst kannte, gab sie immer wieder nach. Die Abende fingen oft harmonisch an, bis sie ihre Entbehrungen und die permanente Anspannung nicht mehr länger unterdrücken konnte. Dann eskalierte so ein Abend schon mal.

Nach kaum einem Jahr an der Seite dieses Mannes durfte sie ihre engsten Freundinnen nur noch einmal wöchentlich im Fitnessstudio sehen. Das war der einzige private Termin, den er akzeptierte, weil er merkte, dass davon keine echte Gefahr für ihn ausging. »Ansonsten absorbierte mich dieser Mann komplett.« Theresa, die früher eine begeisterte Kino- und Theatergängerin gewesen war, verfolgte das kulturelle Leben nur noch in der Tageszeitung, die sie weiterhin las. Immer wieder sagte ihr der Verstand: »Das war doch nicht das, was ich wollte.« Aber die unheilvolle Verbindung nahm ihren Lauf. Ihre Versicherungsabschlüsse gingen zurück, weil sie ihrer Tätigkeit nicht mehr intensiv genug nachging und immer unkonzentrierter wurde. Noch reichte das Geld gerade so. Er nahm Gelegenheitsjobs an, wurde von seiner Exfrau finanziell unterstützt und bekam Arbeitslosengeld. Ab und an schob er ihr ein Überweisungsformular hin. Sie solle doch bitte so nett sein, die Kfz-Steuer diesmal zu übernehmen. Was sie dann tatsächlich tat.

Eines Tages, nach etwa zwei Jahren, machten die beiden in einer trockenen Phase einen Ausflug an den Edersee und er entdeckte seine Liebe zum Camping. Ein altes Wohnmobil wurde übernommen, ein fester Platz gemietet. Von da an lebte er die meiste Zeit dort, während Theresa zu Hause wieder etwas zu sich fand. Auf dem Campingplatz wurde sein Bedürfnis nach einer überschaubaren, kleinen Idylle offenbar befriedigt, er blieb sogar trocken.

Doch duldete er die räumliche Trennung nur an Werktagen, damit Theresa weiterhin Geld verdienen konnte. Am Wochenende musste sie anreisen. Das Wohnmobil empfand sie wie einen Käfig – in dem sie die nächsten zwei Jahre ihre Wochenenden verbringen sollte. Wenn sie deshalb versuchte, die 80-Kilometer-Distanz zu nutzen, um sich nach und nach zurückzuziehen, und ihr Kommen absagte, war die nächste Sauforgie programmiert. Dann setzte er sich ins Auto, raste nach Hause und trank und trank. Die Schuld daran gab er ihr.

Weil die wöchentlichen Therapiesitzungen noch immer nicht so viel gefruchtet hatten, dass sie den Mann verlassen konnte, unter dem sie so unendlich litt, empfahl ihr ein wohlmeinender Bekannter, es doch mit den Codependence Anonymous – kurz CODA – zu versuchen. Zunächst besuchte sie diese Gruppe nur, wenn ihre Therapeutin verreist war, später auch öfter, allerdings unregelmäßig. Die Treffen bei CODA begannen stets mit demselben Ritual: »Ich heiße Theresa, ich komme aus einer dysfunktionalen Familie und ich bin koabhängig.«

Nach der Vorstellungsrunde erzählte jeder, was ihn bewegte. Für Theresa war ungewohnt, dass die Schilderungen von der Gruppe – Frauen und Männer waren gleich häufig vertreten – unkommentiert blieben, das gehörte zum Prinzip. »Weil jetzt der Zuspruch fehlte, den ich von meinen Freundinnen gewohnt war, setzte eine Selbstreflexion ein. Um Himmels willen, habe ich nach den anderthalb Stunden gedacht, was habe ich da wieder von mir gegeben.« Ihr wurde bewusst, dass sie ihre eigenen Ziele sehr schnell aufgab und dass sie sich in ihrem Leben immer zu sehr auf ihre jeweiligen Freunde fixiert hatte.

Theresa wollte sich weiter informieren, mit aller Macht frei werden. Mit diesem Ziel durchstöberte sie Zeitungen, Zeitschriften, Bücher. Dabei entdeckte sie die Ankündigung eines Koabhängigen-Treffens der Guttempler, einer vor mehr als 100 Jahren gegründeten Gemeinschaft. Die Guttempler versuchen in ihren Selbsthilfegruppen für Suchtkranke und deren Angehörige die Betreffenden stark zu machen. Partner sollen in die Lage versetzt werden, resolut aufzutreten und zu sagen: »Jetzt ist Schluss. Ich gehe, egal, wie es ausgeht.« Vor allem Frauen leiden oft unter einem Helfersyndrom und wollen den Mann um jeden Preis halten, opfern sich bis zum Letzten auf. Manche berichten ähnlich wie Rauschgiftsüchtige von einem Kick, nur dass dieser nicht durch den Konsum von Drogen herbeigeführt wird, sondern durch die Befriedigung, wieder einmal geholfen zu haben. Danach fällt der Koabhängige in ein tiefes Loch, Ernüchterung kehrt ein.

Theresa überraschte, dass bei Gruppentreffen der Guttempler überwiegend Leute um die sechzig waren, die es geschafft hatten. Zwei Punkte der Hauptreferentin waren für Theresa besonders eingängig. Erstens: Koabhängige sind Menschen, die das Gefühl benötigen, gebraucht zu werden. Zweitens: Es sind häufig Frauen mit Helfersyndrom, die sich leicht ausbeuten lassen. Beides traf genau auf sie zu.

Zu diesem Zeitpunkt gingen Theresas Geschäfte nur noch schlecht, was er ihr übrigens auch vorwarf: »Du bist ja zu blöd zum Geldverdienen.« Jetzt entschloss sie sich zu dem längst überfälligen Schritt, einen Schnitt in ihrem Leben zu machen. Der lang gehegte Wunsch wurde zum konkreten Vorsatz, der noch in die Realität umgewandelt werden musste. Als Erstes verkaufte sie ihr Auto und gab die kleine Agentur auf. Denn im Büro hatte er ständigen telefonischen Zugriff auf sie. Schließlich musste sie jederzeit für die Kunden erreichbar sein. Sie rechnete sich aus, dass sie etwa drei Monate vom Verkaufserlös des Geschäfts würde leben können.

Ihr Freund spürte, dass sie Ernst machte und sich allmählich innerlich zu lösen begann. Er wurde noch misstrauischer, fühlte sich bedroht bei der Vorstellung, dass Theresa ihre neu erlangte Freiheit »missbrauchen« könnte, indem sie sich ihm häufiger entzog. Theresa, deren ganze Energie für seine Entzüge, seine Stimmungsschwankungen, Vorwürfe und Bedrohungen aufgezehrt war, suchte das Gespräch mit ihm, wollte über die Beziehung sprechen und Kassensturz machen. Doch sein Misstrauen wurde nur größer. Da sie nun nicht mehr in der Bürofalle saß, klingelte ihr Handy nicht selten dreimal auf dem Weg zum Supermarkt und dreimal auf dem Nachhauseweg, bis sie völlig entnervt zu Hause ankam. Das Mobiltelefon wurde zum neuen Überwachungsgerät. »Ein Mensch im freien Vollzug darf sich freier bewegen«, dachte sie oft.

Wenn er ihre Wohnung betrat, griff er als Erstes zum Telefon und drückte die Wahlwiederholungstaste, um zu sehen, mit wem sie zuletzt telefoniert hatte. Als sie ihn um Verständnis bat, weil sie sich von den Strapazen der Büroauflösung erholen müsse, erkundigte er sich nur, wann sie endlich gedenke, sich wieder nach einer Arbeit umzusehen. Dass sie keine entsprechenden Anstalten machte, beunruhigte ihn zusätzlich. Immer wieder insistierte er, ob da nicht noch irgendwo Vermögen oder Angespartes sei, das Theresa ihm vorenthalte. Oder ob der Verkaufserlös womöglich höher lag als von ihr angegeben.

Seiner Angst davor, sie zu verlieren, machte er durch Drohungen Luft, er werde sie umbringen, überall schlecht und lächerlich machen, bei ihren Freundinnen und Verwandten bloßstellen, sie werde nie wieder einen Fuß auf den Boden bekommen. Dann wieder versuchte er sie zu umschmeicheln: »Theresa, du brauchst mich doch, und ich brauche dich. Nie wieder wirst du einen Mann finden, der dich mehr liebt als ich.« Diesem ewig nervenzehrenden Kreislauf musste sie entrinnen, sonst würde sie bald einen körperlichen und seelischen Kollaps erleiden. Sie plante zu einer Freundin nach Hamburg zu flüchten, die selbst einmal mit einem Alkoholiker zusammen war und sie in ihrem Entschluss bestärkte. Doch plötzlich besann sich Theresa wieder anders, weil sie fürchtete, er könnte sie dort aufspüren.

An einem Freitagabend löste sie eine Fahrkarte nach Rom. Ihr Freund wiegte sich noch in Sicherheit, denn sie hatte versprochen, am Samstag zum Campingplatz zu kommen. Als sie im Zug saß und dieser schon rollte, sprach sie auf seinen Anrufbeantworter: »Ich fliege jetzt nach Rom zu einer Freundin.« In diesem Moment fühlte sie sich unbeschreiblich frei. Nur wenige Minuten später holte das piepsende Handy sie in die grausame Realität zurück. Ihr wurde heiß und kalt, als sie las: »Ich kann es nicht glauben, wie grausam du bist. Dass du in der Lage bist, mir das anzutun, hätte ich nie von dir gedacht.«

Glücklicherweise war eine Umkehr nicht möglich, schließlich konnte sie nicht aus dem Zug springen. »Diese Fahrt war für mich absolut unwirklich. Es kam mir vor, als würde ich in eine ganz neue Sphäre vordringen, als würde ich auf den Mond fliegen.« Dann stellte Theresa ihr Handy ab und versuchte sich innerlich frei zu machen, aufzuatmen und ganz bei sich selbst zu sein. Der Unterschlupf bei einer alten Schulfreundin, die ihr Freund nicht kannte, war allerdings keine Dauerlösung. Nach etwa fünf Wochen kehrte sie zurück. Und in dem Moment, als der Zug in den Hauptbahnhof einfuhr, schaltete sie ihr Handy ein. Es läutete umgehend. »Ich halte es nicht mehr aus ohne dich. Ich hole dich ab, egal wo. Wo bist du?« Theresa fühlte sich ihm wieder wehrlos ausgeliefert. Er besaß noch immer ihren Zweitschlüssel und ihr schoss durch den Kopf, wenn sie ihn jetzt abwimmelte, hätte das nur wieder Randale zur Folge.

Wieder derselbe Psychoterror! Vorwürfe, Bitten und Flehen wechselten im Sekundentakt. Eine Neuauflage dieser Seelenqualen hätte sie aber nicht mehr verkraftet. Ihr Nervenkostüm war kurz vorm Zerreißen. Sie hatte nur noch den einen Gedanken: Flucht! Frauenhaus, Verwandte – das schien ihr alles zu unsicher. Kaum zwei Wochen später packte sie heimlich ihre Koffer und reiste wieder nach Italien. Vor der Abreise gelang es ihr, ihm den »Schlüssel abzuschwätzen«, indem sie vorgab, sie erwarte ihre Freundin aus Italien und benötige deshalb den Zweitschlüssel. Von da an konnte er sich wenigstens keinen Zutritt mehr zu ihrer Wohnung verschaffen.

Dieses Mal schaltete sie im Zug das Handy sofort ab, ignorierte auch fortan, ob er ihr auf die Mailbox sprach oder SMS schickte. Als »Mädchen für alles« schlug sie sich in der Küche eines Restaurants durch. Doch die beengten Wohnverhältnisse führten allmählich zu Spannungen und Theresa wollte ihrer Freundin nicht länger zur Last fallen. Als sie wieder nach Hause kam, stand er schon vor der Tür und machte ihr eine Szene. Er hatte offensichtlich die Wohnung observiert, war regelmäßig vorbeigefahren und hatte jede Bewegung von Fenstern, Rollläden und Vorhängen beobachtet.

Er hatte ihr auch früher oft aufgelauert, wenn sie von der Arbeit kam. Wenn er sie nicht vor der Tür abfing, ging das Telefon, kaum hatte sie den Flur betreten. »Wo bist du gewesen? Was hast du gemacht?« Die Telefonate endeten fast regelmäßig mit der Erpressung: »Und wehe, wenn du deine Telefonnummern änderst und ich dich nicht mehr erreichen kann, dann bist du tot.« Theresa kann sich an keinen Tag erinnern, an dem das Telefon nicht geläutet hätte, wenn sie zur Tür hereinkam. Sie ging beinahe zugrunde vor Angst. Diese Furcht vor seiner Unberechenbarkeit und seine mehr als einmal angekündigte Mordlust kann sie noch immer nicht vergessen.

Doch dann, vier Jahre nachdem sie sich das erste Mal geküsst und geliebt hatten, kam es endlich zu der ersehnten, kaum noch für möglich gehaltenen Wende. Weil Theresa viele Wochen im Sommer unerreichbar gewesen war für ihn, hatte er sich einer neuen Frau zugewandt. Ein neues Liebesverhältnis begann.

Das ist jetzt anderthalb Jahre her. Doch Theresa spürt noch immer die kaum zu beschreibende Erleichterung, die sie empfand, als sie von der Neuen erfuhr: »Das war meine Rettung.« Dass sie sich jahrelang demütigen und für seine Zwecke missbrauchen ließ, schätzt sie so ein: »Diese extreme Erfahrung über einen längeren Zeitraum brauchte ich, um meine eigene Suchtstruktur aufzubrechen, letztlich um meine tiefe Sucht nach Zuwendung zu überwinden.« Auf diesem Weg habe die Therapeutin sie begleitet, zwischendurch oft Überlebenshilfe geleistet.

Heute weiß Theresa: »Ein Neuanfang klappt nur, wenn man es schafft, die eigenen, eingespielten Sicherheiten aufzugeben. Das ist wie ein freier Fall.« Aber der hat sich für Theresa mehr als gelohnt.

Ohne Rückfahrkarte nach Fleckenbühl

Marcus Heil ist ein freundlicher, aufgeschlossener und aktiver Mensch. Er vermittelt den Eindruck: »Ich weiß, was ich will, und das realisiere ich auch.« Doch so zielstrebig war der heute Sechsunddreißigjährige nicht immer. Als Jugendlicher in der Pubertät »habe ich mich oft sehr schlecht gefühlt und wusste nicht so recht warum. Ich war eigentlich ständig unzufrieden, unsicher und hatte keine Ahnung, was ich vom Leben wollte.«

Die Signale einer inneren Leere, Selbstzweifel und Ängste versuchte er mit Alkohol und Drogen zum Schweigen zu bringen und durch schöne Gefühle zu ersetzen, die diese Stoffe hervorriefen. Er probierte einiges aus, erst viel Bier und Haschisch, dann LSD und sogenannte Partydrogen wie Speed und Ecstasy, feierte nächtelang bei Technomusik durch, tat sonst nichts und »verpasste«, wie er es formuliert, prompt das Abitur, brach eine Ausbildung zum Kfz-Mechaniker ab, verlor den Führerschein – natürlich wegen Trunkenheit am Steuer. Er wollte etwas ändern, sich eine Arbeit suchen, auf eigenen Beinen stehen, aber er traute es sich nicht zu und war zu faul, den ersten entscheidenden Schritt zu machen. Weil ihm alles andere zu schwierig erschien, nahm er einfach weiterhin den leichteren Weg, schluckte Ecstasy, und die Pillen verwöhnten ihn sofort mit einem »exzellenten Gefühl im Bauch«.

Heute weiß Marcus: Zunächst wirken die Drogen euphorisierend, man fühlt sich toll und glaubt, die Welt aus den Angeln heben zu können. Aber diese Stimmung lässt sich auf Dauer nicht immer wieder künstlich erzeugen, kippt vielmehr ins Gegenteil, Ängste und Niedergeschlagenheit dominieren. »Das ist dann nur noch stumpfes Abdichten.« So wie auf einer Silvesterfeier mit Haschisch, vier Flaschen Wein innerhalb einer Dreiviertelstunde und einem klassischen Filmriss: Mal wieder völlig zugedröhnt.

So wollte er nicht weitermachen. Aber sooft er an die erhoffte Wende in seinem Leben dachte, wurde ihm zugleich bewusst: »Da komme ich nicht raus«, auch nicht mithilfe einer stationären Therapie in einer psychiatrischen Klinik, zu der die Eltern ihn gedrängt hatten. Der ständige »Gefühlsbrei zwischen Euphorie und Depression unter Drogeneinfluss und das Runterkommen, ganz alleine, einsam im stillen Kämmerlein, zerriss mir die Seele«. Mit der Ernüchterung brach die bedrückende Erkenntnis über ihn herein, dass er mit Mitte zwanzig keine Ausbildung und keine Arbeit hatte, immer noch bei den Eltern lebte und eine erfreuliche Zukunftsperspektive in weiter Ferne lag. Er hatte keine wahren Freunde mehr und auch keine Liebesbeziehung. Hinzu kamen gelegentliche Halluzinationen und in Schüben die Angst, verrückt oder psychisch krank zu werden – manchmal fühlte sich sein Kopf an, als fliege ein Flugzeug hindurch. All das löste schließlich die lange fällige Umkehr aus.

Am 20. September 1995 packte er einen großen Rucksack, fuhr mit dem Zug in Richtung Marburg zum Hof der Suchthilfe Fleckenbühl, wo die Bewohner sich vom ersten Tag an zur Abstinenz verpflichten. »Ich habe dann endlich vor den Drogen kapituliert und seitdem nie wieder welche angerührt.« Das geschützte Umfeld der »Fleckenbühler« verließ er erst wieder am 30. September 2004, als er sich den sehnlichen Wunsch nach einer eigenen Wohnung endlich erfüllte.

Das Konzept der Hilfe zur Selbsthilfe, das ohne einen einzigen Therapeuten auskommt und ausschließlich auf ehemals Betroffene setzt, die andere unterstützen, war für Marcus das geeignete Sprungbrett, um selbständig zu werden, um von den Drogen loszukommen und Versäumtes nachzuholen, sogar eine Ausbildung zum Bürokaufmann mit erfolgreicher Prüfung vor der Industrie- und Handelskammer abzuschließen. Als Verantwortlicher für die Presse- und Öffentlichkeitsarbeit ist er der Suchthilfe Fleckenbühl bis heute eng verbunden und verdient auf diese Weise sein eigenes Geld. »Der Wille, so wie in den schlimmsten Jahren nie mehr leben zu wollen, trägt mich bis heute.«

Mit fünfzehn betrank sich Marcus zum ersten Mal. »Da war ich richtig besoffen.« An einem Sommertag ließ er Schularbeiten Schularbeiten sein, machte nach dem Unterricht mit ein paar Freunden ein Feuer und ließ sich im Kreis seiner Kumpels mit Bier volllaufen. Zunächst machte das Spaß. Aber dann war er nur noch betrunken. Mit dem Fahrrad konnte er in diesem Zustand nicht mehr nach Hause fahren, weshalb die anderen seinen Vater anriefen, der ihn auch abholte. An dessen Reaktion kann sich Marcus angesichts seines Zustands nicht mehr erinnern, dafür noch an eine kleine Episode in der Nacht, als er auf die Toilette gehen wollte, völlig desorientiert alles Mögliche in seinem Zimmer umwarf und seine Eltern durch den Lärm weckte. Als diese die Tür aufrissen, um nachzusehen, was da vorging, missverstand er die Situation im Rausch total und stieß nur hervor: »Endlich ist die Toilette frei.«

Dieses »erste krasse Besäufnis« erklärt er sich heute damit, dass er Angst davor hatte, den Eltern seine schlechten Noten zu beichten. Denn die legten großen Wert auf gute Zensuren. »Ich hatte wohl Angst, nicht mehr geliebt zu werden, wenn meine schulischen Leistungen nicht stimmen.« Das befürchtete Donnerwetter blieb jedoch aus und nach etlichen Nachhilfestunden in Mathematik bestand er die mündliche und schriftliche Nachprüfung für den Wechsel in die zehnte Klasse mit Bravour.

Marcus möchte seinen Eltern keine Vorwürfe machen, doch er sagt: »Alkohol wurde bei uns zu Hause immer toleriert. Schon als ich elf war, bot der Vater mir immer mal ein Schlückchen zum Probieren an. Das senkt die Hemmschwelle.«

Seine Trinkerei uferte aus und setzte ihm bald immer mehr zu. Aufgaben wurden vernachlässigt oder gar nicht erst angefangen. In der zehnten Klasse blieb er mit mehreren Fünfen dann endgültig sitzen. Und Ende des nächsten Schuljahrs wackelte seine Versetzung schon wieder. »Ich hatte seit langem keinen Bock mehr darauf, mich in irgendeiner Art und Weise anzustrengen, wollte nur noch Spaß haben.« An den Wochenenden war Highlife angesagt, er trank viel Alkohol, vor allem Bier oder Cocktails wie Blue Curaçao, »die schön süß und damit süffig waren«. Angetrunken hatte er auch mehr Mut. Dann fiel es ihm zum Beispiel leichter, ein Mädchen anzusprechen, das ihm gefiel. Rückblickend meint Marcus, seine Antriebsschwäche und Lustlosigkeit seien wohl auch ein Hilferuf gewesen: »Mir gehts nicht gut.« Doch die überforderten Eltern wussten sich nicht anders zu helfen, als den in ihren Augen schwer erziehbaren Jungen auf ein Internat zu schicken. Wirklich Gutes getan haben sie dem eher schüchternen und ängstlichen Sohn, der niemandem zur Last fallen wollte, damit nicht. Denn jetzt kamen die illegalen Drogen dazu. Wenn er davon etwas intus hatte, fielen alle Gewissensbisse und Hemmungen von ihm ab.

Seine erste Begegnung mit Haschisch hatte er in den Ferien an Silvester, als er von einem Mädchen animiert wurde, doch auch mal an dem Joint zu ziehen. Marcus war sofort dabei. Er wollte dazugehören und er war neugierig. Außerdem war es cool zu kiffen. »Die Wirkung war toll.« Es blieb daher nicht bei diesem Versuch. Und auch äußerlich veränderte Marcus sich in dieser Zeit. Er trug nur noch schwarze Sachen, dazu spitze Schuhe oder Stiefel, seine Haare waren an den Seiten kurz rasiert, auf dem Kopf trug er sie länger. Sein Outfit drückte ein Lebensgefühl aus: anders sein, anders denken und andere Musik hören als der Mainstream.

Marcus bewegte sich bald zwischen zwei Cliquen, einer auf dem Internat und einer zu Hause während der Ferien. »Das war eine sehr schöne und intensive Zeit. Wir haben uns super verstanden und viel Zeit miteinander verbracht, sind viel ausgegangen und haben Technomusik gehört. Wir waren auch füreinander da. Jedenfalls hatte ich damals dieses Gemeinschaftsgefühl. Das hatte durchaus etwas von Familienersatz.«

An Haschisch gewann er bald immer mehr Gefallen. »Das war bewusstseinserweiternd. Ich habe die Welt mit anderen Augen gesehen, kritischer und realistischer. Zugleich hat Haschisch so schön benebelt und negative Gefühle in eine zuversichtliche Stimmung verwandelt.« Aber es gab auch weniger schöne Ereignisse. Auf einer Party beispielsweise hatte Marcus so viel getrunken und gekifft, dass »mein Kopf Achterbahn fuhr«. Er saß nach Mitternacht stundenlang draußen in der Kälte, bis Freunde ihn fanden. Eigentlich war das nichts Ungewöhnliches damals. Er trank und kiffte in dieser Zeit regelmäßig bis zur Besinnungslosigkeit.

Vom Haschisch ließ er dennoch nicht ab. Manchmal rauchte er sogar schon morgens vor der Schule etwas. »Dann ist der Unterricht an mir total vorbeigelaufen.« Von Lernen hielt Marcus damals grundsätzlich nicht mehr viel, mit der Fachhochschulreife in der Tasche ging er von der Schule ab und zog mit fast achtzehn wieder zu Hause in seinem einstigen Kinderzimmer ein, setzte sich an den gedeckten Tisch, ließ sich von der Mutter die Wäsche waschen, blieb unselbständig. Heute meint er, er sei als Kind verhätschelt worden und überbehütet aufgewachsen, sei zu wenig gefordert gewesen. Aber es gelang ihm auch nicht, sich abzunabeln. Denn eigentlich wollte er nach der Rückkehr aus dem Internat sein eigenes Geld verdienen, ließ sich von den Eltern aber zu einer Ausbildung überreden. Und wieder waren die falschen Weichen gestellt.

Sein Interesse an alten Autos brachte ihn dazu, eine Lehre als Kfz-Mechaniker zu beginnen. Auf der Berufsschule lernte er LSD kennen. Ein Schüler handelte mit Rauschgift, bei ihm besorgte sich Marcus Haschisch, das er inzwischen täglich konsumierte. Bei ihm kaufte er auch zum ersten Mal mit ein paar Freunden LSD, »weil wir es ausprobieren wollten«. Marcus schluckte die Pille und nach einer Stunde – so lang dauerte es, bis das LSD wirkte – war er »supergut drauf, völlig ausgelassen«, tanzte mit anderen, die auch auf dem Trip waren, auf Beethovens »An die Freude«. Alle Sorgen und Selbstzweifel, alle Gedanken über ein Leben wie mit angezogener Handbremse, immer mit dem Wissen, angepeilte Ziele nicht zu schaffen, hatten sich verflüchtigt. »Mir war wirklich alles egal.«

Marcus suchte nach immer neuen Substanzen, schnupfte Kokain und Speed, weil Haschisch und Bier längst nicht mehr ihre Wirkung taten, Ernüchterung und Niedergeschlagenheit lösten irgendwann die Euphorie ab. »Aber diese Selbsttherapie mit Drogen gegen die Missstimmung wurde natürlich eine Sackgasse«, sagt er heute.

Einmal, als nichts anderes da war, versuchte er auch Heroin. Er nahm zwei Nasen und verspürte sofort eine nie gekannte innere Ruhe und Ausgeglichenheit. Aber er hatte zugleich einen Höllenrespekt vor diesem Pulver. »Du könntest an die Nadel kommen oder an einer Überdosis sterben«, schoss ihm durch den Kopf. Und er rührte Heroin nie wieder an. Aber das war auch die einzige konsequente Haltung im Umgang mit Rauschgift. Marcus ließ sich weiterhin nach unten treiben. Nach einem Jahr brach er die Lehre als Kfz-Mechaniker ab, er wollte nicht länger an Autos herumschrauben – ohne allerdings im Geringsten zu wissen, was er stattdessen tun wollte.

Die folgenden zwei Jahre »waren die schlimmsten in meinem Leben«. Der damals Einundzwanzigjährige war arbeitslos, schlug die Zeit irgendwie tot. Seine einzige Beschäftigung bestand darin, Drogen zu beschaffen und zu nehmen, wenn alles aufgebraucht war, möglichst schnell für Nachschub zu sorgen. Alkohol, Haschisch, LSD, Kokain und Speed bestimmten seinen Alltag. Das Rauschgift finanzierte er sich durch Gelegenheitsjobs, manchmal steckte die Oma dem Jungen etwas Geld zu oder er setzte darauf, dass sein Freund, der Dealer, etwas für ihn übrig hatte. »Ich habe nie groß gedealt, sondern mich so durchgeschnorrt«, meint er heute. Marcus hatte damals einen Hauptdealer und mindestens zwei bis drei Leute, bei denen er wenigstens immer etwas zum Kiffen bekam – auch wenn es nur ein paar Züge aus der Wasserpfeife waren. »Aber das rettete mich erst einmal für ein paar Stunden.«

Zu Hause gab es fast jeden Tag einen fürchterlichen Zirkus. Mutter und Vater hielten es nicht aus, dass ihr exzessiv Drogen konsumierender Sohn erst mittags aus den Federn kroch, abends irgendwann verschwand und erst spät in der Nacht wieder nach Hause kam. Seiner Mutter machten besonders die ständigen Besuche »dieses Drogengesindels« – so ihre Worte – zu schaffen. Warum sich die Eltern dennoch nicht durchsetzten, erklärt der Vater heute damit, dass sie keine Alternative sahen und nicht zu den Menschen gehören, die das eigene Kind einfach vor die Haustür setzen.

Marcus tat dann etwas Naheliegendes: Er flüchtete vor den Spannungen zu Hause in einen Urlaub, fuhr mit ein paar Freunden in die Niederlande, ein Paradies für Kiffer. »Wir wollten mal legal im Coffeeshop sitzen und Pfeifchen rauchen. Außerdem gibt es in Holland eine viel größere Auswahl an Haschischsorten.« Doch der Himmel auf Erden wurde für Marcus eher zur Hölle. Plötzlich kam er nicht mehr vorbei an der bitteren Erkenntnis: »Ohne Drogen geht nichts mehr. Aber mit fühlst du dich auch nicht mehr wohl. Die ganze Anfangseuphorie war weg.«

Angstzustände häuften sich. Oft lag er nachts wach, seine Gedanken gingen im Kreis, zu einem Ergebnis kam er nicht. Marcus zerbrach sich oft den Kopf darüber, wie es mit ihm weitergehen sollte. Schlimmste Befürchtungen kamen auf. Aber er war auch nicht in der Lage, einen ersten Schritt in eine erquicklichere Richtung zu machen. Allein die Vorstellung, zum Arbeitsamt zu gehen, empfand er als Last. Und letztendlich war er schlicht zu faul. »Diese Zeit war schrecklich.«

Wieder daheim, pendelte er fast nur noch zwischen der elterlichen Wohnung und dem Dealer. Wenn er mittags aufwachte, zündete er sich eine Zigarette an, kippte eine Tasse Kaffee hinunter. Dann machte er sich sofort auf den Weg zu dem zehn Gehminuten entfernt wohnenden Freund, um Drogen zu kaufen. Waren die Rollläden schon oben? Konnte er sich Stoff besorgen?

»Der Frust war riesig damals, weil ich mich immer im Kreis drehte.

Das Leiden war groß, aber noch nicht unerträglich genug, um da ernsthaft rauskommen zu wollen.« Und so verbrachte Marcus täglich Stunden bei den »Dealerfreunden« vor der Videokonsole mit stupiden Spielen oder vor dem Fernseher – egal was lief.

Marcus begründet sein damaliges Leben heute so: Es sei ihm alles abgenommen worden, er sei nicht zur Selbständigkeit erzogen worden, betont im selben Atemzug aber, er wolle seinen Eltern keine Vorwürfe machen: »Sie wollten immer mein Bestes.« Irgendwann allerdings kam das völlig Unerwartete. Seine Eltern sprachen ein Machtwort: »Entweder du änderst jetzt was oder du fliegst raus.« Für die Eltern war der Punkt erreicht, an dem es ihnen endgültig reichte, sie hatten keine Kraft mehr, waren total entnervt. Drogenberater, bei denen sie Hilfe gesucht hatten, hatten ihnen geraten, sich von jetzt an konsequent zu verhalten.

Unter diesem Druck begann Marcus tatsächlich eine ambulante Gesprächstherapie bei einem Psychologen. Doch stellte dieser rasch fest, dass das allein nicht reichen würde, Marcus Distanz zu seiner gewohnten Umgebung brauchte. Am Tag vor der stationären Aufnahme in eine psychiatrische Klinik verabschiedete er sich, wie er es formuliert, mit einer Flasche Rotwein und einer guten Portion Haschisch von diesen und ähnlichen bewusstseinsverändernden täglichen Begleitern. In der Klinik, in der zu 90 Prozent Menschen mit psychischen Leiden behandelt wurden, aber kaum Süchtige, diagnostizierten die Ärzte eine durch Drogenmissbrauch ausgelöste Neurose.

Die achtmonatige Therapie bezeichnet er heute nachträglich als Urlaub. »Ich hatte plötzlich viel Zeit, weil ich mir nicht ständig Drogen beschaffen musste und mir erst mal auch keine Gedanken über meine Zukunft machen musste. Wir fuhren viel an den See und das Wetter war toll.« Einen bombastischen Frühling und einen ebenso schönen Sommer in der Therapieeinrichtung krönte er durch eine Liebesbeziehung zu einer Patientin. Unter körperlichen Entzugserscheinungen litt er nicht. »Ich habe mich wieder richtig gespürt, geistig und körperlich.« Und wenn er sich seelisch einmal schlecht fühlte oder Stress mit der Freundin hatte, kippte er sich – er hatte Ausgang – heimlich eine Flasche Wein in den Kopf. Sein Therapeut, dem das natürlich nicht entging, sagte nur: »Sie müssen mal was über Sucht lernen.«

Marcus hatte zwar für sich geklärt, dass er nicht mehr so leben wollte wie bisher. Aber dazu gehörte Abstinenz. So stabil war er jedoch nicht, auch nicht mithilfe der therapeutischen Sitzungen. Die hat er bis heute ohnehin in keiner besonders guten Erinnerung. »Da wurde nur in der Vergangenheit rumgekramt, ohne dass ich jedoch konkret erfahren hätte, was ich nun ändern kann oder sollte. Das war sehr anstrengend und nicht besonders hilfreich in dieser Lebensphase«, ist sein knapper Kommentar dazu. Er habe weder gelernt, sich eine Arbeit zu suchen noch mit Problemen umzugehen, »ohne sich dicht zu machen«. Nach acht Monaten Therapie fand er sich folgerichtig dort wieder, wo er vorher war: zu Hause bei den Eltern, ohne eigenes Einkommen – und relativ schnell wieder bei den Drogen. Beim ersten Besuch der alten Freunde blieb es beim Hallo, beim nächsten Mal rauchte er wieder Haschisch. »Ich hatte doch keine anderen Freunde mehr.«

Kurz darauf kam es zum Bruch mit der Freundin, die er in der Therapie kennengelernt hatte. Seit ihrer Entlassung führten die beiden eine Wochenendbeziehung, was der jungen Frau zu wenig war, und sie verlangte, er möge doch zu ihr ziehen. Das wollte Marcus aber nicht und er machte nach vielen ausufernden Auseinandersetzungen lieber Schluss mit ihr. Emotional nahm ihn das so mit, dass er noch am selben Tag endgültig wieder in die alten Gewohnheiten verfiel: »Dann ging es richtig los.«

Marcus rauchte wieder täglich Haschisch, lernte – bei seinem Freund, dem Dealer – Ecstasy kennen und besuchte nach langer Zeit wieder eine Technoparty. Er nahm zuerst nur ein Viertel der Tablette, dann noch mal ein Viertel, dann den Rest. Inzwischen hatten er und seine Freunde die Party gewechselt. Jetzt wirkte das Ecstasy »so richtig«. Vor allem in Verbindung mit den monotonen Rhythmen der Musik stellte sich ein »unbeschreibliches Hochgefühl« ein. »Man taucht in eine völlig andere Welt, kommt sich vor wie auf einem anderen Planeten.« Jetzt kam Marcus auf Ecstasy. Die Kombination des Wachmachers Speed und der Gute-Laune-Pille Ecstasy ist aus Sicht von Marcus für die Technoszene ideal. Das eine lasse einen stundenlang durchhalten, das andere Musik auf nie gekannte Weise erleben. »Das macht süchtig.«

Speed, ein Sammelbegriff für Amphetaminabkömmlinge unterschiedlicher Wirkungsstärke, potenziert und verlängert die euphorisierende und leistungssteigernde Wirkung von MDMA, dem Hauptwirkstoff von Ecstasy. Marcus nahm jetzt beides zusammen und von beidem immer mehr, nach dem Motto: je mehr, desto besser. »Denn auch diese Wirkung wurde irgendwann schwächer. Ich verlor jede Kontrolle über das Zeug.« Das gipfelte schließlich in sieben durchgemachten Nächten, ohne auch nur ein Auge zuzudrücken, ein paar Minuten stillzusitzen oder gar zu entspannen.

Wie so oft hatte Marcus das Wochenende an einem Samstagabend mit einer Ecstasy-Tablette begonnen und war tanzen gegangen. Aufkommende Müdigkeit bekämpfte er mit Speed. Das Amphetamin musste immer dann herhalten, wenn ihm doch nach Schlafen zumute war. Ein gefährliches Unterfangen. Schließlich war er nach einem Wochenende in einem Technoclub, der als Drogenhochburg galt, derart überdreht, dass er auch nicht mehr zur Ruhe kam, als er es wollte. Und er beschloss: »Wenn du jetzt schon so lange wach bist, probierst du mal, ob du nicht eine ganze Woche schaffst.« Wie er die folgenden Tage und Nächte verbrachte, weiß er nicht mehr genau, nur dass er immer in Aktion war, mal ziellos mit dem Auto – das die Eltern finanzierten – in der Gegend herumfuhr oder planlos durch die Straßen lief, mal Musik hörte, dann seinen Freund, den Dealer, besuchte. Ununterbrochen war er in Bewegung, er schlief nicht, aß kaum. Mit Party im Sinne von ausgelassenem Feiern hatte das nichts mehr zu tun. Aufgrund der aufputschenden Drogen raste sein Herz oft so sehr, dass er es mit der Angst zu tun bekam. Nach sieben durchgemachten Nächten war er körperlich völlig am Ende, wäre fast umgefallen vor Schwäche und stand kurz vor einem Kreislaufkollaps. Dann endlich ließ er sich total erschöpft ins Bett sinken.

Marcus meint heute, dieses Vollstopfen mit Drogen habe ihm eine perfekte Ausrede dafür geliefert, nichts Sinnvolles tun zu müssen. Es war wie eine Flucht vor sich selbst, weil er es einfach nicht schaffte, sein eigenes Leben zu führen. Auf Dauer »hatten mich die Drogen sehr unglücklich gemacht«. Und eigentlich sei ihm auch während des Rückfalls nach der stationären Therapie schon klar gewesen: »Irgendwann hörst du wieder auf.« Doch zaghafte Versuche, auch die Freunde davon zu überzeugen, ohne diese ganzen Rauschmittel Spaß haben zu können, fruchteten nicht. »Keiner zog mit. Aber schließlich war mein Leid größer als der Genuss.«

Wieder einmal hatte Marcus ein Wochenende durchgemacht und jede Menge Drogen genommen – einige Ecstasy-Pillen, etliche

Gramm Speed, LSD-Trips und ein paar Nasen Kokain. »Ich war total drauf und wollte mit den Freunden noch was unternehmen. Aber einer nach dem anderen ist gegangen. Da saß ich plötzlich ganz alleine nachts zu Hause und war völlig dicht. Ein Kerzenständer mutierte zur Monster-Halluzination, ich führte verrückte innere Zwiegespräche mit einer jungen Frau aus der Szene, in die ich mich ein bisschen verguckt hatte. Das ging über Stunden. Obwohl ich eigentlich schlafen wollte, war daran nicht zu denken. Im Morgengrauen dann der nächste Horror. Denn als ich runterkam, erschlug mich die Realität.« Marcus wurde jetzt bewusster als je zuvor, dass er sich meilenweit von seinem Ziel entfernt hatte, endlich selbständig zu werden. »Das hat mich völlig fertiggemacht.«

Ein paar Tage später, genau kann er sich nicht mehr an den Schnitt erinnern, hörte er quasi von einem auf den anderen Moment mit den Drogen auf. Der schon seit langem gefasste Entschluss war durch das immer wiederkehrende Grauen gereift: »Dieses Runterkommen war eine Qual.«

Einerseits zermarterte er sich nun den Kopf, wie es weitergehen sollte, er sah kein Licht am Ende des Tunnels. Andererseits war er schon nach einigen Tagen stolz auf seine Leistung, offenbar auch ohne Rauschgift auszukommen. Aber er traute sich nicht zu, alleine durchzuhalten, er ahnte, dass die Versuchung bei auftauchenden Problemen zu groß sein würde, um den Drogen zu widerstehen. Deshalb rief er seinen einstigen Therapeuten in der psychiatrischen Klinik an. Nach einigen Gesprächen schlug dieser ihm vor, es doch auf dem Hof Fleckenbühl bei Marburg zu probieren. Dass sich Exsüchtige dort gegenseitig helfen und er nicht wieder in endlosen Sitzungen über seine Kindheit nachdenken sollte, gefiel Marcus auf Anhieb. Er wollte es versuchen, und so packte er einen großen Rucksack mit den notwendigsten Kleidungsstücken, informierte die Eltern über seine Entscheidung und setzte sich in den Zug nach Cölbe bei Marburg. Die letzten Kilometer vom Bahnhof zu dem Bauernhof ging er zu Fuß. Marcus war in euphorischer Stimmung bei dem Gedanken, jetzt ein neues Leben zu beginnen.

»Dann, am 20. September 1995, saß ich mit damals 25 Jahren auf der berühmten Holzbank.« Weil früher nach den Aufnahmegesprächen oft Päckchen mit Rauschgift in den Sofaritzen gefunden worden waren, die die Süchtigen dort versteckt hatten, musste jeder auf dieser Bank Platz nehmen, die über keine solchen Schlupfwinkel verfügte. Marcus hatte den unbändigen Willen, sein Leben endlich zu ändern. Deshalb dachte er auch keinen Moment daran, heimlich ein kleines Drogendepot anzulegen, sondern nur: »Uff, geschafft. Jetzt bist du erst mal hier. Endlich bis du in Sicherheit vor den Drogen und dem verführenden Umfeld, welche zu nehmen.«

Marcus fühlte sich auf dem Hofgut von der ersten Minute an wohl, hatte Vertrauen zu den Leuten dort. Die vorgeschriebene sechsmonatige Kontaktpause nach außen half ihm beim Ablösungsprozess von den Eltern. Eigentlich wollte er auch gar nicht viel länger bleiben als dieses halbe Jahr. Doch es wurden neun Jahre daraus. Er fand dort, was er bisher vermisst hatte: eine Gemeinschaft und neue, echte Freunde.

Als Erstes wurde Marcus wie jeder Neuankömmling in die »Haustruppe« eingeteilt. Das bedeutete Geschirr abwaschen, Tische decken und vor allem viel putzen. »Es hat Spaß gemacht, was zu tun«, meint Marcus, der seiner Mutter zu Hause nie zur Hand gegangen war. Denn das war ja nicht nötig, es wurde ihm zu Hause alles, wirklich alles abgenommen. Jemand, der schon länger auf dem Hof lebte, sagte einmal zu ihm: »Und wenn du überhaupt keine Lust hast, die Toiletten sauberzumachen, denk daran, du tust es für die Gemeinschaft und für dich.« Das überzeugte ihn.

Auf Fleckenbühl lernte Marcus auch, seine Meinung zu vertreten. Gelegenheit dazu gibt den Bewohnern das sogenannte Spiel. Dabei darf jeder regelmäßig loswerden, was ihm an anderen nicht passt. »Mich mit jemandem auseinanderzusetzen, war absolutes Neuland für mich. Aber in diesem Rahmen hat jeder Kritik geäußert. Da habe ich mich das dann auch getraut.« Früher habe er mit seiner Ansicht immer hinter dem Berg gehalten, aus Angst, es könnte Streit geben. »Nur mit den Eltern, da hat es oft geknallt.«

Nach einem halben Jahr stellte Marcus fest, jetzt erst richtig zu sich zu kommen. »Der Kopf wurde frei von Drogen. Man ist nicht mehr so verstrahlt im Kopf und fängt an klar zu denken.« Er begann im Büro des Hofguts eine dreijährige Ausbildung zum Bürokaufmann, die er auch erfolgreich vor der Industrie- und Handelskammer abschloss. Zum ersten Mal in seinem Leben brachte er etwas aus freien Stücken und auf eigene Initiative zu Ende. Das gab ihm Selbstvertrauen und bestärkte ihn in dem eingeschlagenen Weg.

Im ersten Jahr der Abstinenz dachte er noch ab und zu an Drogen, hatte Lust, mal wieder auf eine Party oder in die Disko zu gehen. »Aber ich befürchtete, dort zu sehen, dass andere was drin haben. Das hätte mich auch verführt.« Später besuchte er wieder Clubs und Diskotheken, allerdings ohne Ecstasy und Co. Er konnte die Musik jetzt auch ohne Drogen genießen. Kritisch waren mitunter problembeladene Momente, zum Beispiel wenn es mit anderen Bewohnern Ärger gab und er sich eine bessere Stimmung wie auf Knopfdruck herbeisehnte. In solchen Augenblicken rief er sich sofort zur Räson: »Das ist jetzt nicht die Lösung. Ich habe die Schnauze voll von den Drogen. Die haben die Macht über mich, ich nicht über sie.«

In solchen Momenten orientierte er sich auch an anderen auf dem Hof, die weiter unten gewesen waren als er, die wegen Beschaffungskriminalität im Gefängnis gesessen hatten, die obdachlos gewesen waren, und sich trotzdem wieder aufgerappelt hatten, seit Jahren, teilweise Jahrzehnten weg waren von den Drogen und jetzt Verantwortung trugen und eine Aufgabe hatten. »Die nahm ich mir zum Vorbild, dachte, das ist doch klasse, was der oder die jetzt macht.« Und spätestens wenn er sich solche positiven Beispiele vor Augen hielt, zweifelte Marcus nicht mehr daran, was auch er lieber wollte: ebenfalls ein positives, erfüllendes, vor allem aber nüchternes Leben führen.

Zwar war er äußerlich nicht so tief gefallen wie viele andere Abhängige, aber innerlich war er nicht minder abgestürzt. Dieser innere Zwiespalt zwischen dem, was er eigentlich wollte, dieser Sehnsucht nach Erfüllung seiner Wünsche, und dem Istzustand hatten ihn täglich zermürbt. »Das hat extrem wehgetan und mich immer mehr zu den Drogen und in die Realitätsflucht getrieben.«

Auf Fleckenbühl begann er diese Diskrepanz zwischen Traum und Wirklichkeit zu schließen. Schon die Verwaltungstätigkeit machte ihm Freude, er koordinierte Besuche bei Richtern und Staatsanwälten für andere ehemals Abhängige, machte sich vertraut mit Buchhaltung und sah in alledem einen Sinn. Seit 2001 die Stelle für Öffentlichkeitsarbeit frei geworden war, schreibt Marcus Artikel und macht Fotos für die viermal im Jahr erscheinenden »Fleckenbühler Nachrichten«, managt den Versand, pflegt Kontakte zu Medien, Politikern, Elternkreisen, Förderern, Geldgebern und anderen Suchthilfeeinrichtungen.

Musik bedeutet ihm noch immer sehr viel. Allerdings hat sich sein Geschmack verändert. »Ich bin ruhiger geworden, höre heute lieber House als Techno.« Noch etwas ist anders geworden: »Wenn ich müde bin, gehe ich nach Hause. Ich habe Respekt vor Drogen. Würde ich wieder was nehmen, weiß ich nicht, was passiert«, sagt Marcus und schenkt sich genüsslich ein Glas Traubensaft ein. Leute, denen er ansieht, dass sie auf Drogen sind, meidet er. »Mit denen mache ich höchstens mal Smalltalk.«

Um sich körperlich fit zu halten, joggt und schwimmt er und spielt Fußball. »Mir geht es viel besser. In meiner Drogenzeit habe ich überhaupt keinen Sport mehr getrieben.« Das Verhältnis zu seinen Eltern ist inzwischen entspannt, sie sind erleichtert über die erfreuliche Entwicklung ihres Sohnes. Marcus meint heute, Eltern sollten das Leid ihrer süchtigen Kinder nicht verlängern, zum Beispiel indem sie ihnen Geld geben, sondern ganz klare und eindeutige Grenzen ziehen. Natürlich sage sich das leicht dahin. »Doch ich wäre unter Zugzwang geraten, wenn ich mir eine Wohnung und eine Arbeit hätte suchen müssen. So habe ich mich immer wieder ins gemachte Nest gesetzt.«

Marcus hat sich inzwischen sein eigenes Heim eingerichtet und einen neuen Freundeskreis aufgebaut. Diese Beziehungen will er noch intensivieren. Aber vieles ist auch unverändert. »Denn wenn man auch aufhört mit den Drogen, bleibt man doch derselbe Mensch mit all seinen Befürchtungen, Stärken und Schwächen. Niemand kann aus seiner Haut. Aber man kann Positives verstärken und negative Tendenzen abbauen. Daran arbeite ich weiterhin täglich. Das bedeutet ständige Selbstreflexion, und die ist wichtig, um nicht rückfällig zu werden.«

Schritt für Schritt werden seine Träume wahr, so legt er etwa neben seiner Tätigkeit in der Pressearbeit gelegentlich Musik in Clubs auf. »Nimm dir einfach mehr vom Leben«, ist sein Motto. Seine Bedürfnisse nimmt er jetzt viel ernster, er ordnet sie nicht mehr dem unter, was andere von ihm wollen und erwarten. Daraus erfährt er eine tiefe innere Befriedigung. Oder um es einfacher auszudrücken: Marcus Heil kann sich wieder freuen.

Die Pharmakrücken zur Seite gestellt

Ein Ereignis allein ist schrecklich genug, so furchtbar, dass es kaum zu verkraften ist. Aber es kam Schlag auf Schlag: Zuerst starb ihr sieben Jahre alter Sohn, zwei Jahre später der Vater an Krebs, kurz darauf brachte ihr Lieblingsbruder sich um. Nach außen riss sie sich zusammen, spielte die Starke, stand ihre Frau im gemeinsamen Atelier für Grafik und Design mit ihrem inzwischen ebenfalls verstorbenen Mann. Aber innerlich war sie ein Wrack, das sich mit letzter Kraft durch den Alltag schleppte. Bis sie psychisch und physisch endgültig kollabierte. Doch auch diesen Warnschuss ignorierte sie, ging schon nach einer Woche wieder arbeiten, weil sie sich als Selbständige keine längere Auszeit mit wirtschaftlichen Einbußen leisten konnte. Innerlich fiel sie immer mehr in sich zusammen.

Ihrem Hausarzt, bei dem sie regelmäßig Aufbauinfusionen erhielt, entging die labile Verfassung seiner Patientin nicht und er überwies sie an einen Psychiater. Als ihr dieser Beruhigungsmittel vorschlug, um die Krise besser durchzustehen, griff sie nach diesem – in ihren Augen – letzten Strohhalm. »Und ich war bald wieder ganz die Alte, ungeheuer belastbar und leistungsfähig. Plötzlich konnte ich mit den Todesfällen leben.« Doch schon drei Wochen später stellte sie mit Schrecken fest, dass sie sich nur noch mit den Pillen gut fühlte. Nur wenn sie diese Tabletten geschluckt hatte, konnte sie das unsagbare Leid ertragen. »Ich war abhängig.« Das hieß auch, dass sie bald immer mehr Beruhigungsmittel brauchte, um denselben Effekt zu erzielen. Ihre Sucht gipfelte nach zweieinhalb Jahren schließlich darin, dass die Medikamente ihrerseits neues Leid auslösten: Ein erschreckendes Taubheitsgefühl in der linken Hirnhälfte stellte sich ein und sie konnte sich so gut wie nichts mehr merken. Als wissbegieriger Mensch, der gerne Zeitung las, bedrückte es sie außerordentlich, dass sie schon am Ende eines Satzes nicht mehr wusste, was sie da eigentlich gerade gelesen hatte. »Das habe ich mit den Tabletten in Verbindung gebracht und mithilfe meines eigenen Therapieplans damit aufgehört.«

Die Entwöhnung von den Tabletten unter eigener Regie dauerte Monate und war ein Martyrium, aber sie stand das durch, bekämpfte die »wahnsinnige innere Unruhe« mit langen Spaziergängen, mit dreißigminütigen Joggingeinheiten, mit Meditation und Yoga. »Der stärkste Halt in meinem Leben ist noch heute die Spiritualität«, sagt die Protestantin, die jeden Morgen betet.

Inzwischen arbeitet die Achtundfünfzigjährige mit den vielen Berufsausbildungen – Krankenschwester, Kunsttherapeutin, Einzelhandelskauffrau und Stylistin – längst wieder in ihrem früheren Beruf als Pflegekraft in einem Krankenhaus. Damit ihr dort weiterhin das gewohnte Vertrauen entgegengebracht wird und die Patienten sich in ihrer Obhut sicher fühlen, möchte sie ihren richtigen Namen in Karla verwandelt sehen.

Der erste tiefe Einschnitt in Karlas Leben ereignete sich, als sie 26 Jahre alt war. Damals wäre sie an den Folgen einer Eileiterschwangerschaft fast gestorben. 14 Tage lang lag sie im Koma und die Ärzte kämpften um ihr Leben. An das »überwältigende Nahtoderlebnis« durch Herzstillstand und Atemstillstand erinnert sie sich immer wieder. Auch heute noch, zum Beispiel wenn sie ihr Leben Revue passieren lässt. »Raum und Zeit gab es nicht mehr. Es war, als ginge ich durch einen Tunnel in eine andere Welt, und ich dachte, hier ist es auch nicht sehr viel anders als im Leben. Ich sah eine Wiese mit einem Apfelbaum, nur eben in einem völlig anderen Bewusstseinszustand.« Als sie wieder zu sich kam, eröffnete ihr ein Arzt, sie würde keine Kinder mehr bekommen können. Der rechte Eileiter funktionierte nicht mehr, der linke war seit längerem verschlossen. Da sie jedoch bereits einen Sohn hatte – nennen wir ihn Paul –, traf sie diese Hiobsbotschaft nicht besonders. Jedenfalls so lange nicht, bis Paul zwei Jahre später an Leukämie erkrankte. Eine Welt brach zusammen für Karla, denn die Heilungsaussichten waren damals sehr gering. Eine Gesundung des Sechsjährigen war so gut wie aussichtslos, an ein medizinisches Wunder kaum zu glauben. Das allerdings vollzog sich derweil bei Karla selbst. Sie wurde wieder schwanger. Entgegen allen Prognosen!

Die Schwangerschaft verlief sogar unkompliziert. Durch die Hormonüberflutung »konnte ich die unheilbare Krankheit Pauls auch besser ertragen, jedenfalls anfangs«. Doch als es absolut keinen Funken Hoffnung auf Heilung mehr gab, brachen bei Karla alle Dämme. Sie heulte »Rotz und Wasser«, stand täglich tränenüberströmt vor dem Krankenzimmer des geliebten Sohnes. Eine Krankenschwester wies die verzweifelte Mutter auch noch zurecht: »Also so können Sie nicht mehr zu Ihrem Kind.« Und Karla unterdrückte ihren Kummer, aber die Tränen blieben ihr förmlich im Halse stecken. Ihr Mann und sie ließen damals nichts unversucht, um Pauls Leben doch noch zu retten. Sogar nach Amsterdam in eine Spezialklinik brachten sie ihn, immer mit der leisen Hoffnung, dass er doch noch gesund würde. Aber nichts brachte die so sehr herbeigesehnte Hilfe.

Drei Monate, nachdem Peter (Name ebenfalls geändert) auf die Welt gekommen war, geschah das Unfassbare: Der Erstgeborene schloss für immer die Augen. »Das ist das Schlimmste in meinem Leben«, sagt Karla, während sich ihre Augen mit Tränen füllen. Das lässt sie heute zu. Aber damals: »Gefühlsduselei konnte ich mir früher nicht leisten. Ich hatte verdammt noch mal Verantwortung für einen neuen Erdenbürger. Außerdem hasse ich Sentimentalität.« Doch als zwei Jahre später auch noch der Vater und der Bruder – er hatte schwere Depressionen und erhängte sich – aus dem Leben schieden, fiel Karla in ein tiefes schwarzes Loch. Um sie herum war alles düster, voller Trauer und Unglück. Trotzdem konnte sie nicht mehr weinen, um ihre gepeinigte Seele wenigstens etwas zu erleichtern. Zu viele Tränen waren um den verstorbenen Sohn geflossen. Sie war wie ausgetrocknet.

Und wieder überspielte die inzwischen Dreißigjährige ihre Trauer. »Ich verlangte das von mir.« Diese Härte gegen sich selbst, ihr Pflichtbewusstsein und ihre Leistungen, die weit über ihre Kräfte hinausgingen, bezahlte sie bald darauf mit einem totalen körperlichen und seelischen Zusammenbruch. Der Notarzt rettete ihr Leben, ihre Psyche ließ sich aber nicht mit ein paar Infusionsflaschen wieder aufpäppeln. Ihr Inneres blieb schwer verletzt auf der Strecke, aber darauf achtete Karla nicht. Das passte nicht in ihren Alltag, vor allem nicht zu ihrer Vorstellung von Pflichtgefühl. »Nach einer Woche stand ich schon wieder auf der Matte in unserem Atelier, arbeitete viel und hart. Das ist meine Programmierung: bloß nicht schlappmachen. Aber ich war psychisch am Ende.«

In dieser tiefen Krise entschied sie sich ganz bewusst für die Beruhigungsmittel, die ihr der Psychiater empfahl. »Ich wusste um das Suchtpotenzial der Medikamente. Aber ich nahm das in Kauf.« Sie sah darin die einzige Möglichkeit, wieder etwas zu sich zu kommen. Wie sonst hätte sie das ganze Elend um sie herum verkraften können? Ihre Akkus waren absolut leer. »Ich spürte, dass ich den Verlust meines Sohnes kaum überleben kann. Ich war vollkommen gebrochen und brauchte diese pharmazeutische Gehhilfe.«

Das Beruhigungsmittel, ein Benzodiazepin, empfand sie nach anfänglicher leichter Müdigkeit bald als einen großen Segen. Endlich! Endlich fühlte sie sich wieder besser. »Die Benzos waren für mich genau das Richtige. Sie passten zu mir wie der Hausschlüssel ins Schloss.«

Karla ist ein Vernunftmensch, der alles analysiert, Vor- und Nachteile gegeneinander abwägt und dann entscheidet. Auf der Negativseite stand, was sie auf dem Beipackzettel lesen konnte, zum Beispiel die Warnung vor einer ununterbrochenen Einnahme über längere Zeit, weil das zur Abhängigkeit führen könne. Doch der wesentliche Pluspunkt des Medikaments war, dass es sie in einen Zustand brachte, in dem sie wieder funktionierte und logisch denken konnte. Zudem roch niemand etwas oder sah ihr den Tablettenkonsum an, sie torkelte und lallte nicht, sondern war äußerlich normal und alltagstauglich. Wie viele dieser Pillen sie seinerzeit nahm, um wieder in dieses »dicke, warme rosa Wattemäntelchen« gepackt zu sein, weiß sie heute, nach über 20 Jahren, beim besten Willen nicht mehr. »Das habe ich schnell aus meinem Kopf gestrichen, weil mich der Blick zurück nicht weiterbrachte. Es könnten 100 Milligramm am Tag gewesen sein.« Karla überlegt, rechnet. »Nein, das ist viel zu viel. Vielleicht morgens ein erstes Tab (eine lange Tablette besteht aus vier sogenannten Tabs) nach dem Frühstück, ein zweites nach dem Mittagessen, abends eine komplette lange Tablette. Oder war es doch mehr?«

Als sie bemerkte, dass sie von den Pillen abhängig war, immer größere Mengen brauchte, war es schon zu spät. Schleichend hatte sich eine Abhängigkeit entwickelt, ihr Körper sich an ein bestimmtes Quantum gewöhnt. Bekam er das nicht, quälte er Karla mit einer unerträglichen Unruhe, mit Zittern, starkem Schwitzen und Kribbeln unter der Haut. Vor allem nachts fand sie ohne zunehmend größere Mengen, die sie aber nicht mehr benennen kann, keine Ruhe mehr. Dann, wenn es draußen still und keine Ablenkung mehr möglich war, setzte das große Grübeln ein. Ihre Gedanken drehten sich im Kreis, Bilder der Verstorbenen liefen vor ihrem geistigen Auge wie ein Horrorfilm ab. Abstellen konnte sie diesen Streifen weder kraft ihres Willens noch durch sonst irgendeine Strategie. Nur eines wirkte: Tablettennachschub.

Unerträglich war allein der Gedanke, keine dieser Seelentröster zu Hause zu haben. Eine Schachtel hatte Karla daher immer auf Reserve im Schrank. Schließlich waren ihre Wohlfühlpillen legal. Sie brauchte nur einen Arzt aufzusuchen, der sie ihr verschrieb. Und das war kein Problem. Mal holte sie sich das Rezept für eine Packung mit 50 Pillen bei ihrem Hausarzt, dann bei dem niedergelassenen Psychiater, der ihr die Medikamente auch zum ersten Mal verordnet hatte.

Ihr Leben plätscherte in dieser Routine aus beruflichen und familiären Pflichten so dahin. Bis sie nach etwa zweieinhalb Jahren einfach nicht mehr mit dieser künstlichen Gefühlsdämpfung klarkam: »Meine Emotionen verharrten im mittleren Schwingungsbereich. Mir fehlten die Ausschläge und die große Klaviatur der Gefühle. Inzwischen musste ich zwar nicht mehr leiden, aber ich kannte auch keine Freude mehr. Ich war emotional wie auf Sparflamme. Das passte nicht zu mir.«

Noch etwas kam etwa zur selben Zeit hinzu. Weil ihre Hände immer rot waren – wie oft bei Alkoholikern –, ließ sie ihr Blut untersuchen. Das Laborergebnis bestätigte ihre Befürchtung: Sie hatte schlechte Leberwerte. Außerdem konnte sich Karla auch auf kein Buch, keine Zeitung mehr konzentrieren. Sie verstand kaum mehr, worum es eigentlich ging. Selbst eigene Notizen konnte sie Tage später inhaltlich nicht mehr nachvollziehen. »Das war furchtbar und brachte mir neue Seelennot.« Also beschloss sie, ihre pharmazeutischen Krücken endlich zur Seite zu stellen. Zumal sie sich ziemlich sicher war, psychisch wieder stabil genug zu sein, um auch ohne sie zurechtzukommen. Und so bewusst wie sie die Entscheidung für die Beruhigungsmittel getroffen hatte, fiel die Abwägung von Pro und Contra jetzt ganz klar in die andere Richtung aus. »Ich befahl mir regelrecht, mit den Mitteln aufzuhören.« Und zwar allein, ohne ärztliche Hilfe. »Sonst hätten sie mich als ›Knochensüchtige‹ doch gleich stationär in einer Psychiatrie aufgenommen. Und das wollte ich nicht. Ich wollte mich nicht in einem Krankenhaus auf meine Sucht reduzieren lassen.«

Doch Karla hatte trotz ihrer Ausbildung als Krankenschwester nicht damit gerechnet, dass der körperliche Entzug so schwer werden würde. »Das war knallhart, obwohl ich das Zeug nicht von einem Tag auf den anderen komplett weggelassen, sondern sukzessive die Dosis verringert habe.« Mit ihrer medizinischen Vorbildung wusste sie um die Risiken eines abrupten Absetzens. »Am meisten Angst hatte ich jedoch vor epileptischen Anfällen, vor Wahrnehmungsstörungen und Halluzinationen durch den Entzug.« Deshalb wollte sie die Medikamente vorsichtig ausschleichen, wie das medizinisch heißt.

Zuerst reduzierte sie nur die abendliche Menge. Schon das war schlimm genug. Karla machte nächtelang kaum ein Auge zu, litt unter einer ungeheuren Unruhe. »Das ist, als explodiert etwas in einem.« Trotzdem fehlte sie nicht einen Tag lang im Atelier. Das war sie sich und ihrem Pflichtbewusstsein schuldig. Bis sie eines Morgens klatschnass aufwachte, ihr Nachthemd sich anfühlte, als hätte sie jemand unter die Dusche gestellt. »Ich war nur noch ein zitterndes, elendes Bündel.«

Sie brauchte eine Auszeit. Und zwar dringend. Daran führte jetzt kein Weg mehr vorbei. Karla zog sich mit dem noch nicht schulpflichtigen Sohn in das Haus ihrer Mutter in den Hunsrück zurück, in dem sie eine eigene Wohnung hatte. Ihr eher wortkarger Ehemann nahm ihren Entschluss ohne weiteren Kommentar zur Kenntnis, murmelte nur etwas von »diesem Dreckszeug«. Die leidige Schlaflosigkeit quälte sie aber auch in der veränderten Umgebung und ohne beruflichen Stress noch über Monate. Außerdem bekam sie kaum einen Bissen hinunter, wog bei einer Körpergröße von 1,55 Metern gerade noch 40 Kilogramm. Karla, sonst ein Genussmensch, hatte zwar Hunger, aber keinen Appetit. Ihr Magen war wie zugeschnürt. Wenn sie für die Familie kochte, weil sie eine gesunde Ernährung für Heranwachsende für wichtig hält, musste sie sich bei Tisch zwingen, wenigstens ein bisschen was zu essen. Die Portionen waren winzig.

Aber noch viel schlimmer als all diese Symptome und Begleiterscheinungen des Entzugs war, dass alle Gefühle, die sie mit den Beruhigungsmitteln lange unterdrückt hatte, jetzt mit voller Wucht zurückkamen. »Das war unglaublich. Als hätte ich die ganze Trauer und den Schmerz als Gerümpel in einen großen Schrank gesteckt, der jetzt so übervoll war, dass die Türen aufsprangen und der Inhalt mich fast erschlug.« Einmal schrie Karla in ihrer Not so herzzerreißend, dass ihre Mutter fürchterlich erschrak. Trösten konnte sie die Tochter nicht. Peter habe sie später alles erklärt, und er habe geantwortet: »Ach Mami. Ich weiß ja, dass du es schwer hattest. Aber ich hatte immer das Gefühl, das kriegst du schon wieder hin.«

Auch Karla glaubte daran, dass sie es schaffen würde. Einem Traum – Karla gibt viel auf Träume – entnahm sie die letzte Gewissheit: In diesem machte sie mit Mann und Sohn Ferien in den Niederlanden. Die Familie war mit einem alten VW Käfer bis dicht ans Meer gefahren, um zu picknicken. Als sie belegte Brötchen, Obst, Tee und Wasser ausgepackt hatten, ging der Mann spazieren. Plötzlich sah Karla ein bedrohliches Unwetter nahen, packte alles schnell wieder zusammen, verstaute Korb und Tragetasche im Auto, um sich mit dem Sohn in Sicherheit zu bringen und so schnell wie möglich wegzufahren. Der Mann würde sich alleine zu helfen wissen. Doch in dem Augenblick, als sie aufs Gaspedal trat, drehten die Räder durch. Der Wagen bewegte sich weder vor noch zurück. Nach kurzer Panik sagte ihr eine innere Stimme: »Du musst das Auto nur hochheben und wegrücken.« Und Karla entwickelte im Traum tatsächlich die unglaubliche Kraft, den Wagen an eine sichere Stelle zu hieven. Als sie am Morgen aufwachte, spürte sie tief in ihrem Inneren: »Du kannst das schier Unmögliche schaffen, wenn du es nur angehst.« Das wollte sie. Das war für sie ganz klar.

An Ideen, wie sie sich aus der Sucht befreien konnte, fehlte es ihr nicht. Sie stellte sich ihr eigenes Therapieprogramm zusammen. Ganzheitlich sollte es sein, Körper, Geist und Seele quasi mit »Vollwertkost füttern«. Ihr Tagesplan begann morgens mit einer Joggingeinheit gegen den nervigen Bewegungsdrang. »Meine Kondition war erbärmlich anfangs. Schon nach den ersten zehn Metern reichte die Puste nicht mehr zum Laufen.« Karla resignierte aber nicht, legte stattdessen immer wieder Gehintervalle ein. Tag für Tag steigerte sie die Laufphasen, bis sie 30 Minuten am Stück joggen konnte. Dazu verordnete sie sich ein Mentaltraining. Dieses bestand darin, dass sie es sich im Schneidersitz auf dem Sofa bequem machte und sie sich auf das Wörtchen Stille konzentrierte – ihr persönliches Mantra. Karla war schon als Kind religiös, aber jetzt setzte sie noch stärker auf ihren Glauben. Sie sagt: »Ich bin einerseits absolut wissenschaftsgläubig, aber andererseits tief religiös.« Damals begann sie abends regelmäßig in der Bibel zu lesen. »Daraus zog ich die Gewissheit, auch das Unmögliche möglich zu machen.«

Es wurde zum Ritual, morgens zuerst zu joggen, anschließend zu meditieren. »Dann war ich offen für Gott und habe mich an seine Batterie angeschlossen. Das gab mir eine unendliche Energie. Meine große Liebe zu Gott hat sich langsam entwickelt und mir aus der Sucht geholfen.« Karla spricht heute von ihrem »absolut tauglichen Rehaprogramm mit der Überschrift: Abschied von der Destruktivität«.

Die ersten Wochen bei der Mutter konnte sie immer noch keinem Text geistig folgen. Aber je besser sie sich konzentrieren konnte, umso mehr spirituelle Lektüre verschlang sie und umso mehr wissenschaftliche Bücher kaufte sie, zum Beispiel über Psychoanalyse oder über Psychoneuroimmunologie, eine relativ junge Wissenschaft, die untersucht, wie sich Immunsystem, Nervensystem und Psyche gegenseitig beeinflussen und miteinander kommunizieren.

Nachmittags ging sie oft stundenlang spazieren, um zur Ruhe zu kommen. Das half. Doch noch lange war sie seelisch wie eingefroren, konnte nicht weinen oder lachen, lebte zurückgezogen bei ihrer Mutter und versorgte den fünf Jahre alten Sohn nach besten Kräften. Bis sie zufällig den Autor Klaus-Peter Wolf kennenlernte, der sie zu einer Lesung einlud. »Das hat wieder ein Licht bei mir angeknipst. Ich kam heraus aus meiner Erstarrung, begann wieder, mich für andere Menschen zu interessieren. Denn von diesem Menschen ging sehr viel Energie aus. Ich dagegen hing in den Seilen.« Sie merkte, wie gut es ihr tat, Kontakt zu Menschen zu haben, denen es besser ging als ihr. An solche Leute hielt sie sich fortan. Ihr Selbst wurde stärker und stärker und ersetzte zunehmend die Chemie.

An ihre letzte Beruhigungspille kann sie sich heute gar nicht mehr erinnern. »Das habe ich verdrängt.« Denn Karlas Fokus war ausschließlich darauf gerichtet, konstruktiv zu leben, »liebevoll mit mir umzugehen«. Deshalb schaute sie nur noch nach vorne. »Ich prüfte alles daraufhin, ob es mich weiterbringt und stabilisiert.«

Ihre Ehe gehörte nicht dazu. Schon während der zweieinhalb Jahre währenden Tablettensucht ahnte sie, dass sie sich von ihrem Ehemann trennen musste. Dieser talentierte und hochbegabte Mann sei sehr destruktiv gewesen, was sie noch mehr nach unten gezogen habe. Wenn sie sich nicht so verhielt, wie er das wünschte, reagierte er mit Tobsuchtsanfällen. »Er wollte bestimmen, was ich zu denken, zu fühlen und zu tun hatte.« Zwei Jahre nach dem Entzug wusste Karla endgültig, dass diese Ehe ihre Entwicklung behinderte, und sie verwirklichte ihren lange gehegten Plan. Sie trennte sich von ihrem Mann. Die nun folgende Zeit zwischen 39 und 49 Jahren beschreibt sie als die schönste ihres Lebens. Sie war endlich frei, konnte ihr Leben führen, so wie sie es für richtig hielt.

Doch eine weitere Serie von Todesfällen in der engsten Familie riss neue tiefe Wunden und bedrohte ihr mühsam geschaffenes Glück: Innerhalb von 18 Monaten starben jetzt die Schwiegermutter und die Schwägerin, der 16 Jahre alte Neffe verunglückte tödlich. »Das kann man kaum verkraften.« Doch anders als früher unterdrückte Karla ihren Kummer nicht mehr und ging offen mit ihrer Trauer um. »Ich habe viel geweint und mich nicht mehr gegen meine Gefühle aufgebäumt.« Dann, im Oktober 2004, der nächste Schicksalsschlag. Ihr Exmann starb. Zu diesem Zeitpunkt hatten sich die beiden, nach 13 Jahren Trennung, langsam wieder angenähert, lebten sogar wieder zusammen. Denn als der Ex schwer erkrankte, verließ ihn seine damalige Lebensgefährtin. Einen kranken Mann wollte diese nicht an ihrer Seite. Karla bot daraufhin ihre Hilfe an. Sie sorgte fortan vor allem dafür, dass er sich gesund ernährte, indem sie einkaufte und kochte.

Allmählich entwickelte sich ihre Beziehung so, wie Karla sich das früher immer erträumt hatte. »Er war nicht mehr so distanziert und kühl, sondern brachte mir Wärme und Wertschätzung entgegen. Es gab nicht mehr diese Machtkämpfe zwischen uns.« Doch dieses kleine Idyll wurde jäh zerstört, als der Mann nach zwei vorausgegangenen Herzinfarkten einen Sekundenherztod erlitt.

»Ich wurde immer wieder mit demselben Problem konfrontiert. Aber ich habe gelernt, es adäquat aufzuarbeiten und zu verarbeiten. Ich ducke mich, wenn ein Sturm kommt, lasse mich wie ein Grashalm vom Wind biegen. Denn wenn man starr bleibt, zerbricht man.« Karla weiß heute auch, wann sie weich sein darf – und muss. Und ihr persönliches Therapieprogramm, das damals so erfolgreich war, ist längst fest in ihren Alltag integriert. Das gibt ihr Halt. »An Selbstmord dachte ich nie mehr.«

Zur Zeit schreibt Karla sich alles von der Seele, tut so, als richte sie ihre Zeilen an den verstorbenen Mann. Völlig ungefiltert lässt sie ihren Gedanken freien Lauf, spricht über ihre seelische Lähmung, die Ohnmacht, die die Todesfälle auslösten, über ihren Schmerz, ihren inneren Rückzug und ihre Sucht. Wenn der Brief fertig ist, will sie ihn Peter hinterlassen. Sie ist stolz darauf, ihrem inzwischen 30 Jahre alten Sohn trotz ihrer eigenen Nöte eine gute Ausbildung und Erziehung mit auf den Weg gegeben zu haben.

Noch heute betet Karla jeden Morgen und liest in der Bibel. »Ich versenke mich. Das ist meine Seelenhygiene. Die göttliche Liebe ist immer da, diese Energie ist immer vorhanden und durchfließt mich durch und durch. Erst lasse ich mich von Gott lieben. Das ist die Basis, dass ich mich selbst annehmen, wertschätzen und lieben kann.« Karla fühlt sich heute nicht mehr schwach, hilflos und alleine, sondern mit dem Ganzen verbunden. Aus ihrer Spiritualität schöpft sie die Kraft, Schicksalsschläge zu meistern. Beruhigungsmittel sind deshalb »ganz fern von mir«. Sie ist sicher: »Ich muss nicht mehr am Tod eines mir nahestehenden Menschen zerbrechen.«

In jeder Krise sieht Karla heute auch etwas Kreatives und Vertiefendes. »Ich habe mich selbst besser kennengelernt, schneide mich nicht mehr von meinen Gefühlen ab.« Um emotional nie wieder so einzubrechen wie einst, als sie tablettensüchtig wurde, verdrängt sie keine negativen Gefühle mehr. Karla kann heute trauern und leiden. »Es ist doch normal, seinen Schmerz auszuweinen.« Aber sie kann auch wieder lachen und genießen. Ihre Abhängigkeit interpretiert sie im Nachhinein als Aufforderung, ihre Persönlichkeit zu entfalten und reifer zu werden. Darum hat sie sich in den vergangenen Jahren täglich aufs Neue intensiv und erfolgreich gekümmert.

»Totale Abstinenz geht ja nicht« – Bulimie überwinden!

Ihr Freund ist der einzige Mensch, der von Anfang an von ihrer Bulimie wusste. Vor Freundinnen, Lehrern, Eltern und der Schwester hat sie alle nur erdenklichen Tricks angewandt, damit niemand etwas merkt. Tatsächlich blieb der Mitwelt lange verborgen, dass die heute Zwanzigjährige sich regelmäßig den Finger in den Hals steckte. Mehrmals am Tag. Fast fünf Jahre lang.

Noch immer möchte sie nicht, dass jeder um diese Abgründe weiß. Vor allem ihrer Mutter zuliebe, die sich vorwirft, sie habe das besinnungslose Hineinstopfen von Essen bei ihrer Tochter mitverschuldet, möchte sie ihren richtigen Namen nicht preisgeben. Also nennen wir sie Lara Gerlach. Lara ist eine außergewöhnlich attraktive Frau und sie ist beneidenswert schlank. Wie viele junge Frauen trägt sie bauchfrei, was bei ihr hübsch aussieht. Denn zwischen Hüfthosen und Shirt blitzt eine straffe Körperpartie ohne jeden Makel. Und wenn Lara lächelt, hat sie wunderbare Grübchen. Heute kann sie wieder lächeln. Manchmal erscheint ihr das allerdings wie ein Wunder.

Wie oft hatte sie den Mut verloren. Nicht mehr an sich geglaubt und vor allem nicht daran, dass sie jemals ein Leben ohne Fressattacken und anschließendes Erbrechen führen könnte. Ein Leben ohne die ständige Angst, ertappt zu werden und Ausreden finden zu müssen, die die beschämenden Ausbrüche vertuschten. Die Scham über das Entgleisen und der Verlust der Kontrolle sind das Schlimmste für Menschen mit einem suchtartig gestörten Essverhalten.

Im ersten Moment wird die Kontrolle durch das Erbrechen zwar wieder hergestellt, was ein Gefühl der Erleichterung auslöst. Die immense Kalorienaufnahme – bis zu zwanzigmal am Tag, bis zu 10.000 Kalorien pro Fressattacke – wird quasi ungeschehen gemacht. Anschließend ist das Schuldbewusstsein aber umso größer. 10.000 Kalorien entsprechen ungefähr drei Portionen Salamipizza, sechs Stück

Schwarzwälder Kirschtorte, drei Portionen Dampfnudeln mit Vanillesauce, einer Portion Kaiserschmarren, vier Eis am Stiel mit Schokoladenhülle, acht Kugeln Milchspeiseeis und vier Portionen Vanillepudding.

Lara glaubt, dass ihre Schwester etwas ahnte. Wenn sie zu Hause aus der Toilette kam und die Tür aufging, empfing die Schwester sie im Flur manchmal mit der Bemerkung: »Das stinkt hier schon wieder nach Kotze.« Lara hat sich dann heftig gewehrt, alles abgestritten und die Schwester beschimpft. Dabei war sie furchtbar unglücklich darüber, dass sie über einen so wichtigen Teil ihres Lebens mit niemandem reden konnte. Nicht einmal mit ihrer Schwester. Auch nicht mit ihren allerbesten Freundinnen. »Ich habe mich schrecklich isoliert gefühlt.«

Als kleines Kind war Lara, was man eine Naschkatze nennt, weshalb sie auch etwas pummelig war. Bevor sie eingeschult wurde, bekam sie wegen der vielen Süßigkeiten allerdings einen Darmpilz und musste sich an eine Diät halten. Oberstes Gebot war dabei, auf Zucker zu verzichten. Folglich purzelten die Pfunde. Aber der Komplex, zu dick zu sein, blieb: »Alle waren klein und dünn und zierlich. Da empfand ich mich wie einen Rollmops daneben.«

Vielleicht waren das die Anfänge ihres Schlankheitswahns. Aber so genau lässt sich das nicht festlegen. Bei einer Ess-Brech-Sucht greifen etliche Komponenten ineinander, bei Lara zählt das komplizierte Verhältnis zu ihrer Mutter dazu. Darüber möchte sie jedoch nicht sprechen – aus Rücksicht auf ihre Mutter. Stattdessen sagt sie: »Ich hatte Komplexe. Und ich hatte nie wirklich ein gesundes Verhältnis zum Essen.« Lara dachte immer, dass sie zu viel isst. Und natürlich, dass sie zu dick ist. Sie wollte sich mäßigen, Reste auf dem Teller lassen oder Diät halten. Aber sie konnte sich nicht beherrschen.

Auf der Mädchenschule, die Lara besuchte, war es in, sich den Finger in den Hals zu stecken. In der Klasse herrschte untereinander unheimlicher Druck, auch Lara kämpfte täglich um Anerkennung. »Erst wenn man hilflos und irgendwie zerbrechlich am Boden zu sein schien, bekam man die Zuneigung von seinen Freunden, die man brauchte. Wir haben uns gegenseitig fertiggemacht.« Deshalb wechselte Lara Mitte der neunten Klasse auf eine gemischte Schule und fühlte sich wie befreit. Dort herrschte kein Druck, sie musste nicht mehr um Aufmerksamkeit buhlen, litt nicht mehr an einem diesbezüglichen Defizit. Aber trotz des Schulwechsels blieb die Bulimie – und das Doppelleben damit auch.

Denn wenn sie nach dem Essen alles wieder erbrach, war es egal, wie viel sie gegessen hatte. Damit niemand etwas merkte, aber auch wirklich gar niemand, entwickelte sie ungeahnte Kreativität. In der Schule verließ sie die Klasse mitten im Unterricht, um auf die Toilette zu gehen. Dann konnte sie sicher sein, dass außer ihr niemand in der Nähe war, etwas hörte oder roch. Oder sie verdrückte sich zum Erbrechen ins Fitnessstudio. Manchmal ging sie auch, ausgerüstet mit Papiertaschentüchern und Kaugummi, in die Natur zum Joggen. Unter der Woche hatte sie zu Hause nachmittags ohnehin »freie Bahn«, weil außer ihr niemand daheim war.

Sie kaufte dann im Supermarkt Unmengen an Lebensmitteln ein, stopfte zu Hause heimlich alles in sich hinein – jede Menge Eiscreme, zwei bis drei Pizzen, mehrere Torten – und beförderte heimlich alles wieder über die Kloschüssel hinaus. Lara will sich heute nicht mehr bewusst machen, welche Berge an Nudelgerichten mit Sauce, Schokoküssen, Waffeln, Pudding und Fischkonserven sie hinunterschlang. Wild durcheinander. Sie hat hemmungslos gefressen, manchmal drei Stunden ununterbrochen, bis sie sich vor Schmerzen nicht mehr halten konnte. Hauptsache, die Lebensmittel waren schön fett: »Man bekommt ein Gefühl dafür, was sich gut wieder herausbrechen lässt. Was nicht, das wird nicht angerührt, Gummibärchen zum Beispiel.«

Am Anfang beschränkten sich diese Orgien auf wenige Tage in der Woche. Und Lara glaubte, die Sache unter Kontrolle zu haben. Da hatte sie noch eine gewisse Blockade, wenn sie sich vor die Kloschüssel kniete. Aber schleichend verlor sie alle Skrupel und jeden Überblick. In ihrer schlimmsten Phase verbrachte sie ganze Nachmittage damit, alles zu essen, was sie in der Wohnung finden konnte – im Kühlschrank, in den Vorratsschränken, im Keller, in Schubladen –, schon in dem Bewusstsein, anschließend wieder dem Klo ins Auge zu blicken. War der Magen entleert, führte der Weg direkt von der Toilette wieder an den Kühlschrank. Dann zurück zum Klo. Und wieder. Und wieder. »In solchen Momenten denkt man nicht viel. Da ist man nur unglaublich erschöpft, weil das Erbrechen so anstrengend ist.«

Ihre Gedanken drehten sich nur noch darum, wann und wo sie unauffällig so richtig futtern und anschließend Pizza und Co. wieder erbrechen konnte. Ihre Dauerfragen hießen: Wo kann ich essen? Wo kann ich kotzen? Den ganzen Tag lang immer wieder diese Fragen. Perfekt war in dieser Hinsicht das Tennistraining in der Halle drei bis vier Mal pro Woche. Außer ihr und dem Trainer war dann niemand da. Und der Trainer wartete auf dem Platz, wenn sie sich übergeben ging.

Einen äußeren Auslöser für die Anfälle, beispielsweise den Anblick von knusprigen Brötchen oder leckeren Kuchen, brauchte sie nicht: »Es überfiel mich einfach.«

Lara führte ein Doppelleben, das manchmal nicht mehr auszuhalten war und sie in schwere Depressionen stürzte. »Man gewöhnt sich an die Geheimniskrämerei, weil man immer geschickter wird. Aber die unterbewusste Anstrengung macht einen wahnsinnig. Hinterher habe ich erst gemerkt, welche Erlösung es heute ist, nicht mehr rund um die Uhr nach kleinen Lügen suchen zu müssen und in ständiger Angst zu leben, dass diese ans Licht kommen.«

Weil niemand hinter die Fassade blicken darf, ziehen sich viele Bulimiker immer mehr von ihrer Umgebung zurück. Einen Fressanfall zelebriert man nicht auf einem Fest oder einer Party. Die Tragik einer Essstörung liegt in der ungeheuren Diskrepanz zwischen der Hochglanzausgabe von sich selbst, die nach außen verkauft wird, und dem Inneren, gebeutelt von Angst und Selbstzweifeln – der zerbrechlichen Seele, klein, einsam, unsicher. Bei Bulimie handelt es sich um eine sehr angepasste Erkrankung. Nach außen wird ein perfektes Bild vermittelt, der Rest abgespalten und buchstäblich ins Klo befördert.

Fünf ewig lange Leidensjahre lang, im Alter zwischen dreizehn und achtzehn, hatte Lara Tag für Tag mehrere dieser Anfälle, für die sie sich abgrundtief schämte. Ein Ausbruch der Erkrankung in der Pubertät, wenn körperliche Veränderungen stattfinden, ist typisch. Viele Mädchen messen sich dann an einem gesellschaftlichen Schönheitsideal und sind extrem verunsichert, wenn sie nicht so schlank sind wie ihre Vorbilder aus Film und Fernsehen. Vielen jungen Frauen fällt es schwer, eine positive weibliche Identität zu entwickeln. Schätzungen zufolge leiden 2 bis 5 Prozent aller Frauen in Deutschland an Magersucht oder Bulimie. In Österreich sind 2 bis 4 Prozent der 20 bis 30 Jahre alten Frauen ess-brech-süchtig, in der Schweiz geht man in der Altersgruppe zwischen 18 und 35 Jahren von etwa 2,5 Prozent aus.

In den Beratungsstellen häufen sich die Fälle. Und je frühzeitiger sich jemand in Behandlung begibt, umso besser sind die Aussichten auf Gesundung.

Da Nahrungsmittel und Medikamente – Abführmittel, Appetitzügler und entwässernde Mittel – viel Geld kosten, geraten Ess-Brech-Süchtige nicht selten in finanzielle Schwierigkeiten. Ganz so schlimm war es bei Lara nicht. Aber auch wenn sie sich immer Geld nebenbei verdiente, merkte sie doch eine große finanzielle Entlastung, als sie aufhörte zu brechen. Heute während des Studiums könnte sie es sich auch nicht mehr leisten, so viel Geld für Lebensmittel auszugeben. »Das wäre mein finanzieller Ruin.« Selbst jetzt hat sie noch diverse Kosten, die andere nicht haben. Lara hat einen erhöhten Kaugummi- und Kaffeeverschleiß. Aufgrund eines »nach wie vor vorhandenen Gesundheitswahns«, wie sie es nennt, kauft sie zudem teure Lebensmittel wie Vollkornnudeln oder Fitnessriegel und Ähnliches. »Das sind Dinge, die ich mir angewöhnt habe, als ich Bulimie hatte, und noch verstärkt brauchte, um von den Fressattacken loszukommen. All das läppert sich monatlich zusammen.«

Als Lara ihren Freund kennenlernte, litt sie noch an Bulimie. »Sie hatte den krankhaften Gedanken, zu fett zu sein, und ein krampfhaftes Verlangen, sich mit anderen zu vergleichen und zu pummelig zu fühlen«, berichtet der Zwanzigjährige heute. Lara selbst beschreibt sich rückblickend als »normal schlank«, nie »auffällig dünn«, jedenfalls »nie zufrieden« mit sich im Vergleich zu anderen. »Als Bulimiker hat man immer die fixe Idee, andere könnten essen, so viel sie wollen, und sind trotzdem schlank.«

Heute empfindet sie es immer noch als eine große seelische Belastung, wenn die Waage plötzlich mehr Gewicht anzeigt. Denn ihr Selbstwertgefühl hängt nach wie vor stark von ihrer Figur ab. Aber die Ess-Brech-Sucht hat sie seit gut einem Jahr überwunden. Langsam zwar und nur mit allergrößter Willenskraft, aber sie hat es geschafft. Zuerst wurden die Attacken immer seltener, dann hörten sie ganz auf. Um so weit zu kommen, hat Lara zwei Jahre einmal wöchentlich eine Therapeutin im Frankfurter Zentrum für Essstörungen aufgesucht. Sie sagt heute: »Ich kann nur jedem raten, eine Therapie zu machen. Denn ohne die Auslöser der Ess-Brecht-Sucht – eine besondere psychische Belastung und ein Mangel an Selbstbewusstsein wie bei mir – zu beheben, werden sie zu anderen Symptomen führen, vielleicht zu einer anderen Sucht.«

Lara hat viel über die Gründe ihrer Abhängigkeit gelernt. »Schließlich kommt niemand mit einer Bulimie auf die Welt.« Missstimmungen in der Familie und der Druck, als Verbindungsglied fungieren zu müssen, spielten eine große Rolle. Weil sie vor allem auf andere Menschen einging, nahm sie ihre eigenen Bedürfnisse nicht mehr wahr.

Ans Licht gekommen war ihre Krankheit in den USA, wo sie während eines Highschool-Jahres in der elften Klasse bei einer Gastfamilie lebte. Die »Mutter« dort hörte, wie die damals Sechzehnjährige sich im Badezimmer übergab. Ein Radio, das die Geräusche des Erbrechens mit lauter Musik hätte überlagern können, gab es nicht. Lara ließ zwar vorsichtshalber die Dusche laufen und kaute anschließend Kaugummi. Aber die »Mutter« muss trotzdem etwas gehört haben und sie roch Säuerliches. Im Bad gab es nämlich kein Fenster.

Laras Mutter fiel aus allen Wolken, als sie von der Gastfamilie erfuhr, was mit ihrer Tochter los war. Aber Lara stritt selbstverständlich alles ab am Telefon und die Mutter glaubte ihr. »Ich konnte meiner Mutter doch nicht sagen, dass ich seit Jahren kotze.« Also gab Lara vor, es gehe ihr gut. Die inzwischen ebenfalls informierte Organisation des Auslandsaufenthalts bestand jedoch auf einem Check beim Arzt als Voraussetzung dafür, dass Lara in Amerika bleiben durfte. Und das wollte Lara nicht aufs Spiel setzen.

Um dem Arzt keine Anzeichen ihrer Erkrankung zu liefern, riss sich Lara vier Wochen zusammen und übergab sich nicht ein einziges Mal. Tatsächlich waren Blutbild und EKG in Ordnung. Nur der Zahnschmelz war wegen der vielen Säure des Erbrochenen etwas angegriffen.

Zurück in Deutschland, setzte sie die Eltern mit folgenden Worten ins Bild: »Erstens, ich beginne eine Therapie, weil ich Essstörungen habe, zweitens, weil ich rauche.« Lara wollte aufhören mit dem ewigen Fressen und Erbrechen. »Das hat mich fertiggemacht. Vor allem auch, dass ich immer etwas zu verbergen hatte. Das belastet unheimlich.« Lara fühlte sich so nutzlos und war oft so deprimiert, dass sie sich am liebsten den ganzen Tag im Bett verkrochen hätte. Sie wollte raus aus diesem elenden Trott. Alleine schaffte sie es jedoch nicht und ihre Eltern waren mit ihrer Erkrankung heillos überfordert.

Den Schlüssel für ihren Neubeginn sieht sie rückblickend darin, im Zuge der Therapie mit den Heimlichtuereien ein Ende gemacht zu haben. »Ich habe angefangen, über meine Bulimie zu reden. Reinen

Tisch gemacht und meine Freunde in meine Schwierigkeiten einbezogen. Ich habe gelernt, Hilfe einzufordern.« Am Anfang fiel ihr das sehr schwer. Denn sie verband damit den Druck, gleich wieder etwas zurückgeben zu müssen. Bis sie begriff, dass andere auch gerne geben, ohne gleich etwas zurückzuverlangen. Langsam entwickelte sie Vertrauen.

Wenn Ess-Brech-Süchtige ihre Verschleierungstaktik nicht wie Lara von selbst aufgeben, können Angehörige oder Freunde helfen, indem sie einen günstigen Moment abwarten und den Betreffenden behutsam darauf ansprechen. Wenn in der Wohnung ständig Lebensmittel verschwinden, im Zimmer der Tochter – seltener: des Sohnes – Süßigkeiten und Chips gehortet werden, wenn die Kinder gemeinsame Essen meiden oder auf den Handrücken bisswundenartige Narben haben, wenn ihnen Haare ausfallen, die Haut schuppig ist, sie häufig unter depressiven Verstimmungen oder Kreislaufstörungen leiden, können das mehr oder weniger deutliche Anzeichen sein.

Es gibt Eltern, die verfolgen ihre Kinder bis auf die Toilette, um sicher zu sein, dass die sich auch wirklich nicht übergeben. Aber in diesem Fall ist Vertrauen besser als Kontrolle: sich über die Erkrankung und Hilfsangebote informieren, zum Betroffenen Vertrauen aufbauen, ihn motivieren, unbedingt professionelle Hilfe in Anspruch zu nehmen.

Lara durchlebte und durchlitt viele seelische Tiefs auf dem Weg zur Heilung. Besonders schwer fiel es ihr, »normal« auf Partys zu gehen. Früher hat sie Partys oft früher verlassen, ist später gekommen oder hat ganz abgesagt. Denn solche Feste sind meist mit üppigen Buffets verbunden und waren für Lara eine Riesenqual, stellten sie doch die Möglichkeit unbegrenzten Essens dar. Mit ihren Freunden hatte sie ausgemacht, dass sie sie sofort ansprachen und ermahnten, wenn sie zum Beispiel das dritte Stück Kuchen nehmen sollte. Denn zwei waren ihre Grenze, noch ein Bissen mehr und sie hätte ihre Gier nicht mehr stoppen können.

Die Zeit der ersten Therapiesitzungen hat Lara als besonders schrecklich in Erinnerung. Ihr sei klar geworden, welche Folgen ihre Sucht haben konnte. Durch das Erbrechen greift die Magensäure den Zahnschmelz an, verursacht Schleimhautentzündungen der Speiseröhre und des Magens (Gastritis). Mitunter wird die Magenwand so geschädigt, dass sie löchrig wird. Außerdem fehlen durch das häufige

Erbrechen lebenswichtige Salze, was Herzrhythmusstörungen oder Verstopfung auslösen kann. Wenn Magensaft in die Luftwege gerät, kann sogar eine Lungenentzündung oder Ersticken die Folge sein. Wenn Lara an diese Dinge dachte, kotzte sie vor lauter Panik noch mehr. Sie war fix und fertig, brach auf Partys heulend zusammen: »Ich konnte nicht mehr. Aber ich hatte viel Unterstützung durch meine Freunde.« Vor allem durch ihre beste Freundin, die immer hundertprozentig für sie da war, sie nie aufgab, auch wenn sie selbst nicht mehr an sich glaubte. Die Freundin sagte damals Dinge wie: »Ich will nicht, dass du dich so hängen lässt.« Oder: »Ich bin sicher, irgendwann werden wir zusammen essen gehen.«

Lara bricht in Tränen aus, als sie von der Freundin erzählt, ihr Freund nimmt ihre Hand. Sie sammelt sich rasch wieder und fährt fort: Manchmal hat sie ihre Freundin nachts heulend angerufen. »Wir haben drei oder vier Stunden telefoniert. So lange, bis ich wieder etwas Mut hatte.«

Ihren Freund hatte Lara vor der Tür einer Diskothek in ihre Probleme eingeweiht. Damals waren die beiden noch nicht zusammen. Es hatte sich sozusagen ergeben, weil er ein Gespräch über ihre Essstörung mit einer Freundin mitbekam. Er erklärt heute: »Ich wollte erst nicht mit Lara zusammen sein, weil ich mir nicht vorstellen konnte, dass das klappt. Wegen der Bulimie.« Und das hat er ihr damals auch so gesagt: dass er sich keine Beziehung mit ihr vorstellen könne, »wenn das so weitergeht«.

Er hat sich von Anfang an nicht in Koabhängigkeit begeben. Das heißt, er hat nie ihre Sucht gedeckt oder sich von Laras Krankheit selbst abhängig gemacht, zum Beispiel indem er ihr Lebensmittel besorgte oder selbst auf ein schönes Essen beim Italiener verzichtete.

Lara konnte nicht von heute auf morgen aufhören, aber sie wollte ja. Und sie hatte sich verliebt. »Diesen Druck habe ich gebraucht.«

Zwar litt Lara immer wieder unter Rückschlägen, aber die Zahl der Tage, an denen sie überhaupt keinen Anfall hatte, nahm zu. Bis sie auf einer Klassenfahrt, auf der auch ihr Freund dabei war, eine ganze Woche lang ohne grenzenloses Essen und anschließendes Erbrechen durchhielt. Aber die Abendessen, die sich über vier Gänge hinzogen, waren für Lara jedesmal ein Albtraum. Sie ertrug es nicht, so lange mit Essen konfrontiert zu sein, und hatte panische Angst, rückfällig zu werden. Denn sie wusste, wenn sie eine bestimmte Grenze überschritt, würde sie nicht mehr aufhören können zu essen. Nicht nur einmal stand sie auf, verließ weinend den Raum und zog sich aufs Zimmer zurück. Das war Leiden pur, sie fühlte sich einsam und hatte eine konstante Wut im Bauch. Sie war eifersüchtig, weil ihr Freund das Essen genoss und sich mit anderen Mädchen amüsierte, während sie nicht so ausgelassen sein konnte. »Heute kann ich mich auch mal auf ein gemeinsames Essen freuen und es sogar genießen.« Und ihr Freund sagt, sie koche auch besser. Lara bestätigt: »Früher, als meine Geschmacksnerven im Eimer waren, habe ich alles versalzen.«

Früher drehten sich die Telefonate zwischen Lara und ihrem Freund zu 80 Prozent um die Bulimie. Das ist mit der Zeit immer weniger geworden. »Heute reden wir fast gar nicht mehr übers Essen«, ergänzt der Freund.

Die Bulimie war auch ein wichtiges Band zwischen ihr und ihren Freunden. Am Anfang hatte sie Angst, sie könnte sie verlieren, wenn die sie nicht mehr auffangen müssten. »Ich musste lernen, dass meine Freunde auch noch da sind, wenn ich mir nicht mehr ständig den Finger in den Hals stecke.« Lara hat im Laufe ihrer Therapie die Erfahrung gemacht, dass es gar nicht wirklich darum geht, hundertprozentig verstanden zu werden, sondern einfach nur Menschen zu haben, die einem zuhören und sich bemühen, einen zu verstehen. »Das gibt viel Kraft und zugleich stärkt es das Selbstbewusstsein. Man erkennt, wer seine wahren Freunde sind, in meinem Fall waren es sogar mehr als ich gedacht habe. In dem Moment, in dem man sich seine eigenen Schwächen eingesteht und sie offen auf den Tisch legt, gibt es viele, die helfen möchten. Man muss sich nur immer vor Augen halten, dass eigentlich alle, ob Familie oder Freunde, nur das Beste für einen wollen, und sich auch helfen lassen. Dabei muss man auch als Bulimiker lernen, auf die anderen zuzugehen und ihre Hilfe zu akzeptieren.«

Lara erlebte, dass jeder sie auf eine ganz andere Art und Weise unterstützte, manche hörten ihr einfach nur zu, waren einfühlsam und tolerierten alles, was sie machte, auch wenn sie mal wieder austickte, herumschrie und ihre Freunde beschimpfte. Andere verpassten ihr regelrecht einen »Tritt in den Hintern« mit den Worten: »Wir wollen zwar für dich da sein, aber verdammt, reiß dich zusammen, dein Verhalten ist ungerecht.« Wieder andere machten ihr Komplimente und nahmen sie in den Arm. »Sie alle halfen mir durch die

Krankheit hindurch. Im Nachhinein hätte ich somit keinen meiner Freunde missen wollen.«

Lara meint, die Umwelt sollte einen Bulimiker immer wieder mit den Folgeschäden seiner Sucht konfrontieren. Denn irgendwann wird der Körper diese Belastung von Nahrungsaufnahme und erzwungener -abgabe in solch großen Mengen nicht mehr mitmachen. »Bulimiker müssen sich dessen bewusst werden! Ich kann nur sagen, noch heute funktioniert meine Verdauung nicht so, wie sie sollte, mir wird manchmal noch schwindlig, mein Blutdruck ist zu niedrig.«

Aber Lara denkt heute auch nicht mehr von morgens bis abends ans Essen. Nur manchmal hat sie noch ein wenig Angst davor, am Tisch zu sitzen und doch wieder nicht aufhören zu können. Aber diese Gedanken beherrschen sie nicht mehr. »Das ist nicht mehr so dramatisch. Mein Leben ist heute viel leichter. Ich bin wie befreit.« Ihr Freund attestiert ihr ein fast normales Essverhalten. »Es ist etwas Wunderbares, dass wir jetzt zusammen essen können und sie das auch genießt.«

Angehörigen und Freunden möchte Lara ein paar Tipps geben: Wenn jemand im Bekanntenkreis an Bulimie erkrankt, sollte man sehr behutsam mit ihm umgehen. Es bedarf einer enormen Geduld, einen Suchtkranken bei der Genesung zu unterstützen. Bulimiker sind hochempfindliche Menschen und somit auch sehr verletzlich. Man sollte ihnen daher immer das Gefühl geben, dass man da ist, wenn sie einen brauchen, und ihnen wegen ihrer Suchterkrankung niemals Vorwürfe machen. Man kann dem Betreffenden mal einen »Tritt« verpassen, wenn er sich absolut danebenbenimmt – »das kam bei mir oft vor« –, aber ohne Vorwürfe und Geschrei, stattdessen mit dem Hinweis: »Wir wollen dir helfen, aber so geht das nicht. Du musst gesund werden wollen und du musst auch mit uns geduldig sein.« Angehörige und Freunde müssen auch erst lernen, wie man einem Ess-Brech-Süchtigen hilft, und das können sie nur von diesem selbst lernen.

Lara empfindet es als besonders schwierig, dass man sich als Essgestörter nicht totale Abstinenz vornehmen kann wie ein Alkoholiker oder ein Drogensüchtiger beispielsweise. Wie oft heißt es: »Komm, lass uns mal was essen gehen«, oder: »Kommst du bitte, es gibt Essen.« Und das nicht nur einmal täglich. Ess-Brech-Süchtige werden ständig mit Speisen konfrontiert und müssen das Essen von Beginn an neu lernen und gleichzeitig versuchen, die alten, schlechten Gewohnheiten zu verlernen. Die Rückfallgefahr ist deshalb auch enorm groß und der Heilungsprozess sehr lang. Auf jeden Menschen mit Essstörungen, der auch nur die kleinsten Fortschritte macht, sollte man enorm stolz sein und ihm das auch deutlich zeigen, sagt Lara.

Sie genießt ihr neues Lebensgefühl als ein vorher nie gekanntes Selbstbewusstsein. Sie wünscht sich, dass sie sich irgendwann einmal überhaupt keine Gedanken mehr um ihr Gewicht und ums Essen machen muss. Und, falls sie einmal Kinder bekommt, dass diese ein gesundes, ganz normales Verhältnis zum Essen entwickeln.

No Smoking

Millionen Menschen rauchen. Viele heimlich, weil sie Freunden, Arbeitskollegen, Verwandten erzählt haben, sie hätten aufgehört. Die meisten mit schlechtem Gewissen, weil sie um die schädlichen Auswirkungen der Nikotinsucht auf ihre Gesundheit wissen und eigentlich aufhören wollen. Trotzdem hat die Zahl der Menschen, die an sogenannten Raucherkrankheiten sterben, in den vergangenen zwei Jahrzehnten in Deutschland sogar zugenommen. Während nach Angaben des Statistischen Bundesamts 1984 mit rund 33.500 Personen knapp 4 Prozent aller Sterbefälle auf »Raucherkrankheiten« – darunter Lungenkrebs, Kehlkopfkrebs, Luftröhrenkrebs – zurückgingen, waren es 2004 mit mehr als 41.300 Menschen bereits gut 5 Prozent. Denn mehr als 40 der über 4000 im Zigarettenrauch enthaltenen Substanzen sind krebserregend.

Auch Elke Holzhauer, Heike Drackert und Manfred Boll haben einst entgegen aller Vernunft gequalmt. Sie widerlegen jedoch die These »einmal Raucher, immer Raucher«. Alle drei haben sich mit unterschiedlichen Mitteln von der Tabaksucht verabschiedet, mit der Schluss-Aus-Vorbei-Methode, mit einem Verhaltenstraining, mit Unterstützung von Pillen und Pflastern.

Den Hebel im Kopf umgelegt

Schon als Kind liebte er den Duft von Zigaretten. Oft sammelte Manfred Boll damals Kippen am Straßenrand auf, fummelte mit seinen kleinen Fingern den Tabak raus und zündete ihn mit einem Brennglas an. »Das roch interessant. Außerdem war dieser verführerische Geruch doch eigentlich den Erwachsenen vorbehalten.«

Den Großen so richtig nacheifern wollte er mit vierzehn, als er auf dem Internat zum ersten Mal an einer Zigarette zog. Es geschah in einer kleinen verschworenen Gemeinschaft. Die Jungs, alle in Manfreds Alter, trafen sich in der Unterrichtspause im Fahrradschuppen auf dem Schulgelände, um heimlich zu rauchen. Im Fahrradschuppen, weil man von dort aus genau sehen konnte, wenn Gefahr in Verzug war, das heißt, wenn ein Lehrer nahte. Dann wurden die Kippen schnell weggeworfen.

»Es war dieses gesellige Moment und der Kick, vielleicht bei dem verbotenen Treiben von einem Lehrer entdeckt zu werden«, sucht der heute Einundfünfzigjährige nach einer plausiblen Begründung dafür, dass er immer wieder mitmachte, obwohl »das Zeug schrecklich schmeckte damals. Wir rauchten auch noch Filterlose, weil die billiger waren.«

Diese erste Berührung mit der Droge Nikotin legte aus seiner Sicht jedenfalls den Grundstein für eine sich schleichend entwickelnde Abhängigkeit. Wann immer sich die Jungen in ihrem Versteck zusammenfanden, ging eine glühende Zigarette herum. Damals war Manfred Boll noch weit davon entfernt, sich eine eigene Packung zu kaufen. Aber in dieser Gemeinschaft habe man den Erwachsenen nachgeeifert und die Oberstufenschüler hätten sowieso fast alle geraucht. »Wir kleinen Pimpfe fühlten uns mit der Zigarette in der Hand dann auch groß.«

Blieb es im Kollektiv noch beim Paffen, wie er es ausdrückt, wagte er im Einzelversuch den ersten Lungenzug. Dazu kaufte er sich für ein Wochenende zu Hause sein erstes eigenes Päckchen. Damit die Eltern nichts rochen, öffnete er das Fenster seines Zimmers, dann zündete er sich gespannt eine Zigarette an, sog den Rauch tief ein. »Das war eine echte Mutprobe. Das war der Knaller, eine Art Rausch mit leichtem Schwindel. Etwas Benommenheit und ein Glücksgefühl stellten sich ein. Es schien, als ob mich das Nikotin total high machte für ein paar Sekunden.« Dieses Gefühl habe er nie wieder erlebt, egal wie viel er rauchte. Natürlich war mit einem Lungenzug auch nie mehr dieses Abenteuer verbunden, verknüpft mit der Vorstellung, was im Moment des tiefen Einatmens wohl alles im Körper vor sich gehen mag. Von jenem Tag an jedoch begann ein vierjähriger, langsamer Prozess von der Gewöhnung zur Sucht. Bis er mit neunzehn zur Bundeswehr kam, Geld hatte und sich eigene Zigaretten leisten konnte.

Als Schüler hatte sich Manfred Boll nur ab und zu Zigaretten gekauft. Denn sein Taschengeld gab er lieber für andere Dinge aus, für Bücher, Schallplatten und Klamotten, um ins Kino zu gehen oder sein Mofa vollzutanken. Aber wann immer sich die Gelegenheit bot, rauchte er mit, schnorrte sich so durch. Das änderte sich bei der Bundeswehr schlagartig. »Dort gehörte Rauchen zum guten Ton«, meint er. Überhaupt galten Nichtraucher damals als Eigenbrötler. Die Raucher dagegen waren die geselligen Typen, ihnen fühlte er sich näher. Er wollte Spaß haben, lachen, das Leben genießen. Es wurde getrunken und geraucht, mit jedem Bier mehr.

Oft überbrückte er auch Langeweile mit den Zigaretten. Aus Nervosität, so wie seine Mutter, die dann schon mal eine paffte, habe er nie zum Glimmstängel gegriffen. Jeder hat eben so seine Gründe. Für Manfred Boll kam der Geruch, den er schon als Kind so mochte, als Erwachsener wieder ins Spiel. Denn jetzt als Raucher liebte er es, wenn der Duft von Tabak an seinen Fingern und der Kleidung haftete.

Im Laufe der Zeit steigerte sich sein Tabakkonsum in seiner »Glanzzeit« auf ein Päckchen täglich. Die jeweils bevorzugte Marke wechselte mit den Moden. »Ich kaufte, was angesagt war, achtete auf das Styling der Packung.« Manfred Boll meint, dass ihn die groß gedruckten Warnhinweise über die Gesundheitsgefahren auf den Schachteln heutzutage abschrecken würden. »Das ist doch alles andere als stimulierend.«

Trotzdem wusste er natürlich damals auch, dass er seinem Körper mit dem ganzen Gift schadete, hörte aus schlechtem Gewissen immer wieder mal auf. »Aufhören hieß für mich, den Nachschub beschneiden, also keine Zigaretten mehr kaufen, sondern schnorren. Das bedeutete automatisch: weniger rauchen, und das war ja schon mal gut.« Hielt aber nicht lange. Viele Gelegenheiten lauerten darauf, seine Pläne zu durchkreuzen, die gewonnenen Einsichten in den Hintergrund zu drängen: ein spannender Krimi im Fernsehen, gute Musik zu Hause auf dem Sofa oder eben Langeweile. »Dann habe ich mir doch wieder welche gekauft, meinen eigenen Codex gebrochen und mich deshalb mies gefühlt.«

Ob er süchtig war? »Das ist eine schwierige Frage. Im Sinne von nikotinabhängig eher nicht«, glaubt er. »Ich konnte jederzeit aufhören ohne körperliche Entzugserscheinungen. Aber ich vermisste was im Leben, einen Baustein, der in jeder Lebenslage einsetzbar war. Das Fehlen dieses gewohnten Bausteins führte zu einem Vakuum, das gefüllt werden wollte. Und auch wurde: wieder mit einer Zigarette.«

Erst ein Erlebnis exakt am 1. September 2001 stoppte diesen Mechanismus. An das Datum erinnert sich Manfred Boll deshalb so genau, weil der Bruder seiner Lebenspartnerin an diesem Tag Geburtstag hat. Und wie jedes Jahr wurde gefeiert. Es war ein wunderschöner Spätsommertag, zur Feier wurde gegrillt. Spanferkel. Unter der Regie von Manfred Boll, natürlich mit der Zigarette in der Hand. »Ich stand in einer Schwade von Spanferkelqualm, durchdrungen von Tabakgeruch. Da wurde mir speiübel. Angeekelt habe ich die Kippe in die Glut geworfen und mich dann quasi von meiner Sucht verabschiedet. Höchstens im Suff mal einen oberflächlichen Zug gemacht, aber für diesen schalen, bitteren Geschmack nichts Positives mehr empfinden können. Heute kann ich überhaupt nicht mehr nachvollziehen, jemals geraucht zu haben.«

Mit Willenskraft ist es Manfred Boll tatsächlich gelungen, dieses Mal durchzuhalten. »Es ist mir nicht schwergefallen. Ich habe auch nicht wie viele andere auf dem Weg zum Nichtraucher vermehrt zu Süßigkeiten gegriffen.« Sein Trick lässt sich auf die Formel bringen: »Ich habe den Schalter im Kopf umgelegt, mir eingetrichtert: Du rauchst nicht mehr. Deshalb habe ich auch nichts vermisst.« Für ihn galt es jetzt, diesen »elementaren Baustein« Zigarette zu ignorieren. »Der war für mich einfach nicht mehr existent.« Mehr noch: »Mir taten all die armen Gestalten leid, die sich langsam, aber stetig mit dem Tabak vergifteten.«

Um nicht doch rückfällig zu werden, stöberte er damals auch oft in Büchern zur Raucherentwöhnung, las immer wieder jene Teile, in denen geschildert wurde, was er seinem Körper Gutes tat, wenn er standhaft blieb. Zum Beispiel werden die Geruchs- und Geschmacksorgane wieder sensibler, man kann wieder besser riechen und schmecken. Nach fünf Jahren verringert sich das Risiko, an Lungenkrebs zu sterben, fast um die Hälfte. Nach fünf bis 15 Jahren sinkt das Herzinfarktrisiko auf das eines Nichtrauchers. »Das sind doch gute Aussichten. Das hat mich motiviert.« Ein guter Freund, der immer aufhören wollte und dies auch ständig tat, um dann wieder anzufangen, habe ihn mal gefragt, wie er das eigentlich so easy geschafft habe. »Ich meinte dann immer nur: einfach aufhören.«

Die angebrochene Zigarettenpackung von besagtem Grillabend besitzt er immer noch. Sie liegt nicht einmal an einem verborgenen Ort, sondern hat ihren Stammplatz in einem Wohnzimmerschrank. Ab und zu zieht Manfred Boll die Schublade auf, um sich selbst zu testen, sieht sich die vertrockneten Tabakstängel an und macht die

Schublade mit zufriedener Miene wieder zu. »Dann freue ich mich.« Die Zigaretten im Schrank sind für ihn das sichtbare Zeichen seiner Stärke. »Das macht mich sehr stolz.«

Schrittweise bis auf null

Heike Drackert ist 48 Jahre alt. 32 Jahre davon hat sie sich ständig in blauen Dunst gehüllt, die erste von 45 bis 50 Zigaretten täglich gleich nach dem Aufstehen gequalmt. Wie oft wachte sie nachts um zwei oder drei Uhr auf, konnte nicht wieder einschlafen, schlich ins Wohnzimmer und rauchte eine im Nachthemd auf dem Sofa. »Heute schlafe ich wunderbar durch«, sagt die Krankenschwester, die vor zwei Jahren ihre letzte Zigarette ausgedrückt hat. Obwohl sie von Rauchern umgeben ist – der Ehemann raucht, die 30 Jahre alte Tochter ebenfalls, die Schwiegermutter auch –, hält Heike Drackert durch.

Auch sie probierte als Jugendliche, auch sie war vierzehn damals, heimlich ihre erste Zigarette. »Mir ist schwindlig geworden, aber trotzdem habe ich weitergeraucht.« Mit stetig steigender Dosis und als Erwachsene überall: zu Hause, im Auto, bei Freunden, im Restaurant und so weiter. Ihr einziger Versuch, von den Glimmstängeln zu lassen, scheiterte nach einer Woche, als sie 26 Jahre alt war. »Ich bin tagelang wie ein Löwe um die Packung meines Mannes geschlichen, bis ich den herumliegenden Zigaretten einfach nicht mehr widerstehen konnte.« Sie wurde schwach, nahm Schachtel und Streichhölzer mit auf die Toilette. Sie wollte diese Niederlage vor ihrem Mann verbergen, weshalb sie sich fortan für jede Kippe ins Bad verzog und nach der verbotenen Tat das Fenster sperrangelweit aufriss. Trotzdem frohlockte ihr Mann: »Heike, du rauchst doch wieder?« Aber sie wollte sich diese Blöße nicht geben und stritt alles ab. Jedenfalls bis sie nach kurzer Zeit wieder bei ihrem früheren Pensum war. »Ich kann Drogensüchtige gut verstehen«, bekennt die Fachkrankenschwester für Psychiatrie, die auf der Suchtstation einer großen Klinik arbeitet.

Heike Drackert wollte sich eigentlich schon vor Jahren aus ihrer Abhängigkeit lösen, packte es dann aber doch nicht. »Mich nervte dieser Zwang, rauchen zu müssen, deshalb zum Beispiel bei Besprechungen den Raum verlassen zu müssen. Morgens hustete ich, tagsüber war ich permanent verschleimt.« Trotzdem konnte sie sich erst vor gut zwei Jahren zu einem neuen Anlauf durchringen. Eine Kollegin, die ebenfalls die Nase voll hatte, motivierte sie, und die beiden meldeten sich für einen Kursus an: »Rauchfrei in zehn Schritten«.

Nicht abruptes Aufhören ist das Ziel dieses von der Bundeszentrale für gesundheitliche Aufklärung und dem Max-Planck-Institut entwickelten Gruppenprogramms, sondern der schrittweise Abbau der Menge bis auf null. In der ersten Phase soll jeder Teilnehmer sein Rauchverhalten beobachten, sich bewusst werden, in welchen Situationen und wie viel er raucht, in Phase zwei wird bis auf null reduziert, in Phase drei das Erreichte stabilisiert, zum Beispiel indem jeder für sich nach Ersatz für die Zigarette sucht. Die Kosten von 210 Euro hat die Krankenkasse von Heike Drackert mit 85 Euro bezuschusst.

Eine DIN-A4-Mappe mit den Aufzeichnungen von damals hat Heike Drackert bis heute aufgehoben. Sie holt ein Blatt Papier mit einer Kurve hervor, die über die sinkende Zahl ihrer Zigaretten Aufschluss gib, deutet auf die zweite Woche. Da war sie von 45 bis 50 schon auf durchschnittlich 30 Zigaretten täglich runter, in der vierten und fünften Woche sogar auf zwölf. Im Laufe des auf zehn Wochen angelegten Kurses war der unbewusste Griff nach der nächsten Kippe weggefallen. Den vergällte ihr eine kleine, vorgefertigte Karte, so groß wie eine Zigarettenpackung, die sie gut sichtbar in die Schachtel steckte. Die Karte mahnte zur Selbstkontrolle. Denn das Entwöhnungsprogramm sieht vor, dass vor jeder Zigarette immer erst ein Strich gemacht wird. Damit soll ein Automatismus unterbrochen werden, was bei Heike Drackert tatsächlich bewirkte, dass sie sich morgens die erste nicht mehr sofort nach dem Aufstehen anzündete, sondern erst nach dem Frühstück. Sie genehmigte sich keine mehr nachts und auch keine im Auto. »Tagsüber habe ich mir die Zigaretten eingeteilt und bewusst geraucht, nicht mehr zum Stressabbau wie vorher meistens, sondern nur noch zur Belohnung beziehungsweise wenn es mir gut ging.«

Durch den Kursus hatte sie sich einiges klargemacht, zum Beispiel: Was gewinne ich, wenn ich aufhöre? – »Gesundheit; die Freiheit, keine Besprechungen mehr verlassen zu müssen.« Andererseits: Wo liegt mein Gewinn durchs Rauchen? – »Entspannung, Umnebelung; schafft Inseln zum Zurückziehen.« Doch weder Protokolle noch verhaltenstherapeutische Tricks ließen sie unter ihre magische Zwölfergrenze kommen. »Noch weiter konnte ich nicht, da wurde ich kribbelig.« Einmal notierte sie: »Stress auf der Arbeit, ein Scheißtag. Mein Verlangen, wieder mehr zu rauchen, ist riesig.«

Heike Drackert fuhr weitere Geschütze auf: Nikotinpflaster und Zyban, ein in der Raucherentwöhnung eingesetztes Antidepressivum. Trotzdem griff sie weiterhin zur Zigarette. Eine Woche später entgleiste ihr Blutdruck, kletterte trotz ACE-Hemmern in bedenkliche Höhe. Ihr Arzt verschrieb ihr Betablocker. Mithilfe der Pillen und der Nikotinpflaster gelang es ihr schließlich doch, den Zigarettenkonsum weiter zu reduzieren, aber sie fühlte sich unwohl. Durch die Blutdruckmedikamente war ihr Blutdruck jetzt sehr niedrig, »sodass ich ein sehr dumpfes Gefühl im Kopf verspürte. Das machte mir Angst, und so kam Woche sechs.« Und in dieser sechsten Woche ließ sie alles weg: Blutdruckmedikamente, Nikotinpflaster, Antidepressivum und vor allem auch die Zigaretten. »Die letzte habe ich eines Abends um etwa 22 Uhr bewusst und genüsslich ausgedrückt.« Heike Drackert war einerseits erleichtert, verspürte aber auch eine gewisse Traurigkeit, »weil ich da einen Partner ziehen ließ, der mich über viele Jahre treu begleitet und der mir über viele Stress- und Angstsituationen zumindest vermeintlich hinweggeholfen hatte.«

Jetzt wurde die einstige Kettenraucherin richtig krank, litt unter grippeähnlichen Symptomen und großer Unruhe. »Ich hatte einen schweren Nikotinentzug und war arbeitsunfähig. Nach vier bis fünf Tagen ist es langsam besser geworden.« Heike Drackert arbeitete wieder und ging mit einer Kollegin abends in ein schönes Bistro essen. »Damit ich immer etwas in der Hand hatte, habe ich ganz viel Wasser und Cola getrunken.« Trotzdem entstand nach dem Essen eine große Leere, war sie doch über Jahrzehnte gewohnt, jetzt eine zu rauchen. »Ich habe mir einen Milchkaffee bestellt, wir haben viel geschwätzt, und irgendwie habe ich den Abend überstanden.«

Beim nächsten Termin in der Gruppe »war ich richtig stolz, dass ich das hingekriegt habe. Denn in der siebten Kursuswoche war ich auf null.« Heike Drackert meint, der Austausch mit anderen habe ihr sehr geholfen. Es sei eine Erleichterung gewesen zu hören, dass sie mit diesen blöden Problemen nicht alleine dastand. Zum Beispiel damit, morgens aufzuwachen und sofort zu denken, »jetzt musst du eine Zigarette rauchen«. Oder die Träume, in denen sie die Zigaretten regelrecht verfolgten. Nicht nur einmal träumte sie, eine geraucht zu haben, und wachte schweißgebadet auf.

Während der Arbeit baute sich Heike Drackert Hilfsbrücken, indem sie etwa offen äußerte: »Wie gerne würde ich jetzt eine rauchen.« Kollegen hätten sie davon abgehalten. Brenzlig wurde es in der letzten Phase ihres Studiums zur Fachpflegewirtin, das sie berufsbegleitend absolvierte. Denn das bedeutete Stress, und außergewöhnliche Belastungen waren früher automatisch mit vielen Zigaretten verbunden gewesen. Aber Heike Drackert wollte das unter allen Umständen vermeiden und fand in Kräuterzigaretten aus der Apotheke eine Lösung. Beim Recherchieren und Schreiben der Diplomarbeit gönnte sie sich ab und zu so eine Mischung aus Haselnuss, Papaya, Eukalyptus und Menthol, die nur äußerlich einer üblichen Zigarette gleicht.

Am Abend vor der mündlichen Prüfung war sie so aufgeregt, dass sie glaubte, kaum mehr durchatmen zu können. Sie rannte ins Wohnzimmer und inhalierte tief ein paar Züge aus der Kräuterzigarette. So vermied sie einen Rückfall, auch wenn die vom Nikotin bekannte Wirkung ausblieb. Für den Notfall hat sie noch heute immer Kräuterzigaretten bei sich. »Die schleife ich überall mit hin.« Gebraucht hat sie seit einem Jahr keine mehr. »Wenn man richtig geraucht hat, schmecken diese Dinger aus der Apotheke nicht. Sie bringen auch nichts im Sinne von Entspannung. Mein Suchtmittel, das Nikotin, ist da nicht drin. Aber sie haben mir beim Aufhören geholfen, zum Beispiel auch zur Belohnung oder um etwas in der Hand zu haben.«

Inzwischen ist Heike Drackerts Liste der Vorteile, die sie als Nichtraucherin genießt, erheblich angewachsen. Sie zählt auf: »Mein Husten ist weg, meine Gesichtshaut rosig geworden. Beim Sport habe ich viel mehr Ausdauer. Ich leide nicht mehr unter Kopfschmerzen und muss mich nicht schämen, weil ich überall mit der Zigarette in der Hand herumlaufe. Ich muss in Restaurants nicht nach der Raucherzone suchen, kann unbeschwert Besuche im Theater, der Oper oder im Kino genießen. Meine Haare stinken nicht mehr nach Rauch, ich kann Gerüche besser wahrnehmen. Ich habe mehr Geld für andere Dinge übrig, zum Beispiel für Obst, Kosmetik oder Kleidung.«

Da gibt es allerdings noch einen Haken. Denn Heike Drackert mag sich gar nichts zum Anziehen kaufen, weil sie sich zu dick findet. »Zehn Kilogramm mehr auf den Rippen, das sind ungefähr zwei Kleidergrößen. Statt einer Zigarette habe ich öfter genascht, mal hier ein paar Nüsschen, da ein Stück Käse oder eine Scheibe Wurst. Außerdem ist der Stoffwechsel langsamer.« Ihr Arzt hat ihr vorausgesagt, die körperliche Umstellung dauere etwa drei Jahre. Zwei hat sie schon um. Die wenigen Kleidungsstücke, die noch passen, steckt sie ununterbrochen in die Waschmaschine. Denn neue möchte sie sich erst zulegen, wenn sie wieder schlanker ist. Auf ihrem Tisch steht mundgerecht geschnippeltes Obst, es soll sie vor Knabbereien wie Kartoffelchips oder gesalzenen und gerösteten Nüssen schützen. Sie hat die Kontrolle über das Rauchen gewonnen, jetzt will sie die Kontrolle übers Essen erringen.

Heike Drackert will nie mehr rauchen. »Ich vermisse die Zigarette auch in keiner Situation mehr – so wie in einer Phase, als ich morgens aufwachte und dachte, jetzt habe ich Schmacht. Aber ich bin sicher, würde ich jetzt eine nehmen, wäre ich innerhalb einer Woche wieder bei 40 bis 50 Zigaretten.« Sie ist sicher, dass dieser Fall nie eintreten wird, allein den Entzug möchte sie nicht noch einmal durchstehen müssen.

Zu den militanten Nichtrauchern, die keinen Qualm in ihrer Nähe dulden, gehört sie nicht. Sie macht auch ihrem Ehemann keinen Druck, obwohl der kalte Rauch in der Wohnung sie inzwischen noch mehr stört als früher, als sie ihn noch selbst mitproduzierte. Trotzdem wünscht sie sich, dass auch ihr Mann eines Tages loskommt vom Nikotin. Das hat sie schon in ihrem Raucher-Entwöhnungskursus indirekt formuliert. Denn jeder Teilnehmer durfte sich einen »Hauptgewinn« aussuchen, der bei Erfolg einzulösen ist: in ihrem Fall ein Wochenende in einem Schlösschen für Nichtraucher. Zwar hat Heike Drackert sich ihren Preis verdient, doch auf dieser Reise soll ihr Ehemann natürlich dabei sein.

Von einer Sekunde auf die andere

Die erste Zigarette probierte auch sie mit vierzehn. Der Reiz lag für Elke Holzhauer darin, dass es sich um etwas Verbotenes handelte. Die heute Fünfzigjährige hat die Szene ihres Einstiegs in die Sucht noch so genau vor Augen, als wäre es gestern gewesen. »Wir waren eine Clique aus sieben Mädchen. Die Mutprobe bestand darin, die erste Zigarette zu rauchen, ohne dass man hustete oder Übelkeit einen beschlich. Wenn jemandem schlecht wurde, galt das als Schwäche.« Elke Holzhauer schaffte drei Zigaretten, ohne mit den genannten Symptomen aufzufallen. »Das war toll, rauchen wie die Erwachsenen.«

Danach versteckte sie sich für jede Zigarette im elterlichen Garten hinter dem Stachelbeerbusch. Doch der Vater, selbst Raucher, kam dahinter, steuerte schnurstracks auf sie zu. Das Mädchen ließ die Zigarette schnell fallen und stellte einen Fuß darauf. »Du rauchst«, brüllte der Vater sie an. »Nein«, leugnete sie, fing eine Ohrfeige und geriet dabei so aus dem Gleichgewicht, dass ihr Fuß die Kippe freigab. Weil es nun offenkundig war, dass sie gelogen hatte, fing sie noch eine. »Jetzt erst recht«, dachte sich die Tochter und kaufte sich vom Taschengeld die ersten eigenen Päckchen. Vorher hatte sie immer nur die Zigaretten geraucht, die die heimlich rauchenden Mädchen zusammen gekauft und untereinander aufgeteilt hatten. »Eine eigene Schachtel wäre doch viel zu auffällig gewesen«, erklärt Elke Holzhauer.

In der Schulpause lief sie damals mit der Clique meistens in einen Eissalon, dort kauften sich die Mädchen Eis, aber eigentlich nur, um vor den Lehrerblicken geschützt zu rauchen. Manchmal schwänzten sie auch die Schule. Sie fühlte sich stark mit der Zigarette in der Hand, meint die Software-Beraterin heute, die erst spät studierte.

Nach der Mittleren Reife absolvierte sie eine kaufmännische Ausbildung; dann holte sie Abitur und ein Studium der Betriebswissenschaften nach. »Durch den Lernstress während des späten Universitätsbesuchs brachte ich es leicht täglich auf 60 Zigaretten. Ich fraß die Zigaretten regelrecht.« Morgens nach dem Aufstehen startete sie als Erstes die Kaffeemaschine, und noch bevor die erste Tasse durchgelaufen war, rauchte sie eine. Die zweite nach dem Kaffee und die dritte direkt nach Ankunft auf dem Campus. Dort erwartete sie schon ihre Kommilitonin – in der einen Hand eine Zigarette, an der sie genüßlich zog, in der anderen zwei Tassen Kaffee – eine für Elke Holzhauer. Sofort nach der Begrüßung spiegelte diese ihre Freundin: in der einen Hand die Zigarette und in der anderen die übernommene Tasse Kaffee. Welch ein Genuss!

»Wir haben meistens bis drei Uhr nachts gelernt, da war die 60er-Marke leicht zu erreichen.« Elke Holzhauer rauchte bei Stress besonders viel. »Ich bildete mir ein, das würde eine Last von meinen Schultern nehmen und ich könnte belastende Situationen besser durchstehen. So ein Schwachsinn.«

Wie oft fuhr die Studentin nachts an die einzige noch offene Tankstelle in ihrer Nähe, weil die Vorräte aufgebraucht waren. Stangenweise kaufte sie ihr Suchtmittel nie. »Das ist doch letztlich gleich. Irgendwann sind die auch aufgebraucht.« Schlimmer als fehlenden Nachschub empfand sie, wenn zwar Zigaretten, aber weder Streichhölzer noch ein gefülltes Feuerzeug zu Hause waren. »Dann habe ich ein Stück Seidenpapier bei Stufe drei auf der Herdplatte zum Brennen gebracht.« Freunde, in deren Wohnung sie bei Besuchen nicht rauchen durfte, mied sie. Zu Freunden mit kleinen Kindern, denen sie nicht schaden wollte, brach sie den Kontakt ab.

Ein schlechtes Gewissen wegen ihrer Gesundheit hatte Elke Holzhauer, die insgesamt 30 Jahre rauchte wie ein Schlot, lange nicht. »Ich habe ehrlich gesagt daran gar nicht gedacht.« Später störte sie, dass Rauchen nicht mehr so gerne gesehen war, zum Beispiel als sie als Unternehmensberaterin in einem Büro mit lauter Nichtrauchern tätig war. Dann musste sie für jede Zigarette bei offenem Fenster im Treppenhaus stehen. Und noch etwas nervte: Freunde, Kollegen, Eltern sprachen sie ständig auf ihren überhöhten Tabakkonsum an. Die eine sei noch nicht verglüht, da fingere sie schon die nächste aus der Schachtel. »Das Gemecker der Leute um mich herum war unerträglich.«

Sie ließ sich von einer befreundeten Apothekerin ein Nikotinpflaster zeigen. Als sie sah, dass sie dafür 5,70 Mark auf den Ladentisch legen sollte, packte sie der Geiz und sie schob die Pflaster voller Entsetzen zurück: »Eine Packung Zigaretten kostet fünf Mark, und ich soll sogar 70 Pfennig mehr dafür ausgeben, dass ich kein Vergnügen mehr habe.« Mit der Apothekerin vereinbarte sie aber, den Nikotingehalt der Pflaster auch mit Rauchen nicht zu überschreiten. Sie stieg auf eine Light-Variante um und halbierte ihr bisher übliches Quantum.

Bis sie im Jahr 2000 ein Schlüsselerlebnis hatte. »So wie mich ein Schlüsselerlebnis als Jugendliche zum Rauchen brachte, hörte ich durch ein anderes von einer Sekunde auf die andere ganz auf.« Elke Holzhauer lag im Krankenhaus, weil ihre schiefe Nasenscheidewand – eine Spätfolge eines Autounfalls – gerichtet worden war. Ihr Bruder besuchte sie in der Klinik und wollte eine rauchen. Als die beiden auf dem Balkon standen, fragte er: »Willste mal ziehen.« Und sie sog den Rauch tief in ihre Lungen ein. Dann spürte sie etwas Feuchtes auf ihrer Oberlippe und fuhr mit dem Finger darüber. Als sie das Blut aus ihrer frisch operierten Nase sah, schoss ihr durch den Kopf: »Das Rauchen schadet dir. Lass es lieber.«

Seit diesem Augenblick hat sie nie wieder eine Zigarette angerührt. Ihre Mutter sei sehr stolz auf sie. Denn selbst wenn alle um sie herum rauchten, bleibe sie konsequent. »Das macht mir gar nichts aus. Das Verlangen nach einer Zigarette war von einem Schlag auf den anderen weg. Ich wollte fortan nur noch Gutes für mich tun.«

Elke Holzhauers Partner ist ein begeisterter Wanderer. Heute kann sie gut mithalten, muss nicht mehr nach Luft schnappen und Pausen einlegen. »Ich bin ein Naturfreund geworden und genieße den Blütenduft«, sagt sie. Inzwischen hat sie auch Spaß am Joggen gefunden, läuft dreimal wöchentlich etwa fünf Kilometer durch die Natur. Welch ein Genuss!

Sucht setzt sich in der Tiefe der Seele fest

Ein Gespräch mit dem Arzt, Biologen und Drogenexperten Dr. Wilfried Köhler über die Entstehung von Sucht, über Therapiemöglichkeiten und Chancen der Abstinenz

Dr. Wilfried Köhler, geboren 1945 in Heidelberg, absolvierte ein Doppelstudium der Medizin und der Biologie. Der Psychiater ist Chefarzt der Klinik für Abhängigkeitserkrankungen und Konsiliarpsychiatrie des Frankfurter Bürgerhospitals und Ärztlicher Leiter des Heroin-Modellversuchs in Frankfurt. Sein umfassendes Wissen über Abhängigkeitserkrankungen und seine umfangreichen Erfahrungen in der Therapie bringt er unter anderem auch als stellvertretender Suchtbeauftragter und als Mitglied des Gutachterausschusses »Suchtmedizinische Grundversorgung« der Landesärztekammer Hessen ein. Seit 2003 bekleidet er zusätzlich das Amt des Ärztlichen Direktors des Bürgerhospitals in Frankfurt.

1,6 Millionen Menschen in Deutschland gelten als alkoholabhängig. Fast 17 Millionen greifen täglich zur Zigarette. Schätzungsweise 1,5 Millionen missbrauchen Arzneimittel, 300.000 schnupfen regelmäßig Kokain und 500.000 hauptsächlich junge Menschen schlucken sogenannte Partydrogen wie beispielsweise Ecstasy. Herr Dr. Köhler, sind wir eine Gesellschaft von Süchtigen geworden?

In fast allen Kulturen sind Suchtstoffe fester Bestandteil des gesellschaftlichen und sozialen Lebens. Bei uns gehören die legalen Substanzen wie Alkohol und Zigaretten selbstverständlich dazu – auf Partys, Empfängen, zu Hause zum Essen und bei vielen Anlässen mehr. Ob sich aus einem als Genuss erlebten Konsum jedoch eine Sucht entwickelt, ist von einem sehr komplexen Geschehen abhängig. Ob wir, gemessen an früheren Zeiten, mehr Süchtige unter uns haben? Ich glaube ja, und dazu tragen nicht nur Entwicklungen wie ein zunehmend erlebter Sinnverlust bei, sondern es sind auch ganz triviale Faktoren zu nennen, die das Entstehen einer Abhängigkeit in unserer heutigen Gesellschaft begünstigen: beispielsweise Wohlstand in Form von überreichlich vorhandenen Nahrungsmitteln oder die höhere Lebenserwartung. Im alten Ägypten, wo das Bierbrauen schon bekannt war, wurde in den sprichwörtlichen sieben mageren Jahren sicherlich weniger Gerste zum Bierbrauen verwendet als in den fetten Jahren, und in den Perioden der Nahrungsmittelknappheit und der Hungersnöte, welche die Menschheit stark geprägt haben, wurde auch weniger Alkohol getrunken. Und je weniger Alkohol in einer Gesellschaft getrunken wird, umso weniger Menschen werden abhängig. Das geht Hand in Hand mit der Feststellung, dass Alkohol heutzutage im historischen Vergleich so enorm billig ist, dass ihn sich selbst der Ärmste noch leisten kann, wenn er Billigstspirituosen konsumiert. Und je mehr getrunken wird, umso mehr Menschen erwischt die Sucht.

Auch mit der höheren Lebenserwartung steigt die Zahl der Süchtigen. Das lässt sich gerade beim Alkohol gut sehen. Bei diesem Suchtstoff dauert es in der Regel einige Jahre oder Jahrzehnte, bis aus einem riskanten Konsum eine Sucht wird. Und in früheren Zeiten, in denen Streit- und Kriegshändel Normalität waren, war vermutlich schon ein erheblicher Teil der Männer diesen zum Opfer gefallen, bevor sie das Alter erreichten, in dem sich heute Alkoholabhängige erstmals in Behandlung begeben.

Bei den illegalen Stoffen kommt der Reiz des Verbotenen, der Kitzel des erhöhten Risikos hinzu. Das Übertreten von Regeln, die vermeintlich nur »für die Dummen« gelten, kann Teil des Profilierungszwangs sein. Wenn Champagner zur Selbststilisierung nicht mehr viel taugt, weil das massenhafte Angebot bei ALDI den schäumenden exklusiven Höhepunkt doch nicht mehr ganz bietet, dann trägt die Illegalität der Beschaffung beispielsweise bei Kokain vermeintlich dazu bei, am Nimbus des Besonderen teilzuhaben.

Interessanterweise treffen sich da zwei sonst diametral getrennte gesellschaftliche Gruppen. Kokain findet sich einmal dort gehäuft, wo materieller Überfluss mit der Überzeugung zusammentrifft, man könne sich aufgrund der eigenen gehobenen sozialen Stellung über Gesetze hinwegsetzen; aber auch im kriminellen Randbereich der

Gesellschaft, in dem sich häufig Menschen befinden – ich rede hier von Menschen mit »antisozialer Persönlichkeitsstörung« –, zu deren Prägung die Unfähigkeit gehört, aus Strafen lernen zu können und Regeln einzuhalten.

Was fasziniert Menschen überhaupt so an Drogen, dass sie alle möglichen negativen Konsequenzen ignorieren?
Suchtstoffe lösen Empfindungen wie Glück, Entspannung, Zufriedenheit, Angstfreiheit aus, die sich normalerweise nur einstellen, wenn man etwas geleistet hat. Zum Beispiel kann es Glücksgefühle hervorrufen, wenn jemand ein Tennismatch gewonnen oder eine besonders knifflige Arbeit vollbracht hat. Suchtstoffe bieten eine Art Abkürzung für solche Belohnungen. Dabei wird ein sehr archaischer Teil des menschlichen Gehirns angesprochen, der im Lauf der Evolution auf Optimierung des Wohlbefindens programmiert worden ist. Das heißt, wenn etwas passiert, das angenehme Folgen hat, werden zukünftig Verhaltensweisen bevorzugt, die eine Wiederholung begünstigen. Geschieht das oft genug, kommt es zu der Verhaltensumsteuerung, die wir als Sucht bezeichnen. Bei manchen Substanzen und bei manchen Menschen kann das schon beim ersten Konsum passieren, zum Beispiel bei dem Kokainabkömmling Crack, bei anderen dauert es länger. Bei Alkohol in niedriger Konzentration – Bier oder Apfelwein beispielsweise – kann das bei sonst günstigen Lebensumständen lange gut gehen. Vielleicht wird erst beim zehntausendsten Glas nach so und so viel Jahren das System in Richtung Wiederholungszwang kippen.

Aber warum werden manche Menschen süchtig, andere nicht?
Ich vergleiche das Risiko gerne mit dem Spiel »russisches Roulette«. Niemand weiß vorher, ob es ihn trifft, und eine Einschätzung, ob man selbst gefährdet ist oder nicht, gelingt gewöhnlich nicht. Fast alle, die eine Sucht überwunden haben und dann auf ihre süchtige Zeit zurückblicken, stellen mit einer gewissen Verwunderung fest, wie lange sie fälschlicherweise geglaubt haben, ihren Konsum fest im Griff zu haben und nicht abhängig zu sein. Genetische Faktoren, auf die wir keinen Einfluss haben, machen bei der Risikowahrscheinlichkeit für eine Suchtentstehung etwa 50 Prozent aus. Die andere Hälfte resultiert aus Umweltfaktoren, zum Beispiel: Wie stehen die Men-

schen, die ich bewundere, zu Suchtstoffen? Wie wird jemand erzogen? Wie verhalten sich die Eltern gegenüber Suchtstoffen? Rauchen oder trinken sie? Wird jemand zum Ausprobieren ermuntert? Sucht er immer wieder nach intensiven Erlebnissen? Hat er seinen Platz in der Welt gefunden? Wie oft schon habe ich den Satz von Patienten gehört: »Ich habe mich in meiner Haut nicht wohlgefühlt.« Auch bei der Veranlagung kommt es auf zahlreiche Aspekte an. Zum Beispiel zählt das individuelle Temperament dazu mit Eigenschaften wie einer besonders ausgeprägten Neugier, einer geringen Frustrationstoleranz oder hoher Impulsivität. Wer sehr impulsiv ist, kann sein Verhalten eher nicht so gut steuern wie ein gelassener Zeitgenosse.

Und es sind nicht nur so komplexe psychische Phänomene wie Impulsivität. Ein schon lange identifizierter Faktor, der das Risiko der Alkoholabhängigkeit um das Achtfache steigert, liegt in der Ausstattung der Leber mit Enzymen, welche den Abbau des Alkohols steuern. Diejenigen jungen Männer, die in dieser Hinsicht besonders gut ausgestattet sind, die also viel Alkohol vertragen ohne negative Begleiterscheinungen wie einen »dicken Kopf« am nächsten Tag, haben ein achtfach höheres Risiko, süchtig zu werden, weil die »Dressur zum Trinken« bei ihnen viel leichter vonstatten geht als bei jemandem, der schon nach geringeren Mengen am nächsten Morgen einen »Kater« hat. Aber auch hier gilt: Selbst ein vielfach erhöhtes Risko ergibt noch keine Zwangsläufigkeit des Süchtigwerdens. Die Suchtforschung kann ihre Aussagen nur in Wahrscheinlichkeiten treffen, weil es sich um hochkomplexe Zusammenhänge handelt.

Viele Menschen sprechen abfällig über Süchtige, sagen, sie seien willensschwach und daher selbst schuld an ihrem Schicksal.

Das ist so eine gängige Floskel, wenn wir einer Bedrohung oder einem Elend hilflos gegenüberstehen, wenn wir uns selber etwas entlasten wollen aus der sozialen Verantwortung. Ich glaube, derartige Behauptungen haben eine Art Schutzfunktion für die meisten, die gerne Alkohol trinken oder Zigaretten rauchen. Denn sie können dieser Lust unbekümmert weiter frönen, wenn sie sich nur einreden, nicht willensschwach und damit auch nicht suchtgefährdet zu sein. Wir diffamieren also die, die es erwischt hat, damit wir weitermachen können.

Aber jemand mit einem starken Willen kommt doch leichter von einer Sucht los?
Der Wille zum Aufhören allein hilft wenig, wenn der Betreffende nicht die entsprechenden Kenntnisse hat und Wege kennt, um sein Verhalten auch ändern zu können. Natürlich gehört auch Kraft dazu. Gegen den »guten Willen«, mit dem Konsum aufhören zu wollen, baut sich jedoch immer auch ein Zwang auf, ein »böser Wille«, weiterzukonsumieren. Suchttherapie ist der lange Weg, dem Ersteren zu einer dauerhaften Mehrheit in diesem Abstimmungsprozess zu verhelfen. Man darf nicht vergessen, dass Suchtstoffe das Gehirn umprogrammieren.

Wie geht die Umprogrammierung bei einer Sucht vonstatten?
Alle Suchterkrankungen führen zu Veränderungen im Gehirn. Betroffen ist dabei das limbische System, welches ursprüngliche Bedürfnisse wie Nahrungsaufnahme und Sexualität regelt, aber auch soziale Instinkte wie Hilfsbereitschaft und Mitleiden. Angst, Ärger und Wut werden ebenfalls vom limbischen System aus gesteuert. Durch die wiederholte Aktivierung dieses empfindlichen Hirnareals mit einem Suchtstoff verfestigt sich die Erinnerung an angenehme Gefühle. Und selbst wenn sich nach einer Zeit trotz Konsums keine Hochstimmung mehr einstellt oder der von Drogensüchtigen viel beschriebene Kick ausbleibt, meldet sich das Suchtgedächtnis und fordert Nachschub nach dem Stoff ein. Dann hat sich die Sucht längst in der Tiefe der Seele festgesetzt. Auslöser für den Konsum können da bereits visuelle Reize wie ein Sektglas, weißes Pulver oder eine Spritze sein. Fatal ist, dass die Drogenration nach einiger Zeit gesteigert werden muss, damit sich die Konsumenten wenigstens normal fühlen, weil sich der Organismus an eine Substanz gewöhnt hat. Hier beginnt der Teufelskreis, und die Kontrolle über den Konsum geht verloren. Von diesem Zeitpunkt an übernimmt die Droge das Kommando über das Leben.

Warum geraten so viele Prominente in Drogenkreise? Bei Musikern in der weltweiten Unterhaltungsbranche zum Beispiel scheinen Drogen geradezu gang und gäbe zu sein.
Dazu fällt mir ein, was in Kreisen der Musikszene als Bonmot erzählt wird: Im Büro des Konzertveranstalters XY würden die Putzfrauen jeden Morgen high, weil sie beim Staubwischen so viel Kokain auf-

wirbeln würden. Bei Menschen, die schon alles besitzen, was man sich mit Geld kaufen kann, entsteht leicht der Wunsch, noch etwas mehr aus ihrem Leben herauszukitzeln. Das wird dann mit Drogen versucht. Alle Suchtstoffe haben in der ersten Zeit die tückische Eigenschaft, dass sie das Leben leichter oder angenehmer machen. Ob jemand gleich abhängig wird? Siehe russisches Roulette. Manche werden sehr schnell süchtig, bei anderen geht der Konsum lange gut. Niemand weiß vorher, zu welcher Gruppe er gehört. Aber all die, die Suchtstoffe konsumieren, ob Alkohol, Nikotin oder Crack, bilden sich natürlich ein, sie gehören zu der geschützten Gruppe, und das glauben sie auch dann noch, wenn sie schon abhängig sind. Jeder glaubt, er sei so willensstark, um jederzeit aufhören zu können. Der freie Wille ist jedoch eine Illusion – die sitzen längst in der Suchtfalle fest. Um den Goetheschen Mephisto zu zitieren: »Den Teufel spürt das Völkchen nie, und wenn er sie am Kragen hätte.«

Kann überhaupt jemand sicher sein, nie süchtig zu werden, ein gottgläubiger Mensch zum Beispiel oder ein Spitzensportler?
Es gibt keinen absoluten Schutz vor einer Sucht. Jeden kann es treffen. Allerdings können bestimmte Faktoren, ein starker Glaube zum Beispiel und eine starke Gebundenheit an soziale (suchtstofffeindliche) Regeln, das Suchtrisiko vermindern. Das hängt im Einzelnen aber auch davon ab, ob diese Gebundenheit zu einem erfüllten Leben verhilft. Wie gesagt, eine Sucht entsteht nie aus nur einem Grund. Auch Arbeitslosigkeit alleine treibt entgegen der landläufigen Meinung niemand in den Alkohol. Es ist sogar erwiesen, dass die meisten Arbeitslosen nicht süchtig werden. Spitzensport kann ein Risikofaktor sein. Denken Sie nur an die fatale Dopingsituation in einigen Sportarten – aber das ist ein anderes Thema.

Viele berufstätige, gebildete Europäer nehmen Kokain und verleugnen ihre Sucht, was die Vereinten Nationen mit großer Sorge beobachten. Warum ausgerechnet Kokain?
Kokain macht gerade am Anfang des Konsums munter, aktiv, belastbar. Diese Droge vermittelt das Gefühl, man sei durchsetzungs- und leistungsfähiger, Ängstlichkeit und Schüchternheit weichen. Das passt zur Leistungs- und Kommunikationsideologie.

Das klingt verlockend. Was ist dann das Gefährliche an dieser Droge?
Das ist ein bisschen wie mit einem Überziehungskredit: Erst freut man sich über das zusätzlich zur Verfügung stehende Geld, bis dann die unangenehme Seite mit anstehenden Ratenzahlungen die Freude trübt. Auf den Kokainrausch folgt der Crash, Versagensängste, Schuldgefühle, Depressionen stellen sich ein. Mitunter kommt es zu Wahnvorstellungen, man werde verfolgt oder beobachtet. Die Betreffenden leiden an Halluzinationen, sehen und spüren beispielsweise kleine Tiere oder Würmer auf ihrer Haut herumkrabbeln. Über solche Phänomene spricht natürlich keiner auf einer Party. Ich vergleiche Gespräche unter Koksern gerne mit dem Neuen Markt an der Börse: Solange alles gut lief, hat jeder erzählt, wie toll das für ihn ist. Nach dem Crash war das plötzlich kein Thema mehr. Das führt dazu, dass Einsteiger das Risiko unterschätzen.

Wann überhaupt ist jemand süchtig: Wenn er jeden Abend drei Flaschen Bier oder eine Flasche Wein trinkt?
An der Menge kann man keine Sucht festmachen, etwa nach der Maßgabe, ein 80-Kilo-Mann darf täglich eine Flasche Wein trinken. Die wissenschaftliche Definition einer Abhängigkeitserkrankung ist vielleicht nicht für jeden brauchbar, der sich über sein eigenes Trinkverhalten Gedanken macht. Eine Beschreibung des Abhängigkeitsphänomens, die die Problematik der Suchterkrankung auch dem Laien näherbringt, ist die folgende: Wenn sich jemand ein Leben ohne den Genuss von Wein, Heroin, Zigaretten, Kokain et cetera eigentlich nicht mehr vorstellen kann, dann spricht das dafür, dass eine Abhängigkeitserkrankung vorliegen könnte.
Nach internationaler wissenschaftlicher Definition liegt eine Abhängigkeitserkrankung dann vor, wenn mindestens drei der folgenden Punkte innerhalb eines Jahres zutreffen:
- ein starkes Verlangen oder eine Art Zwang, die Substanz zu konsumieren;
- verminderte Kontrolle über den Substanzgebrauch, das heißt über Beginn, Beendigung oder Menge, was sich daran zeigt, dass mehr oder länger konsumiert wird als geplant, oder an erfolglosen Versuchen, den Konsum zu verringern oder zu kontrollieren;
- Toleranzentwicklung, das heißt, um den erwünschten Effekt zu er-

reichen, müssen größere Mengen der Substanz konsumiert werden;

- andere wichtige Vergnügungen oder Aufgaben werden wegen des Substanzgebrauchs vernachlässigt. Das kann sich darin äußeren, dass jemand, der beispielsweise immer gerne vor dem Schlafen ein Buch gelesen hat, gleich eindämmert. Oder es wird viel Zeit darauf verwandt, die Substanz zu beschaffen, zu konsumieren oder sich von den Folgen zu erholen;
- anhaltender Substanzgebrauch trotz eindeutig schädlicher Folgen;
- ein körperliches Entzugssyndrom beim Absetzen der Substanz oder Konsum, um Entzugssyndrome zu vermeiden.

Die Entzugssyndrome der verschiedenen Suchtstoffklassen unterscheiden sich. Die Entzugssyndrome der einzelnen Substanzklassen sind, grob gesagt, Spiegelbilder der Substanzwirkung. Beim Alkohol gehören dazu unter anderem Zittern, Schwitzen, Übelkeit, Herzrasen, Bluthochdruck, Unruhe, Schlaflosigkeit, Halluzinationen und Krampfanfälle. Benzodiazepine haben ähnliche Entzugssymptome wie Alkohol, zusätzlich findet sich noch ein Absacken des Blutdrucks beim Aufstehen, manchmal kommt es zu paranoiden Vorstellungen. Opiatentzugssymptome sind Opiatverlangen, laufende Nase, Tränenfluss, Bauchkrämpfe, Durchfall, Muskelschmerzen, Wärme- oder Kälteschauer, Schlafstörungen, weite Pupillen. Beim Cannabisentzug können Angst, Reizbarkeit, Schlafstörungen, Muskelschmerzen und anderes mehr auftreten. Der Kokainentzug kann sich in Lethargie oder Müdigkeit äußern, in Verlangsamung, aber auch Unruhe, in Schlaflosigkeit oder extrem starkem Schlafbedürfnis, in bizarren, auch unangenehmen Träumen, in Appetitsteigerung und einer Gier nach Kokain. Der Nikotinentzug schließlich kann Folgendes beinhalten: Gier nach Tabak, Schwäche oder Krankheitsgefühl, Angst, dysphorische Stimmungen, Reizbarkeit oder Ruhelosigkeit, Schlaflosigkeit, Husten, Appetitsteigerung, Konzentrationsstörungen.

Sagen Sie uns bitte noch ein paar Worte zu den sogenannten stoffungebundenen Süchten wie Spiel-, Kauf- oder Sexsucht sowie Magersucht.

Streng wissenschaftlich betrachtet handelt es sich hierbei oft nicht um Süchte im Sinne von Abhängigkeitserkrankungen. Das gilt besonders für alle Formen von Essstörungen, die als neurotische Erkrankungen definiert sind. Diese müssen im Wesentlichen im Sinne einer allgemeinen Psychotherapie behandelt werden, während Abhängigkeitserkrankungen in erster Linie suchtspezifisch angegangen werden müssen. Ein Sonderfall ist die Glücksspielsucht, die sehr viele gemeinsame Phänomene mit den stoffgebundenen Abhängigkeiten hat, auch die pathologischen Veränderungen und Stimulierungen im Belohnungssystem. Wenn der Spielautomat ratternd die Münzen ausspuckt, drehen sich alle um. Vielleicht zum ersten Mal in seinem Leben steht dieser Mensch mit seinem Gewinn im Rampenlicht und wird bewundert. Auch hier kann leicht eine Abhängigkeitsproblematik entstehen.

Bei den Alkoholkranken unterscheidet man sogenannte Spiegeltrinker von Quartalssäufern. Können Sie uns diese Begriffe bitte erklären?

Diese Bezeichnungen stammen aus einem historischen Versuch, die Vielfalt der Erscheinungsformen der Alkoholabhängigkeit zu beschreiben. Abgesehen von der Wortwahl »Säufer«, die daran erinnert, dass Suchterkrankungen lange als moralisches Versagen etikettiert wurden, beschreiben die Begriffe zwei häufige Formen der Alkoholkrankheit.

Ein Spiegeltrinker sorgt dafür, dass der Alkoholspiegel im Blut nicht zu sehr absinkt, um Entzugserscheinungen wie Zittern, innere Unruhe oder Konzentrationsstörungen zu vermeiden. Diese Patienten sind oft sehr bemüht, nicht auffällig zu werden, damit ihr Alkoholtrinken nicht angesprochen wird. Wenn sie, zum Beispiel bei einem Krankenhausaufenthalt, auf ihr Alkoholproblem hingewiesen werden, beteuern sie gewöhnlich, dass sie noch nie im Leben herumkrakeelt hätten oder sonst aggressiv oder auffällig geworden sind. Damit die Sucht der Umgebung verborgen bleibt und niemand auf die Idee kommt, den Süchtigen womöglich auf seine Abhängigkeit anzusprechen, sind die Betreffenden häufig überangepasst und überfreundlich. Tatsächlich trauen sich deshalb selbst Freunde oder Mitarbeiter, die ständig in unmittelbarer Nähe eines solchen Menschen sind, nicht, das Thema anzusprechen, oder sie blenden das Thema aus, »weil er ja nie bösartig war«.

Bei den episodischen Trinkern (»Quartalssäufern«) wiederum handelt es sich häufig um Menschen, die sich immer wieder arrangieren, sich zusammenreißen, wochenlang keinen Alkohol trinken und bei denen es dann wiederholt zu Exzessen kommt, die ein oder mehrere

Tage dauern; danach brauchen diese Menschen noch einen oder mehrere Erholungstage. Man gewinnt dabei den Eindruck, dass sich bei diesen Patienten ein Verlangen bis zum Exzess aufgestaut hat. Nicht wenige episodische Trinker werden später zu Spiegeltrinkern. Das periodische exzessive Trinken ist meines Erachtens die komplizierteste Form der Alkoholkrankheit. Manchmal stecken manisch-depressive Erkrankungen dahinter. Auch die Behandlungsstrategien sind bei diesen meist sehr impulsiven, lebhaften Patienten noch nicht zufriedenstellend entwickelt, viele Fragen sind noch offen.

Das am weitesten verbreitete Rauschgift der Welt bleibt laut UN-Weltdrogenbericht 2006 Cannabis – als Oberbegriff für aus Hanf hergestellte Rauschmittel wie Marihuana oder Haschisch. Schon auf vielen Schulhöfen kreisen die Joints. Was bedeutet das für einen jungen Körper?
Cannabis kann Entspannung, Erlebnisverstärkung und Überwindung von Hemmungen bewirken. Es ist ohne Mühe zu beschaffen, es ist in vielen Kreisen gesellschaftlich akzeptiert, es passt zur »Spaßkultur« des letzten Jahrzehnts, es ist daher kein Wunder, dass in der Gruppe der Achtzehn- bis Neunundzwanzigjährigen jeder zweite dieser jungen Männer und jede dritte der Frauen dieser Gruppe schon Cannabis konsumiert haben.

Fortschritte der neurobiologischen Forschung in den letzten zehn Jahren und das Verstehen der Rolle der körpereigenen Cannabinoide (Endocannabinoide) werfen ein neues Licht auf die potenziellen Risiken des Cannabiskonsums. Die körpereigenen Cannabinoide spielen bei der Regulation emotionaler Prozesse und bei der Entwicklung der kognitiven Hirnfunktionen eine wichtige Rolle. Der präfrontale Cortex des Gehirns ist das wichtigste Kontrollzentrum für eine situationsangemessene Handlungssteuerung und auch in die Steuerung emotionaler Prozesse einbezogen. Diese Region reift in der gesamten Kindheit und Jugend noch aus und die Reifung wird erst um das siebzehnte Lebensjahr herum abgeschlossen. In dieser Reifungsphase ist das Gehirn durch die toxischen Wirkungsanteile der Cannabinoide besonders verletzlich – übrigens auch durch traumatisierende Ereignisse. Solche Störungen der Hirnfunktionen können dann die Basis für psychische Störungen sein, die oft nur schwer und nur teilweise rückgängig gemacht werden können.

Aber zurück zur Entstehung einer Abhängigkeit von Cannabis: Wenn der Joint regelmäßig als Lösungsmittel für ungute Spannungsgefühle, zur Überwindung von Gefühlen des Alleinseins oder zum Ausblenden von belastenden aktuellen Lebenssituationen geraucht wird, ist das wie eine Verhaltensdressur. Und je unreifer die neuronalen Verknüpfungen in einem Gehirn sind, umso schneller und tiefer wird der Suchtstoffgebrauch als Lösungsweg einprogrammiert. Also gerade bei Jugendlichen unter sechzehn eine fatale Auswirkung.

Und die Spätfolgen?
Die meisten Jugendlichen, ich schätze, bis zu 90 Prozent, hören nach einer Zeit von alleine wieder mit dem Haschischrauchen auf. Eine Cannabisabhängigkeit entwickeln nach neueren Erhebungen bis zu 10 Prozent. Insbesondere Jugendliche, bei denen weitere Risikofaktoren vorliegen – wie erhöhte Angstbereitschaft, depressive Verarbeitungsmechanismen, Impulsivität, Verhaltensstörungen, gesteigerte Aggressivität oder emotionale Instabilität –, haben ein sehr hohes Risiko, auf Dauer einen Schaden der psychischen Entwicklung davonzutragen. Wegen dieses Risikos bin ich gegen eine Freigabe von Cannabis. Auch wenn vielleicht nur jeder zwanzigste Cannabiskonsument davon betroffen wird, ist der Preis, den diese Gruppe an vertanen Lebenschancen bezahlen muss, zu hoch, auch wenn man den Spaß der vielen anderen Konsumenten, die nicht beeinträchtigt werden, dagegenstellt. Die epidemiologischen Untersuchungen zur Suchtentwicklung zeigen eben überall, dass ein Suchtstoff, der leichter verfügbar und gesellschaftlich voll toleriert ist, häufiger konsumiert wird und mehr Abhängigkeitskranke produziert. Das gilt auch für den Cannabisgebrauch Jugendlicher. Dementsprechend größer wird die Zahl derer, die irreparable Gesundheitsstörungen durch Haschisch davontragen.

Auch Alkohol scheint heute unter Jugendlichen eine bedenkliche Rolle zu spielen. Komasaufen, also Trinken bis zur Besinnungslosigkeit, ist in. Wie erleben Sie solche Jugendliche in Ihrer Klinik, was sind das für junge Menschen und warum trinken sie so viel?
Auch wenn Deutschland in der wenig ruhmreichen Rangliste des Alkoholkonsums pro Kopf der Bevölkerung seit 1999 (10,6 Liter pro Kopf, gemessen in reinem Alkohol) von Platz zwei unter den Ländern

Europas auf Platz fünf (10,2 Liter im Jahr 2004) zurückgefallen ist, ist der Konsum doch immer noch sehr hoch, beinahe doppelt so hoch wie in Schweden.

Ob junge Leute heutzutage tatsächlich mehr Alkohol trinken als früher, dazu sind mir keine verlässlichen Zahlen bekannt. Das wird auch sehr davon abhängen, welche soziale Schicht man untersucht, welches Lebensalter, welches Geschlecht. Ich glaube aber aus eigener Erinnerung, dass bei einer Untersuchung zum riskanten Konsum Jugendlicher etwa vor 30 oder 40 Jahren das Problem erheblich unterschätzt worden wäre, weil das entsprechende Bewusstsein in der Bevölkerung noch weniger verbreitet war als heute. Und ein Jugendlicher mit einer schweren Alkoholvergiftung wird heute doch eher zur Überwachung für eine Nacht in ein Krankenhaus eingewiesen als früher.

Wenn ich mich auf diese Risikogruppe beziehe, mit der wir hier am Bürgerhospital in den letzten Jahren viel Erfahrung gesammelt haben, dann sind das ganz unterschiedliche junge Leute. Darunter sind vierzehnjährige Jungen wie Mädchen, die sich beim Ausprobieren der Trinkrituale, die sie bei Erwachsenen sehen, aus mangelnder Erfahrung in der Dosis vergriffen haben und bewusstlos aufgefunden werden. Ein Teil davon geht sicher auf das Konto »natürliche Abenteuerlust«, das zum Jungsein dazugehört, zurück. Bei anderen zeichnen sich schon sehr früh bedrohliche Fehlentwicklungen ab, häufig in Verbindung mit psychischen Störungen, die sich beispielsweise in Suizidversuchen im Jugendalter manifestieren.

Nach wie vor greifen Jungen/Männer eher zu Alkohol und Drogen; sie stellen etwa drei Viertel der Konsumenten, die riskant trinken. Natürlich betrinken sich manchmal auch Mädchen, das sind aber zahlenmäßig weniger. Aber ich beobachte in jüngster Zeit einen anderen Trend: Offenbar gibt es eine zunehmend größere Zahl jüngerer Erwachsener, die unter der Woche perfekt funktionieren wollen oder müssen, die unter der Woche auch nichts trinken, und die sich am Wochenende »so richtig die Kante geben«. Das wird als Gegengewicht zu den Zwängen erlebt, denen sie die ganze Woche über ausgesetzt sind, um zu funktionieren und erfolgreich zu sein, vor allem am Arbeitsplatz. Das ist vielleicht eine kleine Variante des »Quartalssaufens«.

Welche Mutter, welcher Vater fürchtet nicht, auch das eigene Kind könnte auf Abwege geraten. Welche Tipps können Sie Eltern für die Erziehung geben, damit ihr Kind nicht süchtig wird?
Es gibt kein Patentrezept, das mit Sicherheit verhindern kann, dass ein Kind alkohol-, nikotin- oder drogensüchtig wird. Es ist sicher hilfreich, wenn Eltern darüber informiert sind, welche Warnzeichen eine Fehlentwicklung andeuten, zum Beispiel Schulschwänzen, Vernachlässigung von früheren Hobbys, zunehmende Unwahrhaftigkeit in der Beziehung zu den Eltern. Auf der anderen Seite gehören aber Veränderungen, die für alle Beteiligten anstrengend sind, auch Abgrenzung von den Eltern, zum erfolgreichen Erwachsenwerden zwangsläufig dazu. Und manchmal passiert es dann, dass Eltern die Ursache für eine schwere Beziehungskrise mit den Kindern ausschließlich in deren Cannabiskonsum sehen. Das greift oft zu kurz und heizt manchmal den Cannabiskonsum noch an.

Genauso kommt es aber auch vor, dass alle psychologisierenden Diskussionen und wechselseitigen Vorwürfe von einem drogenabhängigen Kind nur dazu benutzt werden, von der schlichten Tatsache abzulenken, dass eine hundsgemeine Drogenabhängigkeit vorliegt und der oder die Abhängige den Schritt zur Entgiftung und Therapie hinauszögern will.

Grundsätzlich sollen Eltern den Konsum von Suchtstoffen, ob Nikotin oder Alkohol, ob Cannabis oder andere illegale Suchtstoffe, klar und deutlich missbilligen und abgestufte Sanktionen klar besprechen und dann auch konsequent bleiben, ohne den Konflikt zu scheuen. Dabei müssen sie glaubwürdig bleiben und nicht primär damit argumentieren, wenn einer beim Haschischrauchen erwischt wird, er hänge als Nächstes an der Nadel.

Bei legalen Stoffen sollten Eltern den Umgang mit diesen Stoffen lästig machen, beispielsweise indem sie den Nikotinkonsum in der Wohnung grundsätzlich nicht akzeptieren.

Und wenn Mutter oder Vater selbst rauchen?
Ich rate Erwachsenen, die ihr Kind vor einer Abhängigkeit bewahren wollen, dringend, ihren eigenen Umgang mit Suchtstoffen kritisch zu betrachten. Ein Vater, der jeden Abend mit der Bierflasche auf dem Sofa sitzt, wird seinem Sohn schwer klarmachen können, warum er kein Haschisch rauchen soll. Und wenn die Mutter beispielsweise ni-

kotinsüchtig ist und (noch) nicht von der Zigarette lassen kann, sollte sie ihrem Kind vielleicht klarmachen, warum sie weiterraucht und es ihr derzeit unmöglich ist aufzuhören. Etwa im Sinne von: »Ich wäre glücklich, wenn du überhaupt nicht mit dem Rauchen anfangen würdest. Denn wenn man einmal süchtig ist, ist es unheimlich schwer, wieder aufzuhören. Hätte ich nur gar nicht damit angefangen.« Für ganz entscheidend halte ich es, dass sich ein Kind wohl in seiner Haut fühlt, dass Eltern es zu Lebenstüchtigkeit erziehen und ihm Erfolgserlebnisse verschaffen. Denn Erfolglosigkeit ebnet den Weg in eine Sucht. So tragen Schulversagen und Unterrichtschwänzen stark dazu bei, dass Kinder an Drogen geraten.

Ich lege Eltern deshalb ans Herz, auf die individuellen Neigungen und Begabungen ihres Kindes einzugehen. Einen praktisch veranlagten Jungen beispielsweise sollte man nicht über Jahre damit quälen, mathematische Formeln und Vokabeln auf dem Gymnasium zu büffeln – dann doch lieber eine praktische Ausbildung.

Wenn die Tochter oder der Sohn trotzdem Drogen nehmen, fühlen sich die Eltern meist schuldig. Haben sie tatsächlich etwas falsch gemacht?

Sucht ist ein Unglück, das jede Familie treffen kann. Hinterher ist man immer schlauer und irgendjemand findet dann eine Erklärung, wer oder was daran schuld ist. Das ist wenig hilfreich, zudem die gewöhnlich simplen Erklärungsmuster mehr ein Bedürfnis nach Schuldzuweisung befriedigen. Häufig leiden Mütter von Drogenabhängigen lebenslang unter Selbstvorwürfen und sie finden oft wenig Entlastung. Ein beliebtes Erklärungsmuster ist der Vorwurf, das Kind sei zu sehr verwöhnt worden und die Fehlentwicklung komme von zu wenig Strenge in der Erziehung. Es gibt jedoch kein allgemeingültiges Rezept. Für manche Kinder kann es schädlich sein, zu sehr verwöhnt zu werden, anderen schadet zu viel Härte in der Erziehung. Mehr Verbindlichkeit im Sinne von klaren Regeln ist generell gut. Aber Eltern müssen im Auge behalten, dass sie dabei nicht über das Ziel hinausschießen und das Kind mit ihren Vorschriften in ein Korsett pressen, in dem es kaum mehr Luft holen kann. In jedem Fall müssen die individuellen Persönlichkeitszüge des Heranwachsenden berücksichtigt werden. Denn was im Allgemeinen den meisten Kindern guttut, kann sich auf ein anderes nachteilig auswirken. Und wenn sich ein

Kind nicht gut entwickelt, sollten die Eltern Mut fassen und professionellen Rat bei Jugendpsychiatern, Jugendpsychotherapeuten oder Erziehungsberatern holen.

In solchen Gesprächen in Drogenberatungsstellen hören Eltern dann oft: »Sie dürfen sich nicht alles bieten lassen, sich nicht bestehlen und mit in den Abgrund reißen lassen. Zur Not müssen Sie Ihr Kind vor die Tür setzen, damit es die Verantwortung für sein Leben selbst in die Hand nimmt.« Das klingt herzlos. Oder?
Manchmal ist es notwendig, ein Kind auf radikale Weise zur Eigenverantwortlichkeit zu zwingen, um seine Zukunft zu retten. Das darf jedoch nicht ohne professionelle Analyse der Gesamtsituation erfolgen. Bei Patienten mit emotionaler Instabilität oder bei psychosenahen Betroffenen muss man wissen, dass dieses Vorgehen auch schiefgehen und nicht in Suchtfreiheit, sondern im Suizid enden kann. Wie will man einer Mutter dann helfen, wenn sie sich mit Selbstvorwürfen quält, sie hätte den Selbstmord mitzuverantworten? Man muss auch Mütter ernst nehmen, denen es schwerfällt, ihr Kind, das mit dem Leben nicht zurechtkommt, drogenbedingt oder aus anderen Gründen, auf die Straße zu setzen. Grundsätzlich halte ich ein Vorgehen mit abgestuften »Sanktionen« für erfolgreicher. Wenn am Schluss doch die genannte bittere Konsequenz notwendig wird, dann sollte die Verantwortung für die Risiken möglichst auf mehrere Schultern verteilt werden.

Haschischraucher sind offenbar eher gemütliche, introvertierte Typen, Kokainkonsumenten extrovertiert und überaktiv. Greift ein bestimmter Menschentypus zu bestimmten Drogen oder wird dieser durch die jeweiligen Drogen geprägt?
Beides trifft zu. Jemand, der mehr Ruhe und Geborgenheit sucht, wird eher an Heroin oder Haschisch hängen bleiben. Diese Drogen können den sozialen Rückzug noch verstärken, der Konsument kann noch ruhiger werden – bis hin zu Desinteresse an der Welt und Apathie. Jemand, dem Umtriebigkeit und Geselligkeit ein Bedürfnis sind, will vielleicht noch fitter werden, um länger feiern zu können. Dieser Typus wird vielleicht seine Tendenzen mit Kokain oder Ecstasy noch verstärken. Mitunter werden also bestehende Wesenszüge verstärkt, dann wieder durch die jeweiligen Drogen erst erzeugt.

Erschreckend ist auch die enorme Zahl jener Menschen, die von verschreibungspflichtigen Tabletten – vor allem Beruhigungs- und Schlafmittel – abhängig sind. Gehen Ihre Kollegen zu leichtfertig mit dem Rezeptblock um?
Dazu noch eine Vorbemerkung. Als Beruhigungs- und Schlafmittel werden sehr unterschiedliche Medikamentengruppen bezeichnet. Viele von diesen machen nicht abhängig, zum Beispiel Antidepressiva oder Antipsychotika. Hinsichtlich einer Suchtentwicklung sind vor allem die Beruhigungsmittel zu beachten, die zur Gruppe der Benzodiazepine gehören.

Vor 20 Jahren hätte ich Ihre Frage nach einer leichtfertigen Verordnung mit Ja beantworten müssen. Aber das hat sich inzwischen stark verändert. Den meisten Ärzten ist das Abhängigkeitspotenzial der Benzodiazepine besser bewusst, und oft gibt es Behandlungsalternativen, zum Bespiel mit antidepressiven Medikamenten, welche nicht süchtig machen. Es hat eben eine Weile gedauert, bis nicht nur die sofort sichtbaren, unbestreitbaren Vorzüge der Benzodiazepine deutlich wurden, sondern auch die Nachteile eines chronischen Konsums dieser Medikamente zutage traten, beispielsweise häufig depressive, manchmal gereizte Verstimmungen, Antriebsarmut oder Schwächegefühl. Deshalb werden Benzodiazepine längst sehr viel sparsamer verschrieben.

Wie schwer ist es, von der Nikotinsucht loszukommen?
Das Rauchen aufzugeben fällt vielen Menschen besonders schwer. Auch hier gibt es große individuelle Unterschiede. Ich kenne viele Patienten, die ihre Alkoholabhängigkeit seit Jahren überwunden haben, die das Rauchen jedoch nicht einstellen konnten, aber auch einige Patienten, die ihren Nikotinkonsum schon lange beendet haben, aber von der Alkoholabhängigkeit nicht loskommen.

Das Abhängigkeitspotenzial von Nikotin ist näher bei Heroin als bei dem von Alkohol. Nicht ohne Grund ist das Tabakrauchen, wenn damit vor dem vierzehnten Lebensjahr begonnen wird, ein sehr starkes Warnsignal bezüglich eines späteren Konsums von harten Drogen. Die meisten Drogenabhängigen berichten von einem frühen Einstiegsalter mit Zigaretten, die so gesehen die Einstiegsdroge sind.

Nikotin ist eine besonders raffinierte Droge. Bei Müdigkeit und Erschöpfung macht sie wach und frisch, bei Aufregung und Anspannung ruhig. Das Zigarettenrauchen führt in vielen Lebenslagen dazu, dass sich der Konsument unmittelbar danach besser fühlt. Da ein Raucher, der zwei Päckchen am Tag konsumiert, diese positive Erfahrung etwa vierzigmal täglich macht und dabei unmittelbar, noch mit dem ersten Zug, das Wohlbefinden erfährt, geht das Lernen des süchtigen Verhaltens sehr schnell vonstatten.

Welche Methode ist am besten, um von diesem Gift wieder loszukommen?

Da es so schwer sein kann, mit dem Rauchen aufzuhören, gibt es einen riesigen Markt für Entwöhnungsbehandlungen und zahlreiche Entwöhnungsmethoden, die jeweils ihre überzeugten Verfechter haben. Nachprüfbare Aussagen für größere Patientenzahlen und über längere Zeiträume fehlen jedoch oft. Ich selbst bevorzuge eine Kombination von einem verhaltenstherapeutischen Konzept, das über zwei bis drei Monate mit einer Gruppensitzung pro Woche geht, in Kombination mit Nikotinsubstitution und gegebenenfalls mit dem Medikament Bupropion (Zyban).

Nicht nur Nikotinsüchtige, sondern die meisten Abhängigen wollen sich aus den Fängen der Sucht befreien, schaffen es aber nicht. Warum ist es denn so schwer, von Drogen wieder loszukommen?

Weil sich die Sucht in der Tiefe der Seele eingenistet hat und wir auf diesen Teil von uns selbst nur begrenzt willentlichen Einfluss haben. Auch wenn sich ein Abhängiger aufgemacht hat, seine Sucht zu überwinden, und wenn sein Verstand ihm die Vorteile der Abstinenz klar benennt, kann allein die Vorstellung, ohne den Suchtstoff leben zu müssen, Angst und Unruhe in ihm auslösen. Veränderungen in diesen Regionen der Psyche brauchen viel Zeit und bedürfen vielfältiger Unterstützung.

Welche im Wesentlichen?

In der Entgiftungsphase in der Klinik für Abhängigkeitserkrankungen am Bürgerhospital gehört dazu zunächst die ärztliche Behandlung der Entzugssymptome und ein Bekanntmachen mit den Symptomen, die in der ersten Zeit nach der Entgiftung auftreten und zum Rückfall führen können, wie dem sogenannten Craving, eine oft unmittelbar auftretende und dann wieder abklingende Gier nach dem Suchtstoff.

In der beginnenden Nüchternheit treten dann oft zusätzliche Belastungen, zum Beispiel mit depressiven Erkrankungen, mit Angststörungen oder mit emotionaler Instabilität zutage. Nach der Diagnostik können die Weichen für eine weitere spezifische Behandlung gestellt werden. Außerordentlich wichtig ist es auch, dem Patienten zu helfen, eine Selbsthilfegruppe zu finden, die zu ihm passt und in der er sich wohlfühlt. Bei uns ist auch die Kunsttherapie ein wichtiges Angebot. Denn das künstlerische Tun und Erleben schafft eine Distanz zur Realität, ohne Drogen einzunehmen, und eröffnet vor allem einen unmittelbaren Zugang zu Emotionen, Affekten und Instinkten, die immer im Zusammenhang mit einer Suchterkrankung stehen. So können Patienten in der Kunsttherapie zum Beispiel mithilfe von Tierfiguren lernen, Gefühle und Wünsche auszudrücken, etwa indem sie das Kunststofftier auswählen, das sie am liebsten wären: ein Tiger, weil der so gefährlich ist und zubeißen kann. Denn jegliche Empfindungen wurden lange Zeit im Rausch betäubt.

Kennen Sie ein Zaubermittel gegen die Sucht?
Hartnäckigkeit und Ausdauer im Bemühen, die Sucht zu überwinden, auch wenn es im Einzelfall lange dauern kann, bis der Einzelne seinen Weg gefunden hat. Mit immer besserem Verständnis für die Funktionsweise des menschlichen Hirns und damit der Psyche bekommen wir auch bessere Therapiemöglichkeiten. Bestimmte Medikamente (Anti-Craving-Substanzen) können heute schon die Abstinenzquote langfristig verdoppeln. Ich erwarte, dass man in den nächsten zehn Jahren durch bildgebende Verfahren wie die funktionelle Magnet-Resonanz-Tomografie (fMRT) besser vorhersagen können wird, welche Behandlungsstrategie bei welchem Patienten Erfolg versprechend ist.

Auch Angehörige von Süchtigen leiden Höllenqualen. Sie wollen helfen, wissen aber nicht wie. Was können zum Beispiel Partner oder Freunde tun?
Kein Mensch kann einen anderen zur Abstinenz zwingen. Eine große Hilfe für Angehörige von Suchtkranken kann es sein, sich mit anderen Menschen zu treffen, die mit ihren suchtkranken Angehörigen dasselbe durchmachen. Die Erfahrung dieser Art von Solidarität und das damit verbundene Gefühl, mit seinem Problem nicht alleine auf

der Welt zu stehen, kann Kraft geben, die letztendlich auch dem süchtigen Angehörigen zugute kommen kann. Wer sich über die Suchterkrankung informiert, versteht die Zusammenhänge besser und kann in Konfliktsituationen mit dem Süchtigen besser umgehen.

Bei Paarbeziehungen kann eine Trennung ein notwendiger Schritt sein. Andere meiner Patienten haben den Weg aus der Sucht nur durch die Unterstützung ihres Partners oder ihrer Partnerin geschafft. Wichtig ist es, dem süchtigen Menschen klarzumachen, dass man seine Abhängigkeit nicht ewig dulden und sich auch trennen wird, wenn sich nichts ändert.

Was genau ist unter Koabhängigkeit zu verstehen?

Mit diesem Begriff bezeichnet man eine Paarkonstellation, bei welcher der nicht suchtkranke Partner aus seiner Helferrolle unbewusst so viele positive Gefühle und eine so große Belohnung zieht, dass er den Süchtigen in seinem Suchtverhalten unwillentlich bestärkt. Zwischen dem Suchtkranken und seinem helfenden Partner besteht ein unausgesprochenes Arrangement, das die Beziehung stabil hält. Diese Beziehung wird dadurch zum Hindernis für Verhaltensänderungen des Kranken.

Am Arbeitsplatz hüllen Kollegen meist den Mantel des Schweigens über die Sucht eines Mitarbeiters. Was könnten sie besser machen?

Moralisierende Vorhaltungen oder Vorwürfe helfen sicher nicht, ein Ignorieren des Problems ist jedoch in keinem Falle angezeigt. Nicht wenige Süchtige schaffen den Ausstieg erst durch einen äußeren Anlass und durch anfänglichen Druck von außen. Fürsorglicher Umgang mit Mitarbeitern beinhaltet auch, Druck auszuüben und den betreffenden Mitarbeiter nur unter der Auflage einer Suchtbehandlung weiterzubeschäftigen. Ich erinnere mich an einen Patienten, der sich nach anfänglichem Hass auf die Person, die ihn nicht gedeckt hatte, als er alkoholisiert im Dienst war und sein Auto dabeihatte, diese später, nach langer, positiv erlebter Abstinenz, als einen wirklich um ihn besorgten Kollegen sehen konnte.

Wann kann ein abstinenter Abhängiger sicher sein, es für immer geschafft zu haben?

Die gequälte Frage vieler Patienten: »Darf ich jetzt mein ganzes Leben nie wieder Alkohol trinken?« ist nach meiner Meinung am Beginn einer Suchtbehandlung nicht allein nur von akademischem Interesse, sondern manchmal kontraproduktiv. Die Vorstellung eines Verzichts auf seinen Suchtstoff für alle Zeiten fördert nur Zweifel an der Erreichbarkeit des Ziels und mobilisiert alle Kräfte des süchtigen Anteils in dem Betroffenen, diesen Verlust abzuwenden und schon am Beginn einer Suchtbehandlung zu resignieren. Nicht ohne Grund fordern die Selbsthilfegruppen nur dazu auf, das erste Glas stehenzulassen und sich vorzunehmen, am heutigen Tag nüchtern zu bleiben.

Mit dem Wörtchen »für immer« habe ich als Arzt meine Schwierigkeiten. Wann je kann ich einem Patienten, der an einer chronischen Krankheit leidet, sagen, dass ein Problem für immer gelöst ist? Wenn Sie das Wörtchen »immer« jedoch aus dieser Frage streichen, kann ich mit ein paar Bemerkungen antworten. Jemand, der von seinem Suchtstoff losgekommen ist, wird auch weiter clean bleiben, wenn er täglich feststellt, dass er ohne diese Substanz viel besser lebt als vorher. Und wer dieses Gefühl zusätzlich pflegt, indem er regelmäßig eine Selbsthilfegruppe aufsucht, wird nach ein oder zwei Jahren Abstinenz auf einer sehr sicheren Seite stehen. Wenn dieser Mensch dann doch wieder rückfällig wird, zum Beispiel durch den Tod eines Angehörigen, dann war die lange Zeit der Abstinenz dennoch ein Erfolg, es war schließlich eine gute Zeit in seinem Leben. Und: Er weiß aus eigener Erfahrung, was beim Herauskommen aus dem Rückfall wieder helfen wird.

Geben Sie Ihren Patienten eigentlich Prognosen mit auf den Weg?

Nein. Nur gute Wünsche. Und ich ermutige sie zu allem, was die Chancen erhöht, durchzuhalten, zum Beispiel, sich eine Selbsthilfegruppe zu suchen, die zu ihnen passt – ganz wichtig: eine, die wirklich zu ihnen passt –, und diese Treffen als unverzichtbaren Teil in ihr Alltagsleben einzubauen. Vor der Entlassung aus der Klinik rate ich meinen Patienten, einen Notfallplan im Falle von starken Rückfallgedanken bereitzuhalten. Das kann eine Telefonnummer von jemandem sein, der bereit ist, den Patienten in Episoden von aufsteigendem Suchtdruck in der Abstinenz zu unterstützen. Das wird in der Regel jemand aus der Selbsthilfegruppe sein. Ich ermutige meine Patienten auch, sich die erforderliche Unterstützung in solch heiklen Momenten wirklich zu holen und nicht zu stolz dazu zu sein. Und schließlich rede ich den Patienten gut zu, strikt auf ihr eigenes Wohlbefinden zu achten.

Ist ein Rückfall in vielen Fällen nicht vorprogrammiert?
Sucht ist eine chronische Erkrankung wie beispielsweise Bluthochdruck oder Diabetes mellitus. Daher muss man darauf gefasst sein, dass es zu Entgleisungen, also zu Rückfällen, kommen kann.

Wie lässt sich das verhindern?
Indem jemand seine Abstinenz hartnäckig und ausdauernd verfolgt, nötigenfalls auch in mehreren Anläufen. Bei Alkoholkranken liegt die Erfolgsquote bei 60 bis 70 Prozent, wenn alle therapeutischen Möglichkeiten ausgeschöpft werden.

Ich werde gelegentlich gefragt: Warum beschäftigen Sie sich beruflich eigentlich immer mit diesen traurigen Geschichten? Darauf antworte ich gerne: Die Erfolge in meinem Fach sind mindestens so groß wie bei vielen anderen chronischen Erkrankungen. Deshalb handelt es sich bei den in diesem Buch vorgestellten ehemals Süchtigen, die ihrem Leben selbst in fast aussichtslosen Situationen noch eine positive Wendung geben konnten, auch ganz und gar nicht um Raritäten. Bei diesen Menschen hat es irgendwann »klick« gemacht, und ein enormer Umbruch wurde eingeleitet. Das ist wirklich zu bewundern!

Hilfreiche Adressen für Süchtige und deren Angehörige in Deutschland, Österreich und der Schweiz

Das regionale Angebot an Hilfseinrichtungen in den drei Ländern ist sehr gut ausdifferenziert und vielfältig. Alle Adressen anzuführen, würde daher ein eigenes, kleines Buch füllen. Auf den folgenden Seiten ist eine gezielte Auswahl an übergeordneten Ansprechpartnern zusammengestellt, die über geeignete Hilfe am jeweiligen Wohnort kompetent Auskunft geben können.

DEUTSCHLAND
Bundesweite Sucht & Drogen Hotline
T: 1805 313031 (rund um die Uhr)

Deutsche Hauptstelle für Suchtfragen (DHS)
Westenwall 4, 59065 Hamm
T: +49 2381 9015-0
F: +49 2381 9015-30
E-Mail: info@dhs.de
Web: www.dhs.de

Bundeszentrale für gesundheitliche Aufklärung (BZgA)
Ostmerheimer Straße 220, 51109 Köln
T: +49 221 8992-0
F: +49 221 8992-300
E-Mail: poststelle@bzga.de
Web: www.bzga.de

Fachverband Drogen und Rauschmittel e.V. (FDR)
Odeonstraße 14, 30159 Hannover
T: +49 511 18333

F: +49 511 18326
E-Mail: mail@fdr-online.info
Web: www.fdr-online.info

BFE Bundes Fachverband Essstörungen e.V.
Pilotystraße 6/Rgb, 80538 München
T: +49 89 23684119
F: +49 89 21997323
E-Mail: bfe-essstoerungen@gmx.de
Web: http://bundesfachverbandessstoerungen.de

Al-Anon Familiengruppen
Alateen
Selbsthilfegruppen für Angehörige und Freunde von Alkoholikern
Emilienstraße 4, 45128 Essen
T: +49 201 773007
F: +49 201 773008
E-Mail: ZDB@Al-Anon.de
Web: www.al-anon.de

Anonyme Alkoholiker (AA) im deutschsprachigen Raum
Lotte-Branz-Straße 14, 80939 München
T: +49 89 3169500
F: +49 89 3165100
E-Mail: aa-kontakt@anonyme-alkoholiker.de
Web: www.anonyme-alkoholiker.de

Blaues Kreuz in Deutschland e.V.
Freiligrathstraße 27, 42289 Wuppertal
T: +49 202 62003-0
F: +49 202 62003-81
E-Mail: bkd@blaues-kreuz.de
Web: www.blaues-kreuz.de

Bundesverband der Elternkreise drogengefährdeter und drogenabhängiger Jugendlicher e.V. (BVEK)
Ansbacher Straße 11, 10787 Berlin

T: +49 30 556702-0
F: +49 30 556702-1
E-Mail: bvek@snafu.de
Web: www.bvek.com

Guttempler in Deutschland
Adenauerallee 45, 20097 Hamburg
T: +49 40 245880
F: +49 40 241430
E-Mail: info@guttempler.de
Web: www.guttempler.de

Nationale Kontakt- und Informationsstelle zur Anregung und Unterstützung von Selbsthilfegruppen (NAKOS)
Wilmersdorfer Straße 39, 10627 Berlin
T: +49 30 310189-60
F: +49 30 310189-70
E-Mail: selbsthilfe@nakos.de
Web: www.nakos.de

Narcotics Anonymous
Postfach 111010, 64225 Darmstadt
E-Mail: info@narcotics-anonymous.de
Web: www.narcotics-anonymous.de

Stiftung Synanon
Bernburger Straße 10, 10963 Berlin
T: +49 30 55000-0
F: +49 30 55000-220
E-Mail: info@synanon.de
Web: www.synanon.de

Suchthilfe Fleckenbühl gemeinnütziger und mildtätiger e.V.
Hof Fleckenbühl, 35091 Cölbe-Schönstadt
T: +49 6427 9221-0
F: +49 6427 9221-50
E-Mail: info@suchthilfe.org
Web: www.suchthilfe.org

ÖSTERREICH
Informationen über Suchthilfeeinrichtungen in ganz Österreich: http://suchthilfekompass.oebig.at

Österreichisches Bundesinstitut für Gesundheitswesen (ÖBIG)
Stubenring 6, 1010 Wien
T: +43 1 51561-0
F: +43 1 5138472
Web: www.oebig.at

Österreichische Gesellschaft für Essstörungen
c/o Zentrum für Essstörungen (ZfE)
Weiherburggasse 1A, 6020 Innsbruck
F: +43 512 291084
E-Mail: Info@oeges.or.at
Web: www.oeges.or.at

»Grüner Kreis« – Verein zur Rehabilitation und Integration suchtkranker Personen
2872 Mönichkirchen 2
T: +43 2649 8306
F: +43 2649 8307
E-Mail: office@gruenerkreis.at
Web: www.gruenerkreis.at

Kolping-Drogenberatung für Jugendliche
Paulanergasse 11, 1040 Wien
T: +43 1 5815303
E-Mail: drogen@kolping.at
Web: www.kolping.at/drogen

Sucht- und Drogenkoordination Wien
Modecenterstraße 14/C1, 1034 Wien
T: +43 1 4000-87375
E-Mail: office@sd-wien.at
Web: www.drogenhilfe.at

Alkohol Koordinations- und Informationsstelle (AKIS)
Mackgasse 7–11, 1230 Wien

T: +43 1 88010-950
F: +43 1 88010-956
E-Mail: akis@api.or.at
Web: www.api.or.at/akis

Al-Anon Familiengruppen
Alateen
Selbsthilfegruppen für Angehörige und Freunde von Alkoholikern
Postfach 117, 6600 Reutte/Tirol
T/F: +43 5672 72651
E-Mail: info@al-anon.at
Web: www.al-anon.at

Elternkreis Wien
Verein zur Förderung von Suchtvorbeugung und Selbsthilfe
Späthgasse 6/2, 1220 Wien
T/F: +43 1 2823694
Mobilnotruf: +43 676 3660324 (täglich von 8.00 bis 20.00 Uhr)
E-Mail: info@elternkreis.at
Web: www.elternkreis.at

SCHWEIZ

Bundesamt für Gesundheit BAG
3003 Bern
T: +41 31 3222111
F: +41 31 3233772
Web: www.drogindex.ch

Schweizerische Koordinations- und Fachstelle Sucht
Eigerplatz 5, Postfach 460, 3000 Bern 14
T: +41 31 3760401
F: +41 31 3760404
E-Mail: office@infodrog.ch
Web: www.infodrog.ch

Schweizerische Fachstelle für Alkohol- und andere Drogenprobleme (SFA) Avenue Louis-Ruchonnet 14, 1001 Lausanne

T: +41 21 3212911
F: +41 21 3212940
E-Mail: info@sfa-ispa.ch
Web: www.sfa-ispa.ch

Arbeitsgemeinschaft Ess-Störungen AES
Postfach 1332, 8032 Zürich
T/F: +41 43 4886373
E-Mail:info@aes.ch
Web: www.aes.ch

Experten-Netzwerk Essstörungen Schweiz (ENES)
Web: www.netzwerk-essstoerungen.ch

Stiftung KOSCH
Koordination und Förderung von Selbsthilfegruppen in der Schweiz
Laufenstrasse 12, 4053 Basel
T: +41 61 3338601
F: +41 61 3338602
E-Mail: gs@kosch.ch
Web: www.kosch.ch

Al-Anon Familiengruppen der deutschsprachigen Schweiz
Neuhardstrasse 22, Postfach 103, 4601 Olten
T/F: +41 62 2965216
Web: www.al-anon.ch

Anonyme Alkoholiker
Wehntalerstrasse 560, 8046 Zürich
T: +41 1 3701383
F: +41 1 3701384
E-Mail: aaschweiz@swisseonline.ch
Web: www.anonyme-alkoholiker.ch

Blaues Kreuz der deutschen Schweiz
Lindenrain 5, Postfach 8957, 3001 Bern
T: +41 31 3005863
F: +41 31 3005865
E-Mail: info@blaueskreuz.ch
Web: www.blaueskreuz.ch

Danksagung

Ich danke all den Menschen, die so offen mit mir über die Abgründe ihrer Sucht gesprochen haben und darüber, wie sie sie besiegt haben. Ich danke ihnen dafür, dass sie mit ihren Erfolgsgeschichten denen, die noch abhängig sind, ihren Partnern und Angehörigen helfen und Mut machen möchten. Hätten sie nicht vertrauensvoll tiefe Einblicke in ihr Innerstes gewährt, wäre dieses Buch nie zustande gekommen. Ich danke meinen Freunden Monika und Norbert Weinhold vom Suchthilfeverbund Jugendberatung und Jugendhilfe für die vielen interessanten Gespräche über Abhängigkeitserkrankungen und das Aufspüren von ehemals Süchtigen, die an diesem Buch mitgewirkt haben. Dem Suchtexperten Dr. Wilfried Köhler danke ich für seine anschaulichen Einsichten in wissenschaftliche Zusammenhänge und stets geduldigen Erklärungen zu Fragen der Sucht. Ich danke Peter Lückemeier von der Frankfurter Allgemeinen Zeitung für seine überaus inspirierenden und journalistischen Anregungen. Ich danke meinem Lebenspartner Detlev Mentzel für sein stets unbestechliches Urteil, die kritische Prüfung des Manuskripts und sein aufbauendes Durchhaltevermögen. Und zuletzt danke ich Dora Johanna Mentzel für ihre wertvollen Vorschläge aus der Sicht der jüngeren Generation.